社会学名家讲坛

第五辑

包智明　主编

中国社会科学出版社

图书在版编目(CIP)数据

社会学名家讲坛. 第5辑/包智明主编. —北京：中国社会科学
出版社，2017.10
ISBN 978 - 7 - 5203 - 1054 - 3

Ⅰ.①社⋯ Ⅱ.①包⋯ Ⅲ.①社会学—文集
Ⅳ.①C91 - 53

中国版本图书馆 CIP 数据核字(2017)第 231964 号

出 版 人	赵剑英	
选题策划	刘 艳	
责任编辑	刘 艳	
责任校对	陈 晨	
责任印制	戴 宽	

出 版	中国社会科学出版社	
社 址	北京鼓楼西大街甲 158 号	
邮 编	100720	
网 址	http://www.csspw.cn	
发 行 部	010 - 84083685	
门 市 部	010 - 84029450	
经 销	新华书店及其他书店	

印 刷	北京明恒达印务有限公司	
装 订	廊坊市广阳区广增装订厂	
版 次	2017 年 10 月第 1 版	
印 次	2017 年 10 月第 1 次印刷	

开 本	710×1000 1/16	
印 张	16.25	
插 页	2	
字 数	222 千字	
定 价	76.00 元	

凡购买中国社会科学出版社图书，如有质量问题请与本社营销中心联系调换
电话:010 - 84083683

前　　言

　　《社会学名家讲坛》是中央民族大学世界民族学人类学研究中心主办的系列讲座之一。该系列讲座始于七年前。2010 年，为纪念著名社会学家、人类学家费孝通先生诞辰 100 周年，中央民族大学举办了一系列的学术活动，其中之一就是举办了名为《社会学名家讲坛》的纪念讲座。从 2010 年 3 月至 6 月，我们邀请到 10 位国内外著名的社会学家来中央民族大学做学术讲座，这既是纪念活动的一部分，也希望找校广大师生可以借机领略社会学名家的风采并分享他们的最新研究成果。纪念讲座开始之后，产生了意想不到的效果，不仅场场爆满，大受本校师生欢迎，而且来听讲座的还有不少从外校甚至从外地慕名而来的学子。一场讲座刚结束，就有很多人开始打听下一场讲座的时间。可以说，我们举办的这个纪念讲座获得了圆满成功。

　　十场纪念讲座结束之后，很多老师和学生来找我，希望能继续听到名家的讲座。为了满足广大师生的要求，我们决定把《社会学名家讲坛》的讲座继续办下去。这样，原本为纪念费孝通先生诞辰 100 周年而举办的纪念讲座，就变成了中央民族大学的常规性系列讲座。几年下来，我们发现，《社会学名家讲坛》系列讲座的效果明显，不但使听讲座的师生开阔了学术视野，而且也极大地提升了社会学学科的认知度。不仅社会学专业的学生坚定了学习和研究社会学的信念，还有不少非社会学专业的学生受讲座感染，决定报考社会学专业研究生或要求转专业到社会学专业学习，社会学成了中央民族大学的一个热门专业。

中央民族大学的社会学专业还很年轻，但自 2001 年建立以来，发展迅猛，令人瞩目。这离不开包括《社会学名家讲坛》各位主讲人在内的社会学界同仁的大力支持，也获益于老一代社会学家立下的深厚学术根基。众所周知，社会学曾经是中央民族大学的优势学科。20 世纪 50 年代初，中央民族学院借高等教育调整之机，会集了燕京大学、清华大学等高校社会学、人类学、民族学、民俗学的全国一流人才，其中包括吴文藻、潘光旦、吴泽霖、杨成志、费孝通、林耀华、陈永龄、宋蜀华等国际级大师，完成了中国民族识别和中国少数民族社会历史调查、中国少数民族社会形态调查等大型研究，为今天中央民族大学社会学学科发展奠定了综合多学科涵养、关注民族地区现实社会问题的学术传统。20 世纪 70 年代末，社会学在中国重建之时，中央民族大学虽没有建立社会学专业，但老一代社会学家依然进行了社会学、人类学，尤其是民族社会学等相关内容的教学和研究，取得了突出的成绩，并在社会学恢复阶段的人才培养和学科体系建设工作中发挥了举足轻重的作用。植根于老一代社会学家培育的学术沃土，又有学界同仁的关爱支持，中央民族大学社会学学科才能在成长道路上不断迈出坚实的步伐，取得了令人鼓舞的成绩。中央民族大学于 2001 年开始招收社会学专业的本科生和硕士研究生；2003 年开始招收民族社会学专业的硕士研究生和博士研究生；2006 年获得社会学一级学科硕士学位授权；2011 年获得社会学一级学科博士学位授权；2012 年中央民族大学社会学专业在中国本科专业排名中进入前六名，社会学一级学科评估进入前十名；2014 年中央民族大学社会学一级学科被评为国家民委重点学科，同年获批设立社会学博士后科研流动站。

中央民族大学的社会学学科有其研究方向的特色，即把社会学的学科理论与方法应用到中国少数民族社会文化的研究之中，为解决中国民族问题、做好国家民族工作献计献策。进入 21 世纪后，国内面临改善民族关系、促进民族团结、维护国家统一、建设和谐民族大家庭等议题。在国际和地区关系中，民族因素的影响作用也有明显的上升趋势。因此，中央民族大学的社会学研究团队将从建设和谐社会的战略高度出发，抓住国家实施西部大开发、加快民族地区和少数民族发展步伐的有利时机，紧紧围绕国家发展战略及党和国家民族工作的大局，充分发挥民族学科的资源和优势，进一步提升中央民族大学社会学学科的特色与综合实力，构筑高水平的学术研究基地，争取迈入国内乃至国际相关学科领域的先进行列。

如果说中央民族大学的社会学学科在研究方向上要体现了自己的特色，那么在教学方面我们更注重体现社会学学科的共性，本科生和研究生的必修课程设置尤其力求与国内主流大学相同并与国际接轨。因此，主要面向社会学专业学生且与其教学相结合的《社会学名家讲坛》系列讲座，其主讲人不局限于从事民族研究的社会学家，演讲内容也涵盖了社会学的各个研究领域，也包括归属社会学一级学科的人类学、人口学和民俗学的研究领域。

应邀在《社会学名家讲坛》做讲座的主讲人都是国内外社会学界的著名学者，能够第一时间在现场聆听这些名师专家最新研究成果的人是幸运的。我们希望没有条件在现场听讲座的学子也能够分享他们的研究成果。为此，我们征得各位主讲人的同意之后，决定把讲座录音整理成文字编辑出版。作为系列丛书，我们将按照系列讲座的先后顺序每十讲编辑成一辑陆续出版。收录于第五辑的即为系列讲座的第四十一讲至第五十讲。《社会学名家讲坛》系列讲座的先后顺序完全是根据主讲人的时间方便来确定的，与其知名度和学术地位无关。

在这本《社会学名家讲坛》第五辑付梓之际，我向收录于第五辑的系列讲座的各位主讲人表示最诚挚的谢意。同时我要感谢担任系列讲座的主持、评议、现场翻译、录音整理、编辑、校对等工作的中央民族大学师生，尤其特别感谢中央民族大学世界民族学人类学研究中心的同事袁剑副教授和王晴锋副教授为《社会学名家讲坛》系列丛书的出版所做的一切。最后，我还要感谢中国社会科学出版社的责任编辑和责任校对，他们的辛勤劳动保证了这本书的出版质量。

包智明

2017 年 2 月 16 日

目　录

（按讲座时间先后排序）

第一讲

节日：行动的组织*

李　松

今天非常高兴来到中央民族大学和各位进行交流。我的工作涉及面非常广，基本上面向传统文化，最开始是从艺术表现形式开始，后来就是更为综合文化的整理，对音乐、舞蹈都有所涉及，从宏观来说它们互相之间是有连带关系的，所以也可以算是文化研究。

我们中心是项目组织管理单位，其中一个主要工作就是依据国家需要修志。修志是中国文化的传统，它记录着自己的文化，形成典籍、文明得以传承。我们在工作中有强烈的问题意识，国家这方面在做什么，我们国家文化的问题在什么地方，它与学术有什么关系，这些都是我们关注的。上次我也来做过一次讲座，题目是"后集成时代的学术观照"，提到后集成时代民俗学在我看来最着急的是该解决什么问题。今天我要讲的话题就叫"节日：行动的组织"，这是从节日出发的考虑，这是后集成时代应该关注的问题，也是学术发展上比较有针对性的问题。

近年来国家开展非物质文化遗产保护工作，使一些学科成为显

---

* 主讲人为文化部民族民间文艺发展中心主任、研究员，山东大学民俗学专业博士生导师；主持人为林继富教授（中央民族大学文学与新闻传播学院）。该讲座时间为 2015 年 6 月 21 日 19：00—21：00。该讲座为系列讲座第四十一讲，由吴书琴、周灵颖录音整理，由张青仁校对。

学，社会上越来越多关于传统文化的远大构想，引起社会的广泛关注和呼吁，这和 20 世纪 80 年代初以经济建设为中心这类话语是有很大区别的。在我看来，对于传统文化，这是一个热闹的时代，所以今天就根据我的一些想法和大家交流。"行动的组织"其实是我在节日研究展开一段时间之后做的一个思考，美国社会学家詹姆斯·汤普森（James Thompson）写过一本专著《行动中的组织》，是纯粹从组织上讲的，没有关注民俗的视角。节日背后有只无形的手，就是组织，或者说这是我们民俗学人类学都在追问的一个学术方向，因此我用了这么一个题目。

一　中国节日志

《中国节日志》在发起之后，我们设计了 4 年，进行了 20 个试点，若干个博士参与了初期的、立项之前的《中国节日志》的设计和规划，四年以后才提交国家。从 2009 年到现在已经是第六个年头，我们估计 7~8 年基本完稿，可能还有一些结尾工作，大致需要10 年时间。对于什么是节日志，目前没有具体定义。节日是什么？分为什么类型？节日关乎所有人，是一个国家的时间制度，这个制度跟传统、自然、族群、社区、社会建构密切相关。现在的节日如庙会、祭典、祭祀都包含在我们大节日里面。节日志，我认为是多学科的对话空间和艺术空间，因此很多学科都介入了节日研究。节日志首先包括民俗学和历史文献的资料，这部分是很有价值的。其他一些部分包括志书、民族志、民俗志、影像志、文献汇集、数据库等内容。我们先从志书来谈，中国修志书是有悠久的历史传统，节日志的志略部分基本上是依循了传统修志的方法。20 世纪 80 年代的《十部文艺集成》算作开创，我们修志终于可以修戏曲志、曲艺志，这在中国典籍里面是没有的。专门为一种民间节日修志书也是没有的，查阅地方志也只言片语关于民俗性节日的记录，这是文本的第一部分。文本的第二部分是调查报告，指民族志、民俗志，或者人类学田野的调查资料，其中很多涉及艺术学的相关志书。从比较现代的视野或者国际视野出发，两个部分合在一起才符合节日志的概念，属于节日志的文本部分。

节日志的另一个组成部分是影像志，是对文本的补充。我们规划中有100多部影像志，正在展开的有70多部。影像志由大量的跨学科人员参与，成果显著。前20部参加影视人类学学术研讨时被高度重视，受到很好的评价。另一部分就是文献汇编，据我所知，现在所有地方志和古今图书集成里面有关节日记载的条目全部都记载出来了。这项工作由若干位博士在五年前就展开了。现在正和山东大学的刘宗迪教授合作，正从经史子集开始整理，将其中有关节日的资料进行整理搜集，所有这些内容以后会汇编成中国节日数据库，包括图片、影像，因此我说这是多学科的对话空间。这个项目参加的学科众多，主要是民俗学、民族学、人类学、艺术学等相关学科。从2009年到现在，中国节日志基本以民俗节日立卷，虽然不以宗教、民族立卷，但是含有各民族节日的概念。节日志研究已经进行到第六年，关于这方面的讨论也很多。今天，我把我在参加了很多的审稿、立项、中期检查、学术会议之后发现的、目前在社会上、学术上对待节日出现的问题给大家讲讲。

二　节日是一个智慧的体系

社会感叹现代节日没有传统、没有文化，传统已经丢了，但也只是感叹而已。具体到个人的时候，并没有什么实际行动，而是无动于衷；上升到国家制度层面时，关乎的是什么时候放假，节日只是一个时间制度；众多从事民俗研究的学者告诉人们节日应该怎么过，诸如节日第一天干什么、第二天干什么类似的事情。传统节日核心的要素是什么却很少有人进行系统研究，因而节日研究形成了今天的局面。我个人认为节日是一个智慧的体系,是公共的。节日是一个社会组织在中国文化传统里经过长时间的磨合表现出来的文化智慧。现代社会在定义节日的时候,像国家发展改革委员会将其定义为"黄金周",重在节日期间通知大众出门旅游。民俗学家则重在节日中的各个民俗事项应该怎样正确地实行,二者都是有偏颇的,现在这个问题也被注意到。事实上,传统节日具有以下特征:

(一)神圣性——祖先、仪式、祈福起着身份定位、文化认同、规范伦理、精神安顿的作用。传统节日没有神圣性便无法开展,传统节日并不是随意开展的。比如,博士毕业时的毕业照、博士服、毕业聚餐都是具有神圣性的。当今社会,对于老百姓而言,节日的神圣性基本上消失了。国际上保留的工业化以前的传统节庆、庆典都有神圣性。中国把奥运会看得比传统节日还神圣,建构着神圣性。现代奥运会在圣火的传递时保持着神圣性,追求对自我的挑战,但是其本质文化内涵与精神并没有得到传递,渐渐地成了商业化运作。传统节日一直彰显着神圣性。

(二)群体性——家庭、家族、社区强化责任意识、和谐家庭和家族关系、巩固集体意识。传统节日一直都是集体的节日,节日不是私有的,也从来没有被私有化。但是现在社会,首先把时间私有化了,使得时间跟着节日走,将时间和伴随着工业化机器生产背景下产生的剩余时间混淆了,所以失去了群体性。西方时间是跟着宗教走的,所以双休日叫作礼拜天。在欧洲,伴随着工业活动出现的体育活动本质上与节日是一样的,因而,利物浦的足球对蓝领来说就成了节日,而进入中国就成了体育竞技的商业活动,不是城市中具有神圣性的活动。在欧洲,当本城的足球队有足球比赛的时候,所有人离开家到咖啡馆、酒吧中聚集看球赛,和早期人类传统节日是一样的。踢足球在本质上和我国端午节的划龙舟是一样的,所以他们可以做到群体参与,所以剑桥两所大学的龙舟赛成了群体参加的活动,因为具有仪式性,并且不断坚持,成为传统,所有的参与者都受到尊重。相比较而言，我国只当其为传统，不被主流社会接受。

（三）全民性——赋权、参与、差异主题交往是维持公平意识、保障基本权利、缓解矛盾的重要手段。全民性不同于群体性，指的是节日进入的是非常态时间，这个非常态时间会尽力进入社会的公平阶段。日常节日的不公平在节日中得到调整，如中国传统的汉族社会，妇女地位普遍较低，而节日往往会通过事项安排让妇女得到休息，参与其中，共享节日的欢乐。这是在全社会的宏观视角渐渐磨合出来的，在传统节日中还可以举出大量的例子。

（四）狂欢性——社火、花灯、闹元宵构建了一种非常态秩序，是精神释放的途径。虽然有节日研究这个平台，但是在节日研究中有些文章不好写。比如，古尔邦节，伊斯兰教在教义上不主张狂欢，而在喀什的清真寺门口是可以跳舞的，可以进行群体性舞蹈，里面不是所有的内容都可以记录的。新疆维吾尔等诸民族一方面信仰伊斯兰教，一方面又有丰富的民间舞蹈，二者间的关系经常通过强调其狂欢性得以解决，宗教的世俗化使得狂欢得以释放。汉族社会越来越在宏观上抑制狂欢，而在少数民族大多数原生性节日中对人性的释放是很深刻的。

（五）艺术性——各类传统表演艺术既是敬神娱神又是自娱自乐的。节日中有艺术性的都成了非物质文化遗产，文化部在早期就关注这件事情。节日的前几个特征渐渐被忽视，而对艺术性方面政府和学术界都给予高度关注。艺术性表现在整个民间社会中是皮与毛的关系，关系没有处理好就会导致皮之不存、毛将焉附的局面。艺术性的研究常常被赋予众多的艺术符号进行深刻研究，然而节日被判定无法继续，批评政府的不对，社会应该怎么发展。怎样看待传统节日、传统智慧的体系，从节日的组织角度进行思考会很有帮助。

传统节日与现代社会的最大冲突就是工业社会时代个人主义倾向、时间的私有化，公共时间的私有化对传统节日的影响是颠覆性的。节日时间是公共性的，而现在大家不认为是共有的，完全把它私人化，不顾及公共制度。下面以几个民族传统节日作为例子进行探讨。

第一个是云南彝族节日，在非物质文化遗产名录上叫作赛装节，节日志也是以赛装节立项的。我在调查中了解到赛装节起源于彝族传统。当地传统的管理制度是每年选一位四十岁左右见多识广、具有能力的人（一般不连任）作为伙头管理村中日常事务一年，村中给十二丘（当地计量单位）中最好的一块田作为回报。这个仪式举行完毕之后要进行社区聚会。这种轮流制在现代社会是行不通的，而这个彝族地区坚持了几百年，土改没有公田后这个制度受到冲击，可是当地还在坚持，1965 年之后就彻底不允许了，因为传统中开田等很多仪式是不被允许的。所以这种传统渐渐被其他形式取代。村中公田到现在还没有人敢接，因为谁接下这块田谁就要对全村一切事情负责，这就是过去组织方式形成的观念。

美国人类学家埃里克·穆格勒（Erik Mueggler）在当地进行了两年的田野调查，写了民族志叫《野鬼时代——中国西南的记忆、暴力和空间》，描述了彝族社会的神鬼体系，老百姓对神祇分得很清楚。80 年代中后期出现文化复兴与建构，民族属性的文化在节日中尤其普遍。民族精英、知识分子在复兴文化符号的时候起的这个名字——赛装节，这是民族精英出于对民族文化的认知，在民族文化认同时对社区传统转化成现在的样子进行描述。

可是，老百姓并不这样认为。现在政府对节日是有支持的，但是对伙头、仪式等没有支持。因为社区已经渐渐瓦解，与现在制度有冲突和矛盾。令人担忧的是，现在的很多学者的关怀也只是停留在节日的表面。在仪式、节日背后以及过去伙头在村落生活的社区管理方式与现在选举下的村落基层组织有什么区别，很少有人关注。这个地方历史上是走私盐的通道，和外界的接触叫作"迎来送往"，说明这不是个封闭的社会。伙头有点像保甲长、乡绅之类的，他们认为不能给村中掉面子，把人招待好，应付各种来人。但是对这方面的研究缺乏记载文献，经历过这个时代的人年纪也大了，对这方面研究资料是残缺的。对传统节日进行抢救性的记录，节日今天变化成什么样子是好记载的，但是为什么成为这个样子，如果没有历时对比就会显得很苍白，对传统的记录只剩下现在肤浅的描述，显得苍白。

另一个例子则是彝族的二月八，是一个社区祭祀仪式。社区中也有类似于"伙头"人物来管理村中事务，可以连续担当若干年，如果要换人，就在二月八仪式上通过老人们用各种卦进行点评来决定，老人们将其与现实生活联系起来，讨论哪些事办好了，哪些事情没有办好，最后决定头人是否有资格继续担当这个职务。但现代社会有不同力量的博弈，不同势力在争取神圣性，而过去的组织机构就是这个社区传统。节日可以组织起来，全社会参与，在日常生活中有重大意义和社会功能。同时，节日具有神圣性，神圣性有大量仪式支撑，使得合法化。

通过以上两个例子可以说明，从节日研究可以看到节日背后的组织。节日是日常组织秩序的完善。所以不同于现代社会的以活动、会议等形式将人组织起来，传统乡土社会是以节日方式不断完善社区制度。

三 节日与假日：各美其美

节日与假日共同构成人类非劳动时间文化选择，是人类追求生活意义的活动。伴随人类不同的发展阶段，节日与假日文化意涵的共性与差异，以各自的方式影响着人们的文化价值体系，既并行不悖，又不能互相替代，这是节日文化延续和创新的前提条件。目前存在的问题是节日和假日被混淆了。节日无法延续。除了上班时间，都是私人的节日，节日是私人化的。因此，现代社会要将节日和假日区别对待，节是公共的，人们自愿参加，从个人角度评价节日并没有涉及本质。有的节日没有特殊文化意义，但是抓住了狂欢性的特征，带动了群体狂欢，这种狂欢性也由神圣性构成，如奔牛活动，在牛群中奔跑需要极大的勇气，奔跑者享受着无限的荣光，狂欢性渗入活动中，活动才能够不断被设计、被大众接受。中国当下社会更多的是关注消费性节日，如"双十一""双十二"等由网购发起的购物狂欢。当然，当下社会也有比较好的，如抢红包，现在的抢红包延续了节日传统，抢红包遵循了民俗的基本特征，通过运用现代化的技术手段，实现了对传统的创新。传统意义上的红包是前辈给后辈发红包，而微信红包具有全民性，后辈也向前辈发红包，红包虽少，但是调动了全民的狂欢与沸腾。抢红包无论从家庭还是社会意义上都遵循了传统的基本原则，新年需要延续，过年不仅是家庭的，还是社会的。现代很多大型文化网络公司在定义产品的时候遵循社会的文化规律，同时又运用现代化的手段进行设计，实现产品的创意。传统和现代是不断融合、不断适应、不断和谐的过程。

现在社会对文化价值发现能力弱，我们很少从正确的价值体系中理解文化，所以对文化的认知比较表面化，文化具有价值理念和工具理念两种。价值理念主要包括三个方面，即文化观念与人类行为方式、文化观念与社会组织方式和文化观念与人类创造能力。工具理念主要包括四个方面，即文化与娱乐——休闲娱乐，文化与面子——歌舞升平，文化与经济——资源开发和文化与政治——统治工具。

文化的价值和功能是由不同的发展观决定的，在不同的发展观下，文化被赋予的价值和社会功能有很大的差别。通常人们一方面把经济发展与文化发展分割开来，文化只是被当作促进经济增长和达到某种目的一种手段。同时，另一方面把发展视为经济的增长过程，体现为生产力、产品、收入等经济指标的快速增长，在这样的发展和文化理念的引导下，人们更倾向于在社会经济增长和个人对物质追求的过程中寻找其终极目标并实践其价值实现。这种发展观从工具理性出发，认定文化在社会发展中具有能够促进或阻碍经济增长的工具性功能，被置于从属地位的文化被看成手段、因素、点缀、工具是很自然的。在这种理念中，文化的价值其实并没有得到全面准确的认识。

文化决定人的生活方式，社会态度，指挥人的行为，是人类终其一生的追求终点。所以对文化的研究不能表面化，对地方的考察要看到现代文化、村落调查发现不了对后现代有价值的东西，是没有意义的调查。人类早期的民主智慧并不会比现代社会差，田野调查中就发现了很多这类情况，生产力低下时期，人类的童年有很多解决未来问题的钥匙，这是民俗学、人类学研究需要从文化价值角度出发去研究时需要遵从的原则。这也和发展观有关，我们对现代化的选择较弱，基本跟着物质在跑，什么是现代化、现代化终极目标是什么，并没有考虑全面。学术领域也存在这个问题，研究显得模糊而不真实，大部分是为了发现而发现。

四 节日与社会组织

接下来是有关社会组织的问题。关于社会组织的问题是我在参加相关研讨会得出的体会。艺术人类学、学术研讨和国家治理在一定阶段都会进入分类、分条块状态。现代国家治理的基本特征是尽量使社会管理简约化、标准化和指标化，这在文化领域也不例外。文化领域特别希望对关乎民众的工作、生活、艺术、审美等多个方面进行管理，并在施政过程中抽取民众生活中最简单的向度作为大众文化政策制定的依据。而作为艺术学和人类学等诸多社会学科的研究，为了认识人类社会的发展规律，也常常会对民众生活的某个单一向度进行分析和切割。

但是，民间、基层社会是多样性的。很多社会学科也会进入这个状态，这种状态未必都是错的。如德国科技林业，因为不考虑多样性和存在的随机性、关联性，而在若干年之后完全退化。现在很多学者在考虑多样性研究。对于乡土社会，多样性研究更需要关注谁在言说。

乡土社区有自己的需求，文化传统会对现代社会的不适应事件会进行自觉抵制。文化景观不是为了给人看的，是留给后代用的，传统社会秩序和天地是和谐的。乡土社会是自治的社会。当地人会根据自身需要调整。文化保护、学术界是什么角色，这是需要考虑的。乡土社会共享体虽尽力维持，但无可避免地渐渐走向崩溃，无法维持。如古村落郎德村，乡土社会已经变味，渐渐形成相互竞争的局面。一旦成为国宝级单位村落发展受到限制，百姓就靠旅游来发展、平衡限制造成的影响，可是现在充满了纠结。外部对村落的干预是失败的，看不到成功、可持续、社会公平、发展、年轻人回流的希望。古村落的评选成功对学者是好事，村落出名，学者出名，可是当地人不一定受益。所以学者要明确谁在说，说什么，和人的发展有什么关系，否则结果总会出现很多问题。郎德村很多表演已经是外人组织的。传统的苗族舞蹈与民族迁徙有关，圈舞的步伐是沉重的、仪式性的，而外部社会将其节奏加快，在做旅游时被改变了，与村中人无关。

接下来我们要讲讲现代村落。华西村是典型的自然村，已经发展到华西十二村。华西村是改革开放由村落精英带领发展起来的村落。村落的组织体系有两种，一种是封闭体系，一种是开放体系，一般认为封闭就是落后。中国传统村落治理，我认为不是封闭的。它遵循着天地人神宏大宇宙观。随着社会发展变化调适，一直都在发展，只是因为社会情况限制了发展。在华西村，传统观点是有的，但并非一成不变，而是存在与现代各种关系的博弈中。华西村是个共享社会，家族统治也有极大威望，这一制度关系到村中老小，这套体系与社区组织内部体系密切相关。但这个村子又对外开放，这是与社会组织发展密切相关。

华西村是自主发展起来的，但是大多数乡土村落是不被选择的。我们在研究时候不能只是选择著名村落，不能没有看到仪式就不研究。如一个一点都不起眼的水族村落，村中的牛班制度①到现在仍没有改变。即使是平静、普通的村落也会有很多优秀的传统，村民集体保存着自己的智慧、传统观念，不恶性竞争，村落共享、分担忧愁、分享快乐，虽然外部不起眼，而内部文化传统却有着共同体。

乡土社会自治能力和价值被低估，压抑了基层社会的创造性，文化多样性的表面化、符号化趋势明显。同质化的外部干预方式，使传统、优秀社区的文化选择自主权不断弱化；货币化、表演化的文化使传统尊严和自豪感消失殆尽；文化资源利用的经济利益往往成为消灭乡土社会自组织能力的最后一根稻草；一个个物是人非的"古村落"，意味着文化自觉的根本目标被异化。具有全局意义的乡土社会传统智慧不是城里人的纪念品，农村也不仅是城市的后花园和扩张空间的储备，而是要全面伴随城乡现代化进程的宝贵财富。价值的低估和利益诉求的功利化、庸俗化、多元化，使得乡土文化保护的表面化、碎片化、商业化成为常态。非自治的"传统"和"优秀"的选择权的异化，常常在逻辑起点上就失去了全面可持续发展的社会的基础。

乡土社会自治能力的程度，往往与社区传统延续和发展能力呈正比，这也是保持传统与未来和谐时需要讨论的基础性问题。

五　总结

我们在研究中异化了目标，忘记了自己要干什么，最后异化了

---

①　牛班制度是村中的放牛的原则，每家轮流放牛，一到早上各家将牛放出去，轮到放牛的家庭赶着牛外出，晚上再将牛赶回来。

事物本质。注重简约化，干什么就是什么，而不看跨越。学术和政府过于碎片化，会导致目标的偏离。保护是为了什么？文化断裂在中国是个大问题，文化离开生养的土壤而成长是不可能的，对于文化我们要有包容的心态，但是，我们必须要明白我们是谁、要什么，我们的学术方向是为未来中国奠定基础方向的，让中国人明确自己是谁、从哪里来。我们要有自己稳定的价值体系，否则一切保护行动会过于功利、表面化，所以我们强调村落的自治。现代社会中的社区，如城市几乎无法构成传统意义的社区。当然现代社会还有社区，民族大学的传统，春节不回家的同学，学校会组织学生吃顿饺子，这就是传统的延续。这是好的社区传统，符合传统社区的要素。

提问环节

学生提问 1：

节日是行动的组织，当地人、学者、政府都参与其中。政府的简约化管理与地方多样性之间怎么协调？学者追求本真性与当地的诉求之间的冲突怎么处理？群体要发挥自己的能力，现在社区只有老人，他们不能跟上现代社会节奏。这三组关系怎么协调？

李松教授：

第一个问题是利益相关问题。传统节日力求实现利益相关方的和谐。利益相关方的协调与和谐是现代社会发展的追求，这方面还包括游客，利益相关方的协调更容易受批评的是政府，政府应该了解传统后再做好服务；学者进入后必定对当地产生影响，学者要有学术责任，有地方、人文关怀。有的方面不需要伸张，很多时候的研究来自学者自身的利益诉求。所以，学者应该掌握一个度，不一定要自我宣传。学者应该去做一些具体事情，地方有神权，但很多时候在处理内部事情他们人都会避免涉入其中，而是寻找邻村较有威望的人帮忙处理。学者有话语权，这需要好好思考。

第二个问题是学术认知方面问题。有人谈保护不谈发展，有人谈发展不谈保护。政府的很多作为、外部力量、商业资本的涉入，地方发展旅游是由学者涉入的，没有对社区的深入考察是没有意义的。民俗学、民族学、人类学在这方面研究相对好一些，传统是要传代的，我们中国建筑对乡村的贡献是零。我们的新农村是国家规划的，并不是村中自发的。很多现代规划根本没有考察当地的实际情况，不了解当地的自然、社会和人之间的相互关系，学术界在这方面的问题很多，解决这个问题要做深入的田野调查。

第三个问题农村空心化问题。我国 60 年的发展，最对不起的是农民，农村是个被抛弃的空间，中国这个问题得不到解决会产生严重的问题。如果我们把城市化和现代化画等号，这就是个问题。"城市，让世界更美好"是需要怀疑的结论。农村广大的空间是一定要关注的，中国难道真的要放弃农村？农村广大空间是不能放弃的。如在帕米尔高原，一个乡镇就有 1000 多千米边界的地方，城镇化是实现不了的。现在虽然有回流，城镇化对农村依旧是完全不公平的，让农民成为现代化发展的配角是不对的，是有问题的。古村落保护是为社会买心理平衡，现在社会是严重失衡的，我们不能把空心化当成社会发展的必然。还有就是，像华西村就不空心，长三角、珠三角等沿海城市的农村也在发展，边远地区怎么发展、发展不平衡是最大的问题。空心化在农村各地不一样。我不反对边远地区发展乡村旅游，边远地区的青年只要上了学就希望离开家乡，这是不正常的现象。

学生提问 2：

侗族摔跤节以前是由寨老讨论，自从国家介入后产生变化。政府参与后节日乱了，节日组织性、参与性不再高涨，事情安排完全已经依赖政府，地方的节日成了政府的事。您说非物质文化遗产有利还是有弊。

李松教授：

非物质文化遗产总体是有利的。从国家顶层设计出发，第一，有一个基本认同点，叫作文化多样性，非物质文化遗产的立足点是建立在世界公认的未来文化秩序的文化多样性基础上，这对文化的发展是有好处的。非物质文化遗产既是国家传统又是世界的未来，文化多样性与文化和谐发展密切相关。要保护文化多样性，首先就要尊重自己的传统。尊重自己的传统对世界、中国未来都是有意义的。这是对文化的基本态度，对中国文化的合法性建构也是有意义的。中国发展道路与其他国家是不同的。然而，现在我们在跟着西方走，西方社会在谈什么，我们也跟着谈什么。我们一直在谈现代化，而现代化是什么、发展是什么我们不是很清楚。非物质文化遗产这个学术概念是什么，仍旧不稳定，边界无法划清，但是非物质文化遗产是同世界接轨的，不需要怀疑。

有一点被广泛提到的就是，非物质文化遗产在很多方面政府保护行为会导致保护性破坏。不是事情不好，是方法不对，我们的研究目的就是回答政府该怎么做。每个地方不同，节日生态处境不一样，有些节日需要政府支持才能生存。而有的节日百姓自愿组织、参与，在这种情况下，政府的过度干预会使得百姓对政府依赖变大、参与性降低。乡土社会治理与政府产生了冲突，民俗治理与依法治国之间不能得到很好的平衡。非物质文化遗产没有迷信相关项目，而有仪式、民间信仰。当地年轻人不一定相信本地信仰，很多学者也并没有把当地的信仰当作一回事，这也是可以理解的。学者要有更广泛的视野，才能够客观、全面看待某一仪式，辩证看待问题，找出更为恰当的做法。社会现在发展过快，学术的存在就是告诉政府应该充当什么样的角色，增加百姓节日参与中的自愿，将节日、日常生活、利益诉求得到很好的处理，让百姓乐此不疲，这就是组织的技术。现在很多外部干预表面化，不尽合理，不是真正为百姓做事，会出现问题。

学生提问3：

苦聪人的畲粑节主要是祭祀神灵的节日，具有神圣性，现在节日不再神圣性，更多的是被现在的世俗取代，如何在话语权转移的背景下保持神圣性。

李松教授：

神圣性是个大问题，无论是在社区内部还是社区外部都没有地位。现在社区内部的神圣性建构比较困难，而在社区外部，神圣性是不被认同的。迷信概念怎么来到中国？基本结论是传教士带来的，宣扬科学、民主，帮助中国建立现代教育体系，除去中国人的愚昧，给中国制造"迷信"二字，中国人坚信不疑，并将本国的各事项与迷信相结合，将迷信与社会制度联系起来，叫"封建"。根据冯天瑜先生《封建考论》的说法，"封建"就是"封土建邦"，这是全世界都经历过的阶段，而我国将封建制度与迷信结合起来，形成封建迷信，认为封建迷信就是落后的，这对文化造成了巨大的压力，使我们成为唯物主义者，成为无所畏惧的人，社会就会产生诸多认同问题。神圣性的丧失是内部与外部共同的结果，关于祭祀仪式怎么试图挽救，个人没有多大的支撑力量，个人也可以自愿做，但是政府没有明确物质支持。如果乡镇干部、学者有权力，可以在一定程度上支持。在乡土社会，人们渴望组织起来的愿望并没有丢，很明显的一个例子就是每逢大考，雍和宫总会挤满了前去烧香的学生、家长，只是怎么组织，能不能有面向未来的组织方式，使得社区可以在很多事情上实现共享。让村落组织是困难的，而城市组织更困难，这也和社区有没有精英是有关系的，需要进行更加仔细、深入的观察。

谢谢大家！

第二讲

飞往世界各大城市的中国人[*]

王爱华

由于恰逢旧金山湾区的售房旺季，我家所在街区（伯克利）的一座西班牙风格住宅在去年9月出售的时候吸引了一大帮中国投资者。尽管中国的百万富翁们更喜欢旧金山市区的房子，但伯克利是个大学城，学区环境好，社区很有活力，多重优势吸引了很多来自中国的投资者。精明的中介们知道这些海外投资者不会斤斤计较，他们不愿花时间为小钱讨价还价，甚至会比标价多付几万美金。在买房的同时，他们也都拿到了美国的居留证。促使他们移民的原因在于他们想在西方发达国家扩展自己的资产、财富和知识，并在那里生儿育女，寻求某种安定感。

中国移民跨越重洋、置办房产、寻求安定的行为引起了我对公民身份的反思。在阿甘本^①的公民身份模型中，公民身份代表保护他们生活的空间，并通过公民权利的赋予将其与外部世界隔离。因此，

---

* 主讲人为美国加州大学伯克利分校人类学系教授；主持人为张海洋教授（中央民族大学世界民族学人类学研究中心）。该讲座时间为 2015 年 6 月 26 日 19：00—21：00。该讲座为系列讲座第四十二讲，由王宇熙、湛予桐录音整理，由刘东旭、张青仁校对。

① 吉奥乔·阿甘本（Giorgio Agamben）在《裸性》一书认为，1943 年美国议会否决了为所有公民制定带有指纹的义务性身份证的公民身份法案，这一法案的否定使得人被降低为赤裸生命，并使之成为国家赋予其公民身份的基础。参见 Giorgio Agamben. *Nudities*. Redwood City：Stanford University Press. 2010，pp. 46–54。

我们习惯性地认为公民身份是由你居住的领土决定，也趋向于用边界将国家里外、公民和非公民区分。然而，在当今世界，资产快速流动对于创造价值、维持国家安定十分关键。因此，我们需要审视旧有的公民身份观点，因为它仅适用于民族国家内部，并没有指涉民族国家之外的情况。当然，将公民身份认为是眼泪、鲜血的结果的这一观点仍然有效。但今天我想超越这种公民身份的观点，在强调民族国家建立历史的基础上，将自由的公民身份视为个人权利与全球人员和资本流动规范化的结合体。

我想要陈述以下观点：首先，在自由民主国家中，政府职能包括促进经济和人力资源的发展。政府获得国际资金和流动人才，并将其投入国内社会中，从而产生更多的经济效益。其次，国际资本和技术的流动并非随机发生，它倾向于流向在移民政策、财产权利和税务政策等方面实施国际标准的政治环境。换句话说，你可能有资产或者其他投资产品，但是你并不会让其随意流动，而是主张让其流向一个财产权保护的地方。这些新富人们通过将他们的财产和技能转移到有国际标准和技术设施的地区来应对国内不安全的环境。在资本与人员流动的同时也导致了"去领土化"现象的发生。

全球化的主要驱动力在于资本的国际流通。资本包括股票、债券和货币等市场工具，也包括知识产权和当代艺术等类别。每一类别的资本都呈现出不同的风险和回报，并在全球市场上有着差异的表现。通常情况下，城市房地产被认作是一种能够抗拒通货膨胀并具有复合回报率的优质资本。无论资本是通过购买实物资产，还是以其他形式涌入一个新的城市，它都可以成为特殊增长结构的临界点。这意味着如果这座城市接受了这笔投资，它将在这座城市拥有特殊的力量。

我想指出西方规范是如何促成亚洲投资者在西方发达国家购买资产，从而造成他们离开发展中国家的"去领土化"现象。此外，我将用几个实例说明中国移民如何通过运作资本获得财产整合、教育资源和公民身份。

作为正在崛起的经济大国，中国塑造了一类想为其财富和技能寻求新的发挥空间的雄心勃勃的人。越来越多的中国公民带着财富前往欧美城市。驱动他们离开的原因与早期我对香港回归前夕"环太平洋资本"小规模外流的动因类似。尽管法律保护财产所有权，但不完备的法律和偶尔的腐败事件使私人财产和生活选择受到威胁。此外，反腐败活动开始针对那些参与到非法经济活动和炫耀式消费的精英人群。尽管中国的财富总量马上要超过美国，但中国的这批新富翁们正面临着很多的不确定性。他们渴望获得新的国籍、家族商业的安全保障和高质量的高等教育。因此，中国的大批百万富翁都在计划移民。对于富人们而言，中国这个投资地正逐渐失去其吸引力。

经预测，离开中国的公民数量将于 2020 年翻倍至两亿。外流现象如此严重以致它影响到了西方发达国家的公民数量。1980 年，香港资金的外流使其城市吸引力下降并且改变了美国对"环太平洋资本"的文化设定。然而，今天的中国移民不仅购买住房和高楼，他们更参与城市发展项目和大型房地产投资。这股专业人员与婴儿的大规模涌入甚至影响到西方发达国家城市和公民身份的重塑。本场讲座将会讨论金钱与签证、婴儿和精英如何成为改变西方公民体系的关键因素。

中国财富的"去领土化"强烈地影响了西方语境下的公民概念。近年来伦敦已经成为一座被中国人、俄罗斯人和中东人再造的城市。标志性建筑酒店、百货商店、公寓和昂贵的房子被这些全球富人们拥有。最近，阿布扎比的投资者们购买了苏格兰场大楼这一地标性建筑。中国万达集团在伦敦投资 10 亿元建造万达酒店与高档住宅。由北京开发商组成的总部基地控股集团计划将皇家艾伯特码头改造成伦敦的下一个商务区。提及外国投资者涌入英国的原因，一家伦敦的房产中介这样认为：英国是世界上最易购买资产的国家之一，外国人可以没有任何障碍地在伦敦购买地产。每年征收的税费也不高，也没有任何居住要求，且房产的稳定性优于其他主要的资产类别。

西方国家当然希望接受海外金融资本以增加税收收入，但由于维持城市基础设施的资金压力，一些地方性机构建议向外国投资者征收一笔国际居住税。去年2月，英国政府首次向外国投资者征收交易税，外国投资者出售房产时需和英国人一样缴纳盈利额20%的所得税。尽管税收增加，仍有数十亿元的资金继续流向英国。随着亚洲金融资本逐渐向西方国家聚集，这些西方城市逐渐与周围乡村脱离，转变为城市资产。

从全球来看，中国富人们在美国投入了不少财富。不少富有的亚洲人在纽约购买住房。然而，房地产代理商、住宅开发商、银行、律师和联邦政府都对这些大量的境外投资和涉及数十亿资产交易中可能存在的腐败行为视而不见。越来越多的高端住宅被空壳公司购买，部分来自中国的腐败者甚至通过假公司在纽约购买房产的方式洗钱。这些人并不在住宅里居住，大量的住房被空置。此外，这批境外资本使城市的房价陡增，也使城市资金链断裂。这笔涌向全球的自由资本与中国人对西方发达国家良好法制的向往联系在一起。通过在西方城市购买房产，这群富人可以享受私人财产权、全球税收的优惠以及更好的教育资源，这些都无法在他们的祖国获得。

除了购买国外资产，中国人开始疯狂地收集多种护照。当我来北京时，我惊喜地发现可以申请有效期为十年的中国签证了。在过去，我需要排很久的队，花费一大笔钱才能拿到为期6个月的签证。中美之间将逐渐更加开放地对待彼此，这是奥巴马总统访华时与习近平主席达成的协议之一。当然，也有人怀疑这一政策的背后是中国政府正在推动富人和精英人士的移民，他们想以这种懦弱的政策解决国内的政治和发展问题。

VIP签证是西方发达国家为了获取亚洲资本向这些全球富人提

供的项目。通过这一项目，这些新移民购买新建筑、建立新公司，增加了商店、餐馆和学校的消费，也提高了当地就业水平。签证变成了像信用卡一样的商业产品，你付的价钱越高，你就能越快得到国籍。举个例子，澳大利亚有两种投资签证。当你在澳大利亚投资超过500万澳币时，四年后就可以获得永久居留权。当你的投资达到1500万澳币时，一年内就可以拿到永久居留权。这个项目为澳大利亚带来了20亿澳币的投资。在英国，这一额度是200万英镑，投资者五年后就可以获得永久居留权。当投资额达到500万英镑时，只需三年就可以获得永久居留权。当投资额达到1000万英镑时，这个时间将缩短至一年。在英国，这类签证的一半持有者来自中国和俄罗斯。

美国于1990年开启EB5投资签证项目，外国投资者在美投资额达到50万美金并且创造至少10个工作岗位时，他们可以获得绿卡。也就是说，你来伯克利买一座房子，然后想法雇用一些人，那么你就可以获得绿卡了。最近这个项目每年都会收到上万份申请，其中80%的申请来自中国。考虑到如此大量的需求，美国政府正在准备提高此类投资签证的金额。

持有多国护照者不仅拥有国外资产和多重居民身份，他们还想出了一种逃避税收的方式。当他们从一个国家迁徙到另一个国家时，只要他们在当地的居留时间不足以使他们成为纳税人时，他们就可以不用缴税。所以出现了这样的现象，大批移民去往加拿大，但当他们获得加拿大居住权时，他们便以加拿大居民的身份前往美国。通过在多个西方发达城市间的转移，他们可以逃避税收。

一方面外国政府急于吸引外资；另一方面，本地居民对于外国富人的大量涌入感到十分忧虑。大批常住居民开始离开，因为他们无法承担昂贵的生活成本。那些由不持有居留权的外国人购买的房产大量被空置的现象也让当地居民十分不满。在温哥华居民的长期不满和抗议下，当地政府决定暂时停止加拿大外国投资签证项目。

这个决定造成了一个很有意思的后果。由于加拿大投资签证的停办，亚洲的金融资本开始涌入其他国家。从 2013 年开始，澳大利亚政府接受的中国投资逐渐增加。换句话说，西方发达国家们正在投资签证项目上相互竞争，以吸引更多的中国投资者，而中国投资者们却一直在考虑哪个国家才是最佳选择。影响他们选择的因素包括办理签证的法律程序、获得永久居留权的难度以及当地经济的吸引力。在这一背景下，悉尼的唐人街改变了风格，从一个传统澳大利亚华裔社区成为促进中国和澳大利亚经济、文化交流的桥梁。那里举办了大量诸如舞狮之类的活动，但只是为了吸引中国游客，与当地澳大利亚华裔的生活没有一点关系。

VIP 签证也让中国家庭和学生获得更优质的教育以及在海外工作的机会。这类吸收其他地区智力资本的现象始于第二次世界大战后，当时作为难民逃往美国的一批火箭科学家为美国原子弹项目和其他高科技的发展做出了极大贡献。20 世纪 80 年代，硅谷成为全球技术创新的中心。很多人不了解的是，大量来自中国台湾地区、韩国、俄罗斯和东欧的外国留学生在加州的信息革命中发挥了关键作用。以斯坦福大学为代表的加州高等教育机构一直致力于外国留学生的培养。正是他们为加州科技的发展做出了很大的贡献，这种情况一直持续到今天。我曾在硅谷做过研究，参观了诸如太阳微系统公司这类高科技公司的技术部门，并在那看到了大量来自印度、中国和俄罗斯的技术人员。在市场经济改革后，越来越多的中国面孔开始在硅谷出现。我们注意到谷歌联合创始人谢尔盖·布林是俄罗斯裔，雅虎创始人杨致远来自台湾，大量的硅谷企业被来自印度、中国和俄罗斯的外国工程师们掌控。来自国外的工程师和学生们正在生物医学和信息技术的前沿领域发挥关键作用的同时，也给中国、印度、俄罗斯和东欧国家造成了越来越多的人才流失。

我们都听说过外包这个概念，外包的目的是为了获得廉价劳动力，但美国企业在获取高端人才时并不需要外包，因为他们都会来到美国。高科技和生物技术公司雇用全球劳力，这使得那些受过高等教育的外国人更容易获得永久居留权。每年硅谷都会向华盛顿政府施压，希望增加 HB 签证数量，让更多外国的技术人员能够移民美国。尽管奥巴马政府移民政策的改革被普遍认为是一项防止缺少技能的人员和来自拉丁美洲的非法人员移民美国，但同时这项政策也保护了那些签证即将过期或已经过期的资深技术人员。因此，如果你来自中国，并且被硅谷一家高科技公司雇用，即便你的签证有效期只有两年，但奥巴马的移民政策仍然能够让你更轻易地续签。

在 2013 年，近 25 万中国留学生来到美国。通过在大学就读和在大学城购买房产，他们的存在推动着中国资本进入美国。这也是为什么伯克利的房产颇受中国留学生家庭欢迎的原因。由于中国政府不认可双重国籍，美国绿卡成了很好的过渡品。它使中国公民能够保留原有国籍的同时获得美国的居留权，但他们并没有成为美国公民。

接下来我将简略带过一些话题。根据中国媒体报道，在 2012 年，有将近 1 万名中国孕妇来美国生产，与 2008 年 4000 名孕妇的数量相比翻了一倍多。美国生育权法律规定只要你在美国领土上出生，便自动拥有美国国籍，享受美国公民待遇。那些赴美生产的父母们想通过这种方式改变他们的国籍。当孩子降生在国外领土的那一刻起，新的家庭构成就开始了。赴美生子的孕妇们带着生下的婴儿回到中国，不久后这些孩子就可以以美国公民的身份回到美国接受教育。当他们年满 21 岁，就可以为他们的父母提出美国国籍的申请。这是一个保险计划，这些婴儿们被称为"定锚婴儿"。他们的中国父母期望通过这些"定锚婴儿"享受两国的待遇。

在中国国内，境外生产并不违背法律。赴美生子可以使中国父母不受独生子女政策和禁止代孕政策的限制，使他们在不违反中国法律的前提下自由选择国籍。同时，拥有美国护照的"定锚婴儿"也可以进入中国的国际学校。可以预见的是，中国对美国生殖技术和代孕服务的需求会继续增长。加州生育诊所的数据表明，在美国有数百例中国代孕服务的案例，其中大部分来自中国大陆。2014 年，赴美代孕的中国客户数量陡增，据说是因为他们相信马年生男孩的概率大。在 2015 年，这股"孕妇流"减缓，据说是因为属羊命不好。

在加州，有一整套针对中国生育旅游者的月子服务中心。他们提供说普通话的工作人员、舒心的服务和中国风味的餐饮。这些生育旅游者还可以通过代孕技术设计出他们理想的孩子。一些中国夫妇不仅雇用代孕妈妈，他们还购买她的卵子。一位在加州生育诊所的工作人员说道："所有的中国客户想要的都一样——身材高挑、金发碧眼，长相俊秀。他们认为拥有白人血统可以让这些孩子，特别是男孩，长得更加高大健壮，这也会增加他们的社会价值。"海外代孕为这些雄心勃勃的中国家庭解决了多种问题——不仅避免了禁止代孕的规定以及国内的生育限制，同时也改善孩子的基因。这意味着，西方发达国家为这些来自发展中国家的精英移民们提供了诸多特权，也使他们的家庭呈现出国际性的特征。

2015 年 3 月，美国移民海关执法局对加州的月子中心进行了大规模的"扫荡"。然而，他们调查的重点是月子中心的负责人，而不是生育游客，移民局对月子中心涉嫌建筑违规、签证和报税欺诈、扰乱当地社区等行为进行惩处。然而，在美国出生公民权和民主体系的保护下，美国法律无法惩罚生育游客。

几年前，哈佛著名经济史学教授弗格森用中美国（Chimerica）这一概念指称中美经济共生体。中国持有大量的美国国债，是强势美元的重要支撑者。在经济、价值、资本等方面达成共识的中美是共生的。但中美之间也存在着矛盾。由于两种政体的差别，美国成为中国资本和人才的难民营，进而造成了跨国界的、"脱域"的公民身份和空间的出现。

投资签证项目、顶级大学和生殖技术使包括中国在内的大量亚洲资本和人员流向西方发达国家，并使西方发达国家成为全球平台。然而这些移民在保证西方发达国家全球竞争力的同时，又对维持西方民主体制造成了一定威胁。颇具讽刺意味的是，正是民主体制一直在为他们提供保护。因此，我认为公民身份不仅是地域上的概念，它更加开放，而且可以直接对其他国家的公民产生影响，并由此产生了诸如亚洲居民的这种"去领土化"的过程及其在发达国家"再领土化"的现象。

如今，西方发达国家的城市正逐渐扮演着城市资本的角色。它们不仅是国家的一部分，也是积累全球财富的城市资本和全球银行。它们为亚洲资本提供保护，而移民原属国度的政府却无法做到这点。因此，亚洲精英人士们逃离他们的祖国，来到了西方民主国家。在这一过程中，西方发达国家应该建立、完善监管体系，使全球资本的流动更加规范化。

提问环节

张海洋教授：

我觉得她讲得很有激情，讲的题目也比较前沿，主要是关于人员、资产的外流问题。当然她不单从这个角度，她也说到西方国家通过公民权的弹性政策吸收来自中国的投资移民，增加国家的活力。在中国、俄罗斯这些国家里，大量财富被生产出来，但是不保值、不保险。因此，资本就会流入自由国家投资，保值保险。

赖立里博士：

她谈到的主要是中上层阶级。其中一个比较突出的矛盾是这些人的流入，抬高了当地房价，影响了长期居住在旧金山的本地人。我最近听说旧金山的房价已经超过纽约。王爱华教授也提到了科技公司的问题。现在的 IT 太火了，IT 从业人员都是高薪人员，他们也抬高了房价。她同时也提到她在硅谷做的研究。但她有很多问题没有展开，其中包括高等教育。美国不需要用外包，直接通过教育体制就把人才留下来了。讲座的重点是全球资本流动，全球资本越来越集中，那么普通资本该如何应对，这个问题是值得思考的。另外一个关键的概念是"去领土化"或者说"脱域化"和之后的"再领土化"。她虽然没有展开讲，但也提到了这些现象对当地基础设施、城市构造的影响。这些城市欢迎外来投资，当然这背后一个问题是这是谁的城市。她提到的另一个问题是种族问题，涉及生育旅游现象。亚洲人去美国生孩子，表面上是经济的原因。他们为了让孩子拿到公民身份，将来父母也可以拿到公民身份。但这背后还涉及现代生育技术的发展，甚至出现了定制孩子。虽然我觉得这种现象可能并不多。如果一个人不孕不育的话，他会买一个白人的卵子，后代可能是混血，这样他的家族就变成一个跨国的传递了。当然，她这没有明说买的都是卵子，里面的预设是男方的基因是不会轻易破坏的，肯定有中国传统的男权观念在里面。在这样的情况下，她认为公民权利肯定是开放的。她还隐含地提了一句，像这样的城市允许这些人和资本来，是不是对资本是一个讽刺。这些中国人为了自由民主的制度而来，同时他们不愿意放弃自己的中国公民身份，只是到这里来拿一个绿卡，这是不是对所谓民主的一个讽刺。另外，她还提到一个观点，像伦敦这样的地方变成了一个城邦国家，它超出了民族国家，成为全球资本汇聚的地方。

康敏副教授：

我感觉她的意思是中国这么多人走出去，当地人可能并不那么欢迎。因为移民和通过生育得来的公民身份与当地固有的公民身份是矛盾的。自由民主国家一定要保证生育权下的公民身份，但这个公民身份已经让当地的物价变得很高，甚至可能使一些传统的价值改变。美国又没法改变这个状况，所以美国对这个现象可能很忧虑。同时，中国也需要反思，中国人赚了这么多钱，有钱人都去买地买房，把自己的孩子都送出去了，给自己的国家留下糟糕的环境、糟糕的空气，然后不想回来了。这样对中国可能也会形成问题，中国和美国都要考虑以后怎么办。

张海洋教授：

我向大家推荐刘仲敬的《内亚的三重面相》。里面有一个理论我还是比较相信，一个地方人口虽然很多，但只有5%是精英。只要有钱有脑子的人走掉，这个社会就会垮掉。社会能运转是因为社会有一定的生态，有一套逻辑，有人带着。大家都不带了，这就是个"死社会"，虽然还有这么多人在。

龚浩群副教授：

我想讲一下今天我们应当如何理解政治。在中国我们经常说这是我们的内政，然而当今世界上已经不存在纯粹的内政，因为任何政治现象都是全球性的。相应的，我们也应该在全球化的背景下理解政治现象。第二点是全球化对发展中国家和发达国家的影响。中国移民已经对美国的低收入阶层造成了影响，他们找工作和买房变得困难起来。这些低收入的美国人也是全球化的受害者。所以，我觉得全球化对发展中国家和发达国家的影响是双向的。同时，自由的市场经济体系和民主制度实际上并不那么自由和民主，因为他们为富裕阶层提供了特权，却没有考虑到普通人。这一点对发展中国家和发达国家同样适用。

张海洋教授：

我们可以得出一个结论：制度也是钱，也是生产力。你把制度做好了，通过卖护照，卖公民身份，也能把钱捞回来。无论如何，我觉得人权和资产的安全都和国家形象与尊严密切相关。人流出去说明我们国家是自由的，但是我们是不是也能把我们的公民身份卖一批给美国呢？

王爱华教授：

我想回应一下龚老师，我十分同意你的观点。民主的精神正在于强调平等，这也正是美国公民身份的实质。许多学者都很关注先进的自由社会意味着什么，其中非常核心的一点就是这些规范。保障私人财产权的规范是最为基本的。马克思说第一个公民就是城市中的有产者。所以我并不是在维护美国，我只是在强调在美国很尊重个人权益，并且在科学技术领域法律的建设和执行很完善。正是这些才导致了人口的流入。换句话说，人口流入不是无故发生的，其背后是有原因的。最主要的原因之一就是法律强有力的保障，不管是对个人财产还是对科学研究领域自由言论的权力。正是这一点制造了一个针对审查的保护圈，导致了人口流入的发生。从这个意义上讲，尽管北京、上海很有魅力，但它们跟伦敦、纽约这样的城市还是不同的。北京、上海市中心的美丽繁华让人屏息，尽管如此，它们不够国际化，它们还仅仅局限于中国。因此我不会在中国买房，因为我无法确定我的投资能够得到回报。西方作为先进民主制的代表建立了全球秩序和规范，保障了全球范围内资本和人才的流动。在中国，这样的情况也可能发生，但你们没有类似的制度保障。如此看来，北京、上海还不够全球化。

民主不仅仅是强有力的法治，也包括对技术、知识产权的行为规范。对那些想通过自己的才能和资本投资得到回报的人而言，这是非常重要的。我所指的资本是指类似财产、文凭这样通过积累、再投资进而能够得到回报的东西。在西方以外的其他地方，这样的回报却可能难以兑现，或者至少得不到保障。

龚浩群副教授：

我有一个问题。流入美国的这种资本是去道德化的。它不会问你的钱从哪里来，所以中国这么多暴富的人跑到美国去，美国不会问你钱是不是通过道德的手段得来的。

王爱华教授：

不是这样的，这是事情的另一个方面。美国人无法弄清楚这些钱是否是通过腐败得来的，因为这不在美国政府的司法管辖范围内，所以美国政府不能追查这些人在中国腐败行为的记录。他们只知道这些人来到美国并且遵守美国的法律。正是因为美国对个人财产强有力的法律保障，全世界的罪犯都可能来美国逃难。但即使在中国，这些腐败官员也能藏匿起来，只有很少的情况下才被抓住和惩罚。另外，我想强调的是关于知识产权的规章制度。财富不仅是土地或者公寓，更是知识产权。知识产权需要被规范化，否则作为"知识产权"的财富就难以实现其价值。在知识产权得不到保障的情况下，即使你的科学研究做得最棒也完全没有用。我最近在关注一个现象，新加坡正努力做出能够经得起全球标准考验的、受全球尊敬的科学研究。大国唯有遵守全球规范才能积累财富，才能保住自己的公民。如果这样的规范缺失，一个国家的公民就要去其他地方以保护他们的财产或者保障他们的投资。中国在一定程度上已经是资本化了，但仅仅生产财富或者赚钱是不够的，还需要制度建设。没有制度，一切财富都可能会瞬间蒸发。

同学提问 1：

我觉得全球流动的不仅是资本、高科技，还有廉价劳动力和生产原料。我为国外的富有的中国人骄傲，但对他们选择别国公民的身份却有矛盾的感觉。我们学院的同学会前往南非、埃塞俄比亚这样的发展中国家调查当地的中国人。他们的生活状况和在美国的富有华人非常不同。他们没有钱，没有精力考虑房产这类的东西。您是如何思考这些在海外的贫穷的中国人的，您能给我们一些研究这些贫穷华人的建议吗？

王爱华教授：

我的研究意在理解有钱的中国人移民到西方不仅是个人的决策，更是中国和西方的差异导致了这种人口的流动。我每次只研究一个问题，我的研究不针对贫穷的中国人。如果那是你们的研究方向，你们可以就他们进行研究。当然，也有很多可以研究的问题，如劳动力的问题。中国现在的劳动力紧缺是很有意思的现象，中国南方的工厂已经开始指望靠机器人解决问题了。作为研究人员你可以选择自己研究的课题。我选择我的课题是我观察到加利福尼亚州现在已经挤满了中国人，这是一个全新的现象。我的第一本书里研究的是到美国的香港人。如今，这些移民来自中国大陆并且活跃在各个领域，如他们会在我的社区中购买房产。这样的现象是之前从未发生过的，这构成了我的研究动机。我的研究不会涉及所有领域，也不能解决中国的所有问题。

同学提问 2：

您所研究的对象并不能代表中国人。中国内部贫富差距巨大，并且这已成为中国社会的重要问题。虽然我们一次只能研究一个问题，但我认为中国的穷人，中国现状中消极的一面也同样重要。您同意我的观点吗？

王爱华教授：

我同意你的观点。我不清楚他们跟你的归属感是否相同，我只确定他们的国籍是中国。当然你的问题也很有意义。许多中国穷人也来美国，有的甚至从福建偷渡到纽约。他们被其他中国人剥削，在唐人街的地下室里像奴隶一样工作。有时候，纽约警察管理饭店时会解放他们、照顾他们。那些蛇头如何对待想去美国的中国人是一回事，这样一个群体为什么选择离开中国又是另一回事。也许他们在寻求自由，也许他们想逃避计划生育或者他们只是想去美国开始一种不同的生活。这个问题是非常复杂的。我没有说这些富人代表了全部在美的华人。

龚浩群副教授：

芝加哥大学的茱莉亚教授发表了一本书，是关于去纽约的福建人。她在书中提到，以前华人移民希望回到故土光宗耀祖。虽然现在这些目的地仍然对华人移民充满了吸引，但当他们到达那里后却相当失望。你是怎么理解这种目的地政治呢？

王爱华教授：

我只想知道这些人口流动背后的驱动力是什么，对移民个人在美国的感觉并不是那么感兴趣。我觉得他们中的大多数应该很开心吧。感谢上帝，他们终于到达这个梦想的沃土，可以放开手大干一场了。当然，他们也可能受歧视，或者为离开自己的祖国伤心。但我并不研究这些，我的研究并不太注重个人或者过于宏观，是在中层水平上实施的。

赖立里博士：

你提到了俄国和中国的状况。你把他们划定为后社会主义国家或者独裁国家。然而，这种全球流动特别是在发达国家购置房产的现象不仅发生在中国人和俄国人身上。如日本经济腾飞时，日本人也在全球购置房产。那么，为什么您的讲座会特别说到中国和俄国呢？

王爱华教授：

20 世纪 80 年代，日本人形成了一股到美国购买房产的潮流，有一本叫《初升的太阳》的小说描写的就是这个故事。当时，美国人担心日本人会把洛克菲勒中心买下来，甚至激起了美国人的反日情绪，虽然这种情绪没有维持很长时间。但我们要注意到一个事实，虽然日本人在美国购置了房产，但是人却没有跟着房产一起来，他们没有大批移民到美国。像现在这样如此大规模的人口和资金流入在美国历史上从未发生，所以这种现象值得关注。同时，我们预计这种现象还会增加。事实上，纽约所有研究亚洲社会和中美关系的首席人员都把这个称为"来自中国的无尽投资流"。

我没有针对中国，我只是在研究一个全球现象。从俄罗斯流入的资金也很多，因为普京对那些极其富有的和暴富的俄国人施以重压，导致这些人逃亡伦敦。是这些国家的某些特征驱逐走了它的人民。可能这些国家不按照保护知识产权、人权的法律、社会规范操作，这是我所观察到的现实。这些特殊事件背后有着某种共性。香港发生占中后，许多香港家长把孩子送到加州。突然间，我的课堂上出现了中国人。正是这些发生在亚洲的事件导致美国加州的人潮。

同学提问 3：

中国富人移往美国是因为美国制度提供强有力的保护，但也有许多中国贪官逃到美国寻求庇护。中国境内也有许多富人，他们也不觉得需要寻求特殊的庇护。如果这些富人通过合法途径获得他们的财产，为什么他们的财产在中国不能得到保护呢？

王爱华教授：

我只是在讲述事实，的确，许多移民只是渴望离开中国的中产阶级的百万富翁，他们没有腐败。但也有许多腐败的中国官员到美国洗钱，试图通过在海外购置房产来隐瞒他们的财产，这样中国政府就没有办法控制他们了。当然，美国政府没法知道哪些人有腐败行为。但是，这些腐败的官员不是大多数，大多数华人移民可能就是你身边的朋友或亲戚。我只是作为一个人类学家试图讲述正在发生的情况。

夏循祥博士：

今天很有幸听到王教授的演讲，其实王老师刚才讲的在美国发生的全球城市的趋势是一个很有趣的现象。最开始，这些人的目的地基本都是香港。把香港折腾得都引起民愤了后就开始往别的地方移。香港为什么成为这样一个目的地呢？因为它的制度、法制，包括为生育权提供的制度保障很完善。但为什么香港爆发得这么严重？那是因为它整个体量太紧密了，而且它本身又是资源很不够的地方。像王老师刚才讲的澳大利亚传统的海外华人社区，我猜想那些本地华人和这批新富的进去的人肯定是有矛盾的。因为前一批是通过勤劳致富。这一批，不管是不是正当的财富，他们是以有钱人的姿态出去的。因此，为什么出去的人反而更爱国？是因为他们在国内有优势地位，他们在国外却是少数民族。按照王老师今天讲的问题大家再去理解香港人的愤怒，其实就是他们对资源被剥夺，人被歧视的反应。

王爱华教授：

我想最后再补充几句。我觉得中国的资本主义在走向歧途，尽管也许现在中国规范的缺失还不会引起问题。

中美两大经济体正在慢慢融合，尽管很多人对这一趋势充满怀疑，但或许它能给中国市场管理体制带来调整。虽然这一过程需要一段时间，但这种变化是可能发生的。清华大学正在计划和伯克利大学建立一个联合大学，这将是一个全球校园。过去如果大学想走向国际，他们会到别的国家去。比如说，宁波的诺丁汉大学和在新加坡的杜克大学。但伯克利大学将走一条不一样的国际化道路。不是通过伯克利大学在中国建立分校，而是通过邀请中国大学到伯克利来。清华和伯克利将共同建造一个合作的全球校园。尽管现在还没有建成，但已是指日可待。清华大学的科学研究人员要在美国的体制规范下自由进行他们的实验研究。在这个过程中，我们能互相学习，思考未来应该建立怎样的规范来管理经济活动、保护个人产权和设定科研标准。

张海洋教授：

非常感谢王爱华教授，虽然很早就听过她的名字，但她讲课我还是第一次听。她讲的题目也比较前沿，她在观察和回答问题时也很敏锐。

再次感谢王爱华教授，谢谢各位。

第三讲

中国北方农村代际亲密的兴起[*]

阎云翔

每次讲座开始，我一贯的做法是先把我的主要观点罗列出来，以防万一我有所遗漏或者时间不够。今天首先要讲的是一个大的背景，就是父母权力的回归。当我说父母权力的时候，是把50后、60后这一代作为父母，80后、90后这一代作为青年的成人，很多人下面还有孩子，所以一共有三代。我在做研究的时候发现，70后夹在中间，他们的心态是分割的：晚期的70后更接近80后，而前期的则接近50后、60后一代，很有意思的是以改革为界限。所以，不可能把每一个年代都分成社会学意义上的"代际"，只能把70后给"分割"了。

这个背景，我后来觉得自己近二十年来的研究都是在不断地进行反思和修正。因为我20世纪90年代做的研究都是在代际关系这条线上，论证的是父母权力的消亡，至少是衰落；但现在做的是它的回归。我自己给自己的解释是：这不是简单意义上的回归，而是沿着我这些年一直在探讨的中国社会结构的个体化、某种意义上个体的崛起、自我意识的兴起。这是同一个轨道、同一个现象，只是

　＊主讲人为美国加州大学洛杉矶分校中国研究中心教授，主持人为包智明教授（中央民族大学世界民族学人类学研究中心主任）。讲座时间为2015年6月28日19：00—21：00。该讲座为系列讲座第四十三讲，由刘兴驰、张捷、张瑶、张悦录音整理，由赵萱校对。

表现方式不同。即使是 90 年代的时候，我也一直在强调一个观点：中国家庭的功能发生了重大转变，即从过去的一个生产、消费、生活、教育这样一个多功能的无所不包的"法人团体"，逐渐地在集体化时代转变成了一个消费型的单元。但是在改革的后二十年，特别是最近的十年、十五年内，我们很清楚地看到随着个体化进程的深入发展，中国的家庭变成了生活意义的单元："我活着的意义在哪儿？——家庭。"这跟以前是不一样的。所以，这个背景后面实际上有一个更加深刻的个体化转变的过程。

我要讲的第二点是回到具体的经验研究上。我很幸运的是，曾经在 20 世纪 70 年代东北黑龙江边上的一个村子生活过七八年，又从那个村子里考上了大学。在那个年代，我是村子里一个普通的社员，而且是最差劲的那个。这个"最差劲"有着多重意义。首先，我的体力很差，而在那个时候的农村，劳动能力是衡量一个人的唯一标准。比如，匠人能够做出多么漂亮的东西，农民能够干出多么漂亮的农活，给房子抹泥的人在完工之后还能否保持一身白色的衣服上一个泥点都没有。可想而知，在这方面我是最弱的一个。这种东西在 21 世纪以后已经不再被推崇了，我们对于自己工作的欣赏逐渐降低，更推崇的是赚钱能力而不是工作能力。我曾经做过一个研究叫"Hopeless and Helpless: Being Bachelor in Rural China"，实际上说的是我自己。Helpless 就是说作为一个单身汉在农村是很难生活的，往前看是一片黑暗，所以是最弱的；在社会地位上，我是外来的一个流浪汉，家庭成分又不好，所以政治上也是最弱的。很幸运的是，这个社区给予我的却是这方面无穷无尽的资源，正如清华大学的景军老师所说的人类学在边缘做研究、写作的优势。所以，我之后的叙述材料都是来自这个村子，自 1989 年我每隔一年回去一次，到目前回去了 13 次。

接下来讲的是这个村子的个案研究。到了第四点后我会把它拓展回来，放在个体化的大背景下来讲，为什么我认为代际关系中亲密性的增长是多方面，在未来有更深远的影响。我要预先向大家解释，研究社会变迁有两个路径：一个是关注变化，这是针对将来的；另一个是关注不变的、延续的那部分，讲究的是传统。这是关于瓶子里的水是"半瓶满"还是"半瓶空"的问题。我更关注的是变化，这表示我所要讲的东西，在统计学意义上并不一定能代表绝大多数，但在发展的意义上可能更加重要。

父母权力的衰弱，实际上并不是从 90 年代开始，而是从 90 年代结束的。衰弱可能是在 20 世纪初就已经开始了。我们国家父母权力的衰弱，是跟民族国家的建立和对现代性的追求（从政府到精英到民众上下一体的对于现代化这个大目标的追求）连在一起的。换句话说，父母权力之所以衰弱，是我们有意识地在攻击它，认为它是万恶之源。譬如巴金最有名的作品《家》，揭示了那个时候的人们认为旧式家庭是中国作为一个国家之所以落后挨打的诸多原因之一。20 世纪之交的"家庭革命"这个词，是康有为提出来的。像他和梁启超那样的整个一代人都在推动这场家庭革命，但当时基本上是在政治精英这个层次上进行的。

再看社会主义阶段，前三十年即 1949—1978 年，我觉得是真正地在社会层面上从上到下地推进了一场家庭革命。最具有标志性的是 1950 年的《新婚姻法》，它不仅重新定义了个体尤其是妇女的很多权利，同时也以法律的形式定义了好的婚姻是什么，好的家庭是什么。在《新婚姻法》公布之后，有一场声势浩大的推进它的运动，涉及了中国社会的每个角落，如厂矿、农村和街道，同 50 年代的任何一场运动一样。就意识形态涉及人的心灵这个层面上来说是非常深刻的，它的背后有强大的行政和党组织的力量。在此之后的集体化时期，家庭的作用被逐渐地剥离，农村的集体和城市的单位承担了很多过去只能由家庭承担的角色，个体被从家庭和亲属关系中解放出来，同时转换成社会主义的公民。这是我曾经描述过的一条社会主义式的个体化道路。

　　在整个前三十年的社会主义时期，一方面集体主义是官方意识形态，强调的是大公无私、为党和人民做贡献的毫不利己的精神，最典型的就是雷锋这样的形象。但我不知道大家有没有注意到，雷锋没有家庭，他是孤儿。八个样板戏中的绝大多数主要人物都没有家庭，如《红灯记》最后揭开谜底：爹不是你的亲爹，奶奶也不是你的亲奶奶。为什么？整个50年代要反对的，就是我们过去的家庭主义和宗族主义。民间的这些组织是如此强大，以至能够和过去的皇权构成某种抗衡力量，同时阻止了个体成为潜在的公民。这也是为什么中华帝国晚期积贫积弱，经不起帝国主义小小的一击，三千人的八国联军可以从东南沿海上来一直打到北京——因为所有的老百姓都觉得这跟我们没关系，这是皇上的天下。如果想让国家成为人民的国家，那么人民必须变成公民。这是我们社会主义前三十年所取得的诸多成就之一，就是把个体从家庭宗族中解放出来转变成公民。

　　接下来，如果站在20世纪90年代，回过头看50年代到70年代末期党和国家所推动的家庭革命产生了什么样的社会影响的话，那么首先我们看到的是青年的自主性的增长。这个自主性首先体现为婚姻的选择、配偶的选择，接下来是婚后居住类型。无论是在城市还是在乡村，青年的自主权越来越大。代际冲突是另一条线。如果看社会主义的文艺作品，固定的反面人物是成分不好的地主富农之类，如果没有地主富农这样的直接批判对象，那么受批判的对象第一政治上永远是中农，第二就是年纪大的人，实际上批判的是他们落后的思想。所以，在社会主义的前三十年，有一个党和国家推动的代际冲突——一代一代的青年向他们的长辈们发起冲击。同时，科学技术的发展，使得每一个年代的青年人都占据着有利位置。所以，无论在政治、意识形态还是科学技术方面，青年一代几乎是势不可当，使得父母一代都处于守势。到了90年代更是节节败退，退无可退。退到什么程度呢？以至90年代我们很多研究集中在养老问题上，讲"孝道"的衰落，特别是华中社会学的一群人，他们调查荆门一带地区老年人的自杀问题。当然，这个问题在多大程度上是由于学者的视角造成的，也值得一问。因为也有学者发现其实问题没那么严重，只是我们当时太过于集中在孝道衰落上，而且在我们下去做经验调查的时候，谁跟你讲的故事很重要。譬如孝道衰落这个问题，你听的是父母这一代的话，还是"不孝之子"这一代的话，是完全不一样的。

不管怎么样，从代际冲突的趋势上看，父母权力是趋于守势，而且逐渐地丧失；从家庭结构和家庭规模的角度看，都是为了年轻人的利益而服务。一个很明显的趋势是：家庭结构不一定核心化。总的趋势是核心化，多数家庭进入核心家庭，即只有一对夫妻和孩子的家庭。而主干家庭是一个家庭之内有两对已婚的夫妻在两代人中；联合家庭则是有超过两对以上的夫妻在两代或两代人以上的家庭。尽管社会学理论认为家庭结构变化的大趋势是核心化，但中国现在主干家庭仍然存在，在整个90年代，其比例在20%到40%上下波动，哪怕在父母权力最弱的年代也是这样。可如果仔细分析主干家庭内的权力转移，代际关系之所以有意思，就是在于它关于资源的再分配问题、家庭结构问题、权力分配的问题，以及制造生活意义的问题。90年代，即使是在主干家庭，我们还是看到了掌权的不一定是年老的父母，虽然主干家庭的结构还是维系着，但刚刚结婚的年轻夫妻可能很快就掌握了家庭的权力。

进一步分析，任何一个家庭实际上有两个重要角色：户主和家庭管理者。户主是对外的、面向公共生活的一家之主，而家庭管理者是对内的、当家主事的人，二者不一定是一个人。即便是在中国传统社会，在很多情况下，大的父系家庭中主事的不一定是男性长辈。在20世纪90年代，户主则逐渐向年青一代转移。因为要更多地和政府打交道、和市场打交道，老年人觉得自己已经没有现代知识，也没有这个权力了。

　　不管怎样，到了 90 年代，我们看到了一个很清晰的倾向，就是随着父母权力的衰弱、青年自主权的增长，家庭从过去的"法人团体"，变成一个追求私人生活幸福的"避风港"。在这个"避风港"内，个体权利得到了越来越多的重视，特别是妇女。在这一系列的变化中，女性所起的作用极为重要，因为在每个起作用的女性背后，都有个"听话"的男性在配合。

　　下面我还会讲这个问题，它在后二十年的变化中还是如此，不过所起的作用是不同的。把前面我所说的所有东西加在一起，就是中国家庭的个体化。不仅是社会结构在个体化，中国家庭也在进一步细分，个体在其中的作用越来越重要了。不过，我还要重申一遍——在其他地方已经讲了无数遍——个体化和个体主义是两个不同的词。个体化不一定意味着个体主义，更不一定意味着个性的增长，这些是完全不同的概念。

　　接下来，我们看 90 年代以后发生了什么。进入新世纪以后，有个最重要的现象：无论自愿也好、被迫也好，中国完成了人口学意义上的转型，就是整个社会的生育意愿下降。在中国的个案中，这跟独生子女政策的强制推行有着直接关系。不过现在很多学者也在论证，如果当时不推行这个政策，我们的生育意愿也会下降，只要我们的现代化进程还是按照原来的方式实现。不管怎样，人口学意义上的转型因素，是无论怎么强调都不过分的。同时从社会学意义上讲，如果我们观察代际关系的话，有整整一代的独生子女，在成长过程中所处的独特的成长环境和社会化过程就非常有意思。在这里，学者的看法有点像翻烙饼一样，一会儿这样，一会儿那样。最初，学者们很担心，觉得独生子女会成为一代非常娇惯的小皇帝、小公主；后来发现他们也不是这样；后来又有人发现，在不是这样的背后，其实还是那样的。不管怎么样，有一点可以肯定：他们不同于前面的任何一代人。他们是没有任何兄弟姐妹的一代人，有也是表兄弟、表姐妹。这也就是说，他们是没有亲属关系的一代人。

如果有的话，只能是姻亲关系，这是从中国城市的角度来讲。从中国农村的角度来讲，很有意思的现象是分布不一样：基本上在中部，特别是我关注的黑龙江这个地区，生育意愿是一直在下降的；但最贫穷的农村和最富裕的农村，生育意愿是一直在上涨的，生孩子最多的往往是最贫困的地区和广东、福建这些最富裕的地区。这也是很有意思、无法解释的一个现象。这些都是人口学上必须关注的一些因素。

我的关注是，无论从城市还是从农村角度看，不说独生子女，就说出生率大大降低后出生的这一代年轻人，他们在物质生活资源方面跟前面几代人非常不同。他们占有更多的物质生活资源。同时因为孩子数量稀少，父母的保护就特别多了，相对而言，期待也就特别高了。如果你听年青一代诉苦，听他们成长过程中所受的压力，确实是我们50后、60后这一代无法理解的。比如说，我的小学生涯是在半日制小学里度过的，读到小学五年级就吹了。那就意味着我每天都有半天在玩，再加上每周末也在玩，这是没有家庭作业负担的纯玩。这是值得我们考量的一个因素。

还有一个值得考量的因素，就是90年代以来在我们的几代人之间已经没有什么本质上的意识形态和观念上的冲突了。如果我们看前面几代人，当时高高举起的反封建大旗，不是喊口号而已，而是真正地有自己的信仰，有特定意识形态所造就的行为上的追求。再回到我前面提到的例子，巴金的《家》里面的老太爷为什么那么可恨？那个老太爷是有理想的，只是那个理想是一个过去的理想而已。他觉得自己认定的一切都是有意义的，因为他这么认为，所以他觉得别人也应该这样办。而50年代和60年代的父母，经过童年的经济匮乏时期，真正信奉的是什么？是物质主义。这是从来都没有过的，改革开放给了他们这个机会。他们突然觉得经世而作废，之前做的所有事都没有意义了；同时又发现自己已经日渐老去。怎么办？要把失去的时间夺回来。这也是为什么改革开放到后来，这一代人那么能挣钱。他们是有追逐财富的、来自生存恐惧的动力。即使很多父母钱挣得足够多了，仍然也要挣，因为过去匮乏带来的恐惧阴影一直在他们心中。同时，他们也在批评孩子不珍惜现在的幸福生活，太物质主义，没有理想。

太物质主义意味着什么呢？实际上他们的孩子跟他们信奉的是一个东西，就是物质的重要性。只是年青一代觉得物质或者财富的功能是用来消费的，而不是攒着的。我们这一代父母认为财富的积累是人生意义最重要的一环。下面的80后、90后一代则认为如何用财富使自己幸福才是人生意义中最重要的一环。这看起来有很大的冲突，但就物质比精神更重要这一点上，他们是没冲突的——这就是我说的在意识形态上没有冲突。而80后的父辈和祖父辈在意识形态上有根深蒂固的冲突：社会应该怎样组织、人际关系应该怎样重组，包括阶级的概念、国家的概念，所有这一切都跟中国传统文化在根本意义上是相互抵触的。

从这个意义上说，我们后来的三十年，就是从90年代到现在21世纪的第二个10年，如果我们考察代际关系的话，不需要考察谁在理、谁不在理，你只要考察一点就可以基本上判断谁占据有利的位置——那就是资源。谁的资源多（更多地指物质资源），那么谁就有更多的话语权。所以，中国城市发生的一大变化是，在表面层次上父母权力的回归。我之前举的父母权力衰落的那些例子，譬如择偶、求学、就业、婚后居住方式，其实在很大程度上也体现了现在的父母有特别大的话语权。为什么呢？原因很简单，因为年青一代在追求自己想过的生活时，离不开父母的支持。至于"自己想过的生活"在多大程度上是我们的物质文化和消费主义文化生产出来的，还是说维持生存必不可少的，这是另外一个问题。但不管怎样，在这里就变成了刚性需求。这个我没有时间去讲细节，但我相信大家的了解一定比我多。

在任何一个环节，你都可以看到父母有多么重要。比方我们做的一个跟踪调查，每隔两年问这样一个简单的问题，"如果你交的男朋友或女朋友，父母不同意怎么办？"回答为"不同意就算了"的比例是持续上升的。在我那个年代，如何定义浪漫婚姻和自由选择，唯一的标准就是有没有跟父母对着干。这就体现了意识形态上的冲突问题，以至把冲突理想化为浪漫的因素之一。但是，现在绝大多数的年轻人都知道，没有父母祝福的婚姻不是好婚姻，没有父母支持的婚姻绝对不是好婚姻。关键的不光是结婚，婚后的生活怎么办？因为特别重的就业压力，很可能你得有第二职业，或者不断地"充电"，日常生活如果有老人的照料会好得多；生完孩子以后，孩子也需要有老人带，所有这些东西使得父母突然变得很"金贵"了。

父母在前几个年代中，一直处于守势，试图说服年青一代"不要离开我们，没有你们，我们的整个生活都没有意义了"。但现在整个就倒过来。年轻人当然不会说这话，"你千万别离开我，离开我，我就生活不下去了"，年轻人是另外一套话语。我在另外一篇文章中分析过这个现象，也就是"孝"的重新定义问题。很多我访谈的青年人告诉我："孝顺的真正定义是什么？就是让你的父母高兴。那我的父母怎么会高兴？我生活幸福，他们就会高兴。我生活怎么能幸福？给钱，有钱我就幸福了嘛。"所以，父母是"自愿"地把钱塞给孩子。也有学者做过类似的研究，调查80后的父母是如何心甘情愿地来做这些事，为的不光是孩子幸福，他们自己也幸福。这就到了我一会要讲的最重要的结论：生活意义的制造问题。

前面讲的是大背景，其中看得更明显的是城市。我还有一个关于80后离婚的个案研究，当时收集了很多资料，从2000年到2011年80后离婚的数量呈持续上升趋势，到了2010年和2011年这两年，民政部统计有42%的离婚是80后，其中又有60%是父母包办的离婚。就是从一开始，父母说小两口过不下去了，要离婚；吵架的时候，父母上去吵。打官司怎么办？年轻夫妻在一边玩手机，父母在法庭上对骂，争权益。他们不得不争啊，那房子是他们出的钱啊，如果是争孙子的监护权，年轻父母无所谓，因为孩子生下来，他们就没怎么管，要么姥姥、姥爷管，要么爷爷、奶奶管。所有这些使得80后的离婚，越来越多地演变为80后父母之间的战争。这也是很有意思的一个现象。

在所有这些大背景下，我坚持的一个观点是：看起来这是父母权力的回归，但核心点在于，之所以能回归在于它能为青年一代的个体利益服务。这种服务得到了什么，是父母的满足感：我的儿女过上了幸福生活；当然也有压力，就是望子成龙的压力。

所有这些还是大背景，现在回到我这个村。90年代我做研究的时候，已经注意到这个趋向，就是村里的老百姓已经开始主动探讨，什么样的家庭生活是好的家庭生活。这跟改革开放后农村家庭收入水平的提高是紧密联系的。而我在这个村生活的70年代，村里人认为能吃饱就是好日子，不会有好的家庭应该是什么样的问题。在我2003年出版的《私人生活的变革》那本书中，我讲过一个个案，是我的朋友，当时他有句名言，叫"好的家庭生活一定要有说有笑"。他是一个权力非常大的旧式父母，到90年代依然维持着村里唯一的一个联合家庭。不光是和已婚的儿子住在一起，而且是跟两个儿子住在一起，再加上孙子，现在他的重孙子都已经很大了。但他也是一个具有很强反思能力的人，一直在探讨生活意义的问题。我描述的个案是1991年的时候，为了效仿中央台的春节联欢晚会，他搞了一个家庭春节联欢晚会，让他的晚辈唱歌、说笑话、讲故事，每人派一个节目。等轮到他女儿的时候，他忽然加了一个节目，让女儿给每个节目做一个简短的点评，优点在哪，缺点在哪。民主程序不能启动，因为一启动就不知道后果怎么样了。于是，到了他女儿点评他自己的时候，就说："你什么都好，就一点不好，对我妈不好。"当时所有人都愣了，没敢话说，他也一时没反应过来。她女儿就继续说："为什么说对我妈不好，当年她好像是19岁，说你从来在家里不跟我妈说话，有事说事，说完你就走了。你工作真那么忙吗？"

这一番话，说得她妈妈眼泪刷刷地往下掉。我的朋友板着脸没话说，所有人寂静无言不知如何反应，不过他还是很大度地让联欢晚会继续了下去。之后，他做了很大的反思，在行动上有了很大改变。实际上十天以前我刚刚从这个家庭回来。每次去下岬村，我都住在他们家里，所以可以近距离地观察。他所做的努力包括，不仅与妻子沟通，也跟已成年结婚的儿子沟通，定期开家庭会、一起看电视节目等等，所以就有了更多可以分享的感情生活和观念。他认为，这是家庭凝聚的重要环节。

在 20 世纪 90 年代的时候，村子里很少有人接受这种方式，都觉得他矫情。他们认为，"你的家庭和这些亲密关系构建没什么关系，真正有关系的是你过去是大队党支部书记，你有资源。你穷一个我们看看？儿女肯定不买你账"。当时持这种观点最强的是这个人，90 年代调查时他不到 30 岁，他是 60 后的一代。当时，我对他印象特别深刻的，倒不是他反对我这个朋友的看法，而是他流露出内心的另外一面。那是有一次我们谈这个村子里的"妻管严"现象，我请大家评论村里谁怕老婆。因为我一直很关注妇女在家庭变迁中的作用，她们的主观能动性和所起的实际作用。调查最好能让村里人用当地的表达方式告诉你真正生活中的故事。所以，"妻管严""怕老婆"是一个很自然的方式，最好让大家互相评价。评来评去，这个人说："我不怕老婆，但我老婆也不怕我。"我问为什么，他说，"如果你想让老婆怕你，你就得给老婆提供所有她生活中需要的东西，她才能对你有一个真正的尊重。像我这样的，在北京的建筑工地出苦力，干那些苦力活，旁边就看到二十多岁、三十来岁那些女的，高跟鞋踩着，漂亮衣服穿着，在楼里进进出出。如果我老婆过上那样的生活，那她对我肯定是不一样的。但是我没有能力，那怎么办？我就没有权利要求她怕我"。

当时，我就觉得这个人有很丰富的内心世界。但同时我也很清楚，这个人从来都不会跟他老婆表达自己的内心情感。为什么？因为他是一个农村中特别典型的男子汉，有什么话都憋在心里。这是我们一群男人在外面评论"妻管严"时，他不小心流露出来的。回到家里跟老婆都是板着个脸，把事做到，然后就走了。他的所作所为又是从他爹那里遗传来的。他爹是1951年结婚，当时是支书的女儿要死要活非要嫁给他，这是我们村第一桩"浪漫婚姻"。支书的女儿也是党员，她之所以嫁给这个村里出名的不务正业的赌徒，就因为他长得好看，很帅。按现在说法，支书的女儿就是"外貌协会"的，男人长得好看，所以要嫁。嫁过去之后，她爹跟她断绝了关系，而嫁过去第三天她丈夫就把她狠狠地揍了一顿。为什么？因为她丈夫坚信"打倒的老婆、揉倒的面"。在之后的生活中，家庭暴力基本上没有停过。我去调查时，谈到过去的"浪漫婚姻"，老公在那里不断吹牛，讲"打倒的老婆、揉倒的面"，我就不断看他老婆是什么反应。我可以看出她复杂的感觉，一方面这些是她屈辱的历史，另一方面这又是她成长的过去三十年中村子里的伦理，她不认为这有什么不对，在旁边不断地点头。

到了他儿子这里，事情发生了变化。他可以在男人圈里承认对老婆愧疚的原因，但一回到家，他这个脸还是要"挂"起来，不能够表达感情，因为男人是不能示弱的。不能示弱，90年代时是有后果的。在我们谈话两年之后，他老婆把他甩了。他一个人带着儿子，后来的日子过得非常艰辛。我每隔几年回去跟他聊一次，最近一次是2011年，他儿子结婚了，他给儿子办了一个特别体面的婚礼，包括在哈尔滨郊区给儿子买了一套公寓。但最有意思的是，儿子结婚后，他带着儿子一家还有自己再婚的妻子、自己的父母，全家六口人去北京旅游，花了他将近一年的工资，痛痛快快地玩了一次。当他回来给我讲这个故事的时候，他告诉我，过去若干年中，他接受了"好的家庭就是有说有笑"这样的观念。他过去的生活、他爹过去的生活，都不是好的生活。所以，他现在洗心革面地处理他和妻子的关系，包括跟儿子和父母的关系等等之类。

把所有这些故事串起来，可以看出这几代人在处理家庭关系时有不同的追求。在他后面讲的去北京旅游的很多小故事里，可以看出很强的亲密纽带，这是一个分享的关系；这种关系不是在一个很强的代际关系中，而是一刹那间在平等的个体之间可以分享的那些东西，非常微妙。我称之为亲密性，即 intimacy。

受他的启发，我去村里调查：有多少家庭像这样去旅游过？因为在那个非常偏远的黑龙江农村是个新鲜事，首先费钱，其次有什么意义？结果我发现，2011 年有七个家庭出去旅游，回来以后他们成了公共话语的一部分。关键是七个案例中有四个是女儿带着娘家父母出去旅游。中国俗话说"嫁出去的女儿、泼出去的水"，而现在女儿回来报答自己的娘家父母，女婿居然也愿意陪着岳父岳母出去旅游，这是中国农村革命性的变化。当老年人回来讲旅游的时候，无不夸奖自己的儿女有多么孝顺。90 年代，我接触的人都是以前朋友的儿女，那时他们已经是父母，他们也影响了我的写作。所以我意识到这一点后，每次回来都会组织几场年轻人的座谈会，用我所有的关系找结婚或者没结婚的青年坐在一起讲他们的故事，才使我有了一个相对平衡的看法。

到了新世纪，产生了新的竞争，讲自己的儿女有多么孝顺，虽是很有意思的公共话语，但它不一定反映真实的现实。也就是说，不一定所有家庭都那么幸福。一旦炫耀儿女孝顺成为一种话语，那么要是儿女不孝顺就显得很"丢份"。所以，一个此消彼长的过程是幸福话语逐渐占据了上风，而这个体现代际关系缓和的话语在多大程度上又反过来影响到实际的行为模式，那是下一个更有意思的问题。在某种程度上，我们现在的家庭生活比起以前只追求温饱的生活有一个重要的转变，就是我们可以根据自己的设想对家庭生活进行某些改造，我们的主观能动性真正开始起点作用。

到这里只是话语。有了话语之后，我就要做更细致的经验研究。还是回到最基本的家庭结构观察。如果看我的这四次调查，即 1980

年、1990 年、1998 年、2011 年，到 2011 年时家户总数还比较少，比 1976 年没有增长多少。这里有两个原因，一个是整体生育意愿的下降，计划生育之后的人口转型问题；另一个是迁徙问题，有大量家庭迁出这个村子，有的户口带走了，有的没有。所以，在我们村实际户数跟以前基本没太多变化。有意思的是，核心家庭反而比以前减少了，1998 年核心家庭最多，占 81%，现在只占 60%。当社会个体化在不断发展、个体意识越来越强的时候，反而出现了主干家庭重新上升的趋势，现在占 39%，高于 1991 年或 1998 年，甚至比 80 年代都高。结构上的变化有着现实基础支撑，那就是主干家庭在现实生活中有着无可比拟的优势。特别是 80 后这一代的子女上学，赶上了农村改革中的"撤点并校"，即所有乡村都不设小学，全部集中到镇里。而镇里小学又办得很糟，所以村里凡是有能力的人都把孩子送到市里读书。我们这里的县级市同村子距离五十里地，不可能天天通勤，所以祖父辈的老人就跟孙子、孙女到城里陪读，而父母为了孩子陪读得拼命挣钱。在这种情况下，主干家庭的优势就体现在劳动分工协作的最大效率。在这一点上，乡村和城市基本同步，城里去好学校或者去美国陪读，我们村就去县城陪读。为了这种协作，村里有将近 100 户人家（这个数字尚有争议）在城里买了房。我经常跟他们说，这是城里人的诡计，因为城里人搞房地产开发，房子卖不出去，然后就二三十万块钱卖给村里人去陪读。而买房需要全家人通力协作，所以无论从买房的角度，还是婚姻的角度，都离不开父母的协作。但是，如果父母还是像过去那样，牢牢掌握自己的权力，那年轻人还会不会做这样的选择？回答基本上是否定的。我们把家庭结构和经济状况放在一起，发现核心家庭总体上比主干家庭要贫困。既然这样，为什么依然有些人还坚持选择核心家庭的结构？也就是说，如果他们觉得跟父母过不到一起，他们会选择让自己的日子过得顺心。这种情况下父母多数是在跟他们争，挣扎，要掌握权力。过得好的家庭呢，儿媳妇一进门，父母就"交鞭"。

"鞭"是当地赶大车的一种说法，象征着权力。这样顺利的权力交接，使得主干家庭成为越来越普遍的一种家庭结构。这种情况下，如果让诸位来选，我相信你们都会选择主干家庭：权力在你手里，父母帮你干活、看孩子，何乐而不为？父母得到的是什么？是生活意义，也就是"人活着到底是为什么"——有钱又能怎样，为的不就是儿孙满堂，家庭生活和和美美，父母得到的就是这种满足感。当理想变成这样的时候，它就具有相当大的强制性：如果你达不到这个理想，那就是你人生的失败。譬如，主干家庭中谁做饭？婆婆做饭居多，公公干活居多。这是一个生活意义问题。但如果你跟年轻人说，"你们可赚了，又掌权，又有人给你们干活"，他们也会抱怨。比如，80 后的父母说，他们要担两份"忧"，因为农村的父母付了房贷的首付，自己要接着还房贷；而自己的孩子要上学，将来从幼儿园到大学，最后要结婚，都需要钱。现在这些 80 后都是三十岁出头，有些人还不到三十岁，就已经开始担忧二十年以后的事了。他们的压力特别大，而且他们说自己感觉是夹在中间，非常清楚自己的父母很快就要老去。特别有意思的是，这里有一个生活轨迹的变化：当这一代年轻人有了自己的孩子，亲身感受这些负担之后，他们反过来对父母当年的付出倒有了一些切身体验。当他们说父母不容易的时候，他们是真心这么觉得，但父母的贡献照样笑纳，那是另一回事。对于"孝"的话语，我觉得无论从哪边讲，都是真心的。

把前面所有这些东西都连在一起，我们就会发现这其实是一个很自然的发展趋势。第一，没有意识形态方面的冲突；第二，有实际生活方面的相互需求；第三，出现新的公共话语和家庭生活理想之后，有了示范效应，要争面子；第三，在权力的转移过程中，过去的矛盾都已不复存在。所有这些加在一起，村里就有了相当数量的家庭，代际沟通相当好，父母子女之间分享的东西也越来越多。

实际上，我主要考察的是人们"分享"了什么，总结下来就是四个类型：在认知方面，亲密性来自哪里；在生存经历和生活经历方面，产生代际亲密性的基础是什么；更重要的是沟通问题。现在农村解决问题靠什么？靠沟通。这也是跟整个权力的转移过程连在一起的。现在流行给父母送的非常个人化的小礼物，如母亲节、父亲节的礼物，同我们传统的礼物交换是完全不一样的。传统的礼物交换是以家庭为单位，现在这些小礼物是以个人为单位，以个人的名义送给个人，而且重在情感的维系，而不是人情往来账上的平衡关系。

所有这些变化，在考察中无一例外都是女儿跟自己娘家关系的变化连在一起的。传统观念认为"嫁出去的女儿、泼出去的水"体现了维系家庭长治久安的一种规训。因为在我的调查中，媳妇们都在讲，"公公婆婆又没有生我，我怎么可能跟他们有感情；如果有的话，也是装出来的。很自然地，我会对我妈有感情嘛"。当然这不一定都是装出来的，也可以驯化出来。为什么叫"打倒的老婆，揉倒的面"？就是这样，一顿、两顿、三五顿暴打，就把她和她父母的感情打断了，她就从对公婆最初的惧怕到了最后的尊重与服从，到最后忘记了自己原先的个人身份，以至于到自己当婆婆的时候，就成了一个坚定维护父权文化的婆婆。父权文化在所有基本的家庭生活中，是由女性来维系的，除了家暴以外。但这些到了90年代都被解体了。嫁出去的女儿和自己父母之间那种自然的感情纽带，就自然而然地扮演了更重要的角色。90年代，我有一篇文章讲"实践中的亲属关系"提到过一个个案：在阴历七月十五日鬼节的时候，我们那个村传统上有一个习俗，就是媳妇必须以女儿的身份给丈夫的祖先上坟；但到了90年代，这个习俗已经被打破了，有些强势的媳妇开始给自己的祖先上坟。一旦有一个人这样做了，又没有受到严重的惩罚，那么其他人也就开始有样学样。所以从仪式开始，到日常生活，嫁出去的女儿就不再是"泼出去的水"，而是一直能够回馈父母的宝贵财富。她们这样做，时间久了，这个关系很自然地就扳过来了。比如说，有人在父亲节的时候给娘家父亲 500 块钱的礼物，给公公 50 块钱。这个头一开，下次别人会想，才给 50 块也太差劲了。那就是 150 块了——变化都是这么一点一点发生的。

最后，我的研究结论体现在三方面。第一，当代际关系中的亲密性出现时，伴随而至的是当代话语对传统的"孝顺"观念重新诠释的过程。基本上可以说，现在的孝顺是"孝而不顺"。这个观念已经越来越被接纳了。传统的孝顺观念，如果你去看《二十四孝》的话，它更多的是强调"顺"的问题，这也是为什么我们能以孝治国。而如果只强调"孝"的一面，而没有"顺"的话，那它是起不到治国这种政治作用的。我们在社会主义年代里颠覆的正是"顺"的这一面。而近三十年出现的则是一个新型的"孝"的关系，其核心是个体的幸福，而不是等级体系的建立。过去的"孝"强调服从关系的建立，这还不仅是父母子女两代人的关系，而是大的、纵向的继嗣架构内的等级关系，用以维护宗族一类组织的存在及其长治久安。所以，在这个背景下出现的对家庭关系发展的推进，就是我所说的90 年代的变化：家庭变成一个私人生活的避风港，而不是纯粹的"战斗"的单位。这个趋势继续推进，情感生活就会变得越来越重要。情感生活是不可能靠"多干点活"来表现，更多地靠表达、沟通。这也是为什么沟通在农村家庭中变得越来越重要。

第二，已婚妇女跟娘家的纽带不断增强，而娘家父母对已婚女儿的感情投入和物质投入也在不断增强。这个趋向如果持续往前发展，就可能彻底地将我们中国的单系家庭转变为双系家庭。如果这个转变实现了，它的影响是非常深远的。因为从亲属关系角度讲，我们历史上一直都是单系父系继嗣的组织。而当代美国则是双系继嗣，使得家庭成员呈一个树状的结构。这样两边同时发展注定是走不远的，因为三代以后越来越多。如果女方逐渐加入，直接的现实影响就是女方父母介入小夫妻生活而出现的新矛盾，譬如我做的 80后父母包办离婚的个案。但从整个亲属关系来看，女方家庭的进入会逐渐削弱父系、单系继嗣的影响。今后中国的家庭会不会变成双系继嗣？这是一个很有意思的方向。

最后一个启示有关生活意义问题。我到现在依然坚信，中国社会在经历一个个体化的转型。从宏观的制度设计角度来看，国家和市场都在推动这种转型，这其中当然也包括了意识形态中消费主义夹带的片面的个体主义思潮。个体化转型实际上有三个关键环节。第一个是对传统的再解释，这个叫"非传统化"。这种再解释不意味着对传统的摒弃，而是对传统的神圣性的摒弃，传统可以变成为个体利益服务的资源之一。你可以"再造传统"，一方面强调传统，但实践的则是当下的利益。第二个环节是个体从过去约束自己的社会关系中被解放出来，这个叫"脱嵌"。但是脱嵌出来之后，就要面临生活意义丧失的问题，所以就需要另外一个"入嵌"的过程，也就是个体找出新的方式跟其他个体建立新型的社会纽带。我说"新型"，是因为它出于个体的选择，而不是被迫介入这种纽带之中。比如说，我们来到这个世界上，没人征求过我们的意见，我们没有选择的。之后，与什么人打交道，进入什么团体，过去我们也没有太多选择的权利。但个体化的社会意味着，个体能够选择自己再入嵌的那些机制。这些机制又是跟公共生活的现代转型分不开的。很有意思的是，近二十年我们国家的个体化转型中，私人生活的领域和公共生活的领域是脱钩的。公共生活的转型没有私人生活的转型那么剧烈，没有走得那么远。个体出去，像只大苍蝇，转了一圈，最后发现能够入嵌的最直接的地方是家庭。所以又回过头来，家庭重新成为我们最重要的、最能依托的组织形式。所以，在我做80后父母包办离婚的研究中，很多年轻人的说法是，一旦发生冲突，谁是最可信赖的人——当然是我的父母，"没有谁能像我父母那样爱我"。而当他回去找父母时，父母出于本能总是说对方是错的，而且更坏的是对方的父母，这个矛盾就越发不可解决了。所以整个80后、90后对父母的依赖、父母对子女的过度保护，使得家庭成为最直接、最容易、也是到目前为止最可靠的再入嵌的资源。通过这个，我们发现了自己生存的意义。从这个意义上讲，中国个体化的过程，相对来说可能与西方的个体主义和个体性的关联较低。也许我们的生活方式越来越个体化，但我们生活的意义却要依赖家庭，家庭成员之间的亲密性在上升。不过大家要记住，这是中国人自己选择的结果。因此，中国个体化的独特之处，就不仅是一个历史性的问题，而是再往前看的话，也可能会走得与西方很不一样。谢谢大家！

评议与讨论环节

王建民教授：

感谢阎云翔教授，特别是今天回到中央民大，能够和我们老师同学分享他最近一些新的研究成果。特别是这次讲座里用他自己田野的个案，其实有他原来自己的村庄，也有现在的都市的个案，来谈代际亲密性的兴起。主题当然是以农村谈的更多，特别是在这个过程里，我们看到了在中国社会里大的格局变化中间，代际亲密性曾经因为运动而变得崩溃瓦解。在座的同学可能了解不多，比如说"文革"的时候，如果你要当红卫兵但出身不好，你得带一堆人去自己家里抄家，甚至于要对自己父母动手。我那个时候看到红卫兵解下皮带，在院子里抽打他的父亲，因为他的父亲有地主成分。其实他父亲已经什么钱都没有，只是单位一个很普通的职工，但他要表达这种革命的志向。还有就是整个家庭的崩溃，父母权力的下降。动不动就要按阶级划线，脱离父女关系、父子关系。突然就发表一个声明，你们可以去查当时的报纸甚至省级的报纸，有很多脱离家庭关系的声明。可以想象家庭关系已经低落到了什么程度。后来随着社会的变动，父母权力下降的状态，就像阎云翔教授所说，实际上还在延续。那在这个过程中，特别有意思的就是代际亲密性怎么丧失了又回归了？这可以说是非常戏剧性、反常的事情。（阎云翔教授的）讨论能够让我们看到，我们人类学对家庭的研究是什么样的。

我们不是直接套用概念去说中国的家庭是什么样的，不是做类型的划分。阎云翔教授是用田野、民族志的方法去看家庭的变化。这不是我们用简单的类型学的概念就能够把它说清楚的。所以在这一点上，我们能够学习到如何用一种变动的眼光来讨论社会中的新的现象。一旦我们发现僵化的概念在现实中没有用，就可以从更多的角度来看到有关婚姻、家庭、社会生活的变化。

这些方面我想阎云翔教授已经讲得很清楚，特别关于"孝顺"的变化，强调"孝而不顺"。其实这里"孝"也发生了变化，过去的"孝"和现在的孝已经不一样了。进一步说，不同的人对孝的表达和实践也有了很大差别。所以通过这样的讨论，我们可以看到在认知的层面、情感的层面、沟通的层面、经验的层面的不同的亲密性，做了很好的案例分析。

我也想说其实虽然我们以农村作为例子，但在城市里，这种转变甚至比农村里还有戏剧性。比如说我们的公众人物最近有离婚案，刘翔宣布和葛天离婚。最近两天就有各种新闻出来，这些新闻就在说两家的父母，特别是两家的母亲。（阎：真的？）对啊。有很多说法但后来有些又被否定，比如说刘翔家做红烧肉然后每人一块，按上海的习惯，但葛天吃了一块还想动第二块，然后被婆婆冷眼。但马上又有报道说刘翔家不做红烧肉的。可以看到有很多说法和想象，其中甚至还有上海城市话语的想象和添加。而葛天的母亲最近也受到谴责，比如说她怎么干预。我想在这里呼应一下云翔老师，也就是说在这个时候我们该如何去关心我们的日常生活？通过民族志的方式去探讨，我觉得这对各个专业的同学都是一个很好的启发。谢谢。（掌声）

龚浩群副教授：

谢谢王老师，也特别感谢阎云翔教授精彩的讲座。每次阎老师的讲座都特别刺激到我，因为我在泰国那个小村庄做完田野之后，也经常回去看一看，但我真的没有这么系统地把这些故事都记录下来，然后从村庄的变化来看大的国家的变化。（阎：那是因为你还没到六十岁呢）（听众笑）所以我每次听完都觉得我应该也这样持续性地去观察。

另外今天非常有意思的是身边有很多事都可以这样连起来看。比如说我们现在新招进来的学生，他们在报专业的时候会说：我要听我爸妈的建议。这个在我听来就很奇怪，因为在我学人类学的时候，直到我去泰国，我妈才知道人类学是干吗的，说"早知道这样你还是学中文吧"。（听众笑）所以我现在感觉有很大的变化。我觉得阎老师确实见微知著，从小的地方看到大的变迁。

今天阎老师讲的我觉得是一个家庭的政治经济学。似乎是这一个主题，就是家庭这一个私人生活的领域，其中政治经济学的关系怎样影响了个人关系的变迁，尤其比较强调家庭关系中的经济理性。我的问题在于：如果有这种家庭内部的政治经济学，那么家庭同外部世界大的政治经济关系环境的关系是什么？阎老师可能时间关系没能展开讲，因为他后来谈到"再入嵌"的公共机制的问题。我想回到一个老的命题，我们经常讲"家国同构"，那么怎样从家庭的变迁来看国家的治理体系的变化？刚刚王老师也提到了"文化大革命"时被撕裂的家庭关系。而今天这种代际亲密关系的回归，它的背后实际上是有一个强力的国家政治、市场经济、意识形态的综合作用。在这里我觉得特别精彩的是阎老师提到"孝顺"含义的变化。过去我们儒家讲"孝道"，以孝治国，强调对权威的服从，一种等级关系的建构。而现在新的代际关系的回归也讲孝道，但是它是"孝而不顺"。说家庭成了个体的避风港，实际上在说个体对于家庭的依赖度比以前更强了。那么在这种情况下，对于国家的治理体系可能会产生什么后果？我觉得这是可以进一步讨论的问题。

我个人特别痛恨中国邪恶的房地产市场，它给所有的个体加上了枷锁。为什么各位要特别依赖父母买房？齐家合买一套房。在这种情况下，孩子们如何能够想着做一些惊天动地的事？或者多一点对社会的想象？很多人就被束缚在其中。在这里，阎老师对于"孝顺"或者"孝而不顺"的讨论，我觉得还有一些想象的空间。

阎云翔教授：

谢谢龚老师。龚老师果然是非常锐利，我想说没有说、但是非常重要的一个问题是：私人生活领域发生的所有这些变迁，与公共领域的关系是什么？而且有可能预示着公共生活领域哪些变化的趋向？

我一向的做法是把自己的东西呈现出来，然后希望别人能够基于此做出一些阐释和分析。公共生活不是我的强项。我有自己的看法，也可以跟大家分享，但不会在写作中体现出来。

有一点：家庭变化跟个体人格的文化构造也连在一起。我是1978 年进大学的，正好是全社会拥抱西方启蒙观念最强的时候。我们不光要拥抱启蒙，也包括整个西方文明。自五四那次非常极端地西化之后，这是新一波强调启蒙以及启蒙背后的普世主义价值观。这里有许多与政治相关的东西，而与政治比较远的是个体和群体的关系问题。这个群体可以是社会群体，也可以是社会本身；可以是国家，也可以是政府。无论怎样，一端是个体，另一端是群体。哪个是手段，哪个是目的？个体是实现群体目的的手段呢，还是群体是个体实现目的的手段？整个启蒙主义的观点，是宗教改革完成、"上帝死去"之后产生的，而代替上帝的是个体。个体是宇宙的中心、是目的本身，而不是实现目的的手段。这一点是启蒙观念的核心。

这些年我一直在考察中国社会中的文化人格建构。我们熟知的一个观念是中国的个体是关系中的个体。从梁启超、梁漱溟、鲁迅、胡适、费孝通，一直在讲这个东西，即关系不存在，那么自我也不存在。这跟启蒙的观念不搭界，因为离开了关系，个体就将不复存在，所以关系架构才是目的。这个关系架构体现在我今天所说的，就是改造过的家庭生活中的意义。我觉得我这段话的正确性能达到百分之七八十，就是我们这代也好、龚老师您那代也好，如果我的孩子长大以后，抱孙子是我生活中最有意义的一件事。我是个另类，因为我没儿子也没孙子，连房子都没有，在租房子住。所以，所有这些跟我没关系。我的优点在于处在边缘，所以看这些很清楚。

我的观点就是中国的个体建构离不开群体，所以中国的个体永远不会成为独立存在的目的，永远是手段。这就意味着，中国不会出现美国那种民主化的制度，因为那个背后就是个体成为目的，所以政府会成为"necessary evil"，就是必不可少的邪恶，它是挡在个体自我实现路途中的障碍。这个道理在中国讲不通，尤其是在人格建构的意义上讲不通；因而，之后的一切制度设计也都讲不通。

所以，从这个角度上你就可以理解，近 10 年以来随着中国国力强盛，我们对于西方普世价值观的反思和批判。这就是我要讲的，这种批判将会把中国引向什么地方，那是另外一个问题。但如果你非要让我说公共生活领域的启示的话，这是可以看得很清楚的。

另一点，生活意义的丧失，是现代叙事中一个重要的主题。二战甚至一战以后，西方文学叙事中它就成为重大主题。我认为在中国不会发生这种事。中国没有这种表达方式："live a life of your own"。我们道德合法性来自为别人做事，包括抠门、赚钱、财迷，也是为了别人。"还不是为了你们好"——这是父母经常说的；孩子说"我还不是为了整个家"，成为向父母撒娇或索要东西的正当理由。整个生活至少在意识形态领域中，是为了满足自己社会角色的期待，满足别人的需求而活。这就是说，我们的个体永远不会有充分道义合法性的目的。所以，我们不会有"生活意义的丧失"——这不是迷茫，而是个体在完全解放状态下进行理性反思后所发出的叹息——而这个自由状态对中国人来说并不舒服。实际上，鲁迅的杂文也讲过，被奴役挺舒服的，我们担心的是做奴隶而不稳定的处境。因为稳定的话是很舒服的，受保护嘛。这就是我自己的想法，在公共生活中的启示。但我做的是私人生活领域的研究，就是把它们呈现给大家，同时期待有更高思想境界和理论修养的人把这些东西阐发给大家。谢谢！

王建民教授：

我首先问个问题。刚刚关于四种亲密性，尤其是关于 emotion 的问题。这个情感亲密，在代际亲密的构成里，是不是有比以往更凸显的比重（阎：是）？那么如果有的话，怎么去说明和阐释这种变化？或者说捎带着讲一下怎么理解这四种亲密性的关系？

阎云翔教授：

王老师非常老道，甚至于老辣。因为那张幻灯片是我整个展示里最弱的一张。我的第一稿是这么写的，而我现在正在重新改这一章，整个表述会变。任何这种分类不可避免地会造成分类件的相互叠加，因为一种分类换一个角度看可能是五类或者两类，分类永远是费力不讨好的事。另外一个原因是分类并不重要，重要的是探讨亲密性上升的社会结构性原因。我在分类叙述中涉及了这个原因，但我没有把它们作为重点提出来。比如说在说认知亲密性时，实际讲的是过去二十年的信息革命问题；而在说生活经历的亲密性时，讲的是社会流动的亲密性问题。因为我们这一代农村父母都有过打工经历，这一代农民工在这方面所受到的冲击跟他们父母受到的没什么区别。现在我正在改这个部分，所以不会再用这个陈述了。您老辣，我狡猾，所以我就用这种方式来回答您。

但感情亲密性确实是个问题，是我将要重点陈述的。如果我们回忆费孝通对中国家庭夫妻关系的论述，长幼有序、男女有别，他讲到这里的时候说，中国家庭要防范的是情感。为什么呢？因为中国家庭是一个合作式的团体，就是一个公司，追求的是利润。怎样得到利润？效率。怎么达到效率？纪律。所以，中国过去的传统家庭，即使夫妻也讲究的是相敬如宾，举案齐眉，讲的是要在情感上划清界限。任何情感上的表达都被认为是有违礼法。然后在两个代际也是这样。父亲要有威严，不能慈祥。这个威严要的是什么？这就是为什么王勇虽然很爱他老婆，但回到家要把脸板起来，维持正当的男子汉形象，就是因为情感在我们传统家庭生活中是负面的。而情感亲密性的上升就是对传统家庭的一个革命性的冲击，也是新的家庭理想的一部分。但是情感重要之后，不见得导致和谐家庭。一个幸福的家庭不一定是不吵架的家庭，换句话说一个和谐的社会不一定是一个没有社会矛盾的社会。不管怎么样，情感的重要性是中国家庭理想转变的重要方面，这一点我是不会放弃的，只是现在的表述还嵌在那个分类的框架里，被老辣的王教授一下逮住了。谢谢！

第四讲

非物质文化遗产与当代生活

刘魁立[*]

今天我们不断地在许多学术会议上会看到这样的标题，比如"传统文化和当代生活"，或者是"传统文化的当代命运""传统文化与青年学子"，诸如此类的题目。显然大家都在关心传统文化与我们生活的关系。今天要谈的问题，我个人感觉是很有意思，就是"非物质文化遗产和当代生活"。

我们生活在传统中

归根到底，我们这一群人，70 后、80 后、90 后，乃至于以后的这些人们，他们和传统有着怎样的关系。也就是说文化传统，在他们的心目中，在他们的生活中间将占据什么地位？实际上就是将来我们怎么过日子。这是一个很简单的问题，但这个问题实际上在不断地敲击着我们。有的时候我们不会想，觉得我们自己就是活自己，我们干吗需要管过去。过了一段时间，比如像 40 岁左右的人，父母

---

* 主讲人为中国社会科学院荣誉学部委员、中国非物质文化遗产保护专家委员会副主任、中国社会科学院民族文学研究所研究员；主持人为林继富教授（中央民族大学文学与新闻传播学院）。该讲座时间为 2015 年 9 月 26 日 19：00—21：00。该讲座为系列讲座第四十四讲，由李青、梁珊珊录音整理，由张青仁校对。

亲七八十岁，过世了。他们自己很高兴地来安排自己的生活。当然，想起父母亲来，他们也会很悲伤，常常是在他们的记忆里，让他们有诸多的不安、惭愧等等。但是他们会自己说，我们的日子我们自己来安排。

可是，要反问一句，我们现在所过的日子，包括你身体里所流的血，都是父母亲给的。在一定意义上，你不是过自己，你是在过你父母，可是我们常常觉得就是在过自己。前些时候，我们在另外一个场合里，中国科技馆的馆长王雨生在吃饭时给大家开了个玩笑。他说，有一次，他当着许多科学家讲话的时候说："各位有这么多成就，各位付出了非常多的辛苦，有这么一句话 1% 是天分，要加上 99% 的努力才有各位的成就。"旁边正好有一位科学家告诉他："你说得不对，我是研究基因的，我们整个组研究基因，就把我作为实例，来分析我的基因链。过了三年，研究成果出来以后，我就吓傻了。为什么？我所有的事情都在这里写着呢，就是我有多大能力，我是一个什么样的性格，我在什么时候会有什么样的表现，清清楚楚。所以你得倒过来说，99% 是命运决定，是你的基因决定，1% 才是机遇。"

这两个人的对话告诉我们：我们自己仿佛在过自己，但实际上不是，我们常常是在集体无意识当中，实际上我们走起路来还是得按照原来的脚印走。就像火车同轨一样。为什么要同轨？就是因为你走别的辙走不了、太困难。所以大家走起来，还是要同轨，车轴的长度应该是一样的。一个在辙里，一个在辙外，走起路来就非常困难。中国和俄罗斯现在仍然如此。如果各位坐火车的话，在满洲里有一站，到那里，咱们的车轨短一点，他们略长一点。到那儿必须把所有的车吊起来，把咱们的车轱辘推出来，把他们的轱辘推上去，才能在俄罗斯的轨道上走。等他们回来的时候，到这里，还得要这样换一次。也就是说我们的生活，在一定意义上是有一个传统在限制着我们，有的时候说我们现在年轻人，就是和传统不发生关系。我们愿意创造什么就创造什么，我们说话，也搞一些新词，不管你听得懂听不懂，什么不明觉厉。但他还是按照我们的造词法，我们的造词规律来做。比如说：有人说诗是伟大的，散文次之。就有人问他，什么是诗，什么是散文？他说，你说话吗，你唱歌吗？说话就是散文，唱歌就是诗。哎呀，我这一辈子在说散文、唱诗。但是我就是不知道呀。实际上我们天天就在过这种日子，我们的生活就是在传统之中，但是我们通常觉得我们和传统没什么关系。

传统是生活方式

传统不是不可改变的，正因为传统是可以改变的，所以我们就会上别的地方寻求另一种生活方式。不管它是好是坏，我们就觉得它新奇。就觉得好，合乎胃口。比方说，小孩一开始吃麦当劳，会觉得酸。因为里面有番茄酱，农村孩子头一次吃，都觉得不喜欢。可是每一次告诉他，这是外国来的，美国怎么怎么样。于是他第二次吃，就吃美国那个试试，吃几次之后他就变了。所以我说，传统或者说生活方式是可以改变的。这样的情况下，我们就出现了一个问题——我们的传统可以抛弃，也可以接受另外的一种文化传统。反过来说，我们自己的民俗传统，是不是都那么好呢？不然。在我们的传统文化中间，真的有一部分被历史逐渐地抛弃了，而且生活方式中的每一种式样，它也有自己的历史发展过程。我们中国人从来是知足的，可是到了某一个时候，因为某一种原因，不管这个原因是主观的还是客观的，是上面提倡的还是老百姓追求的，假定是它变了一个样子的时候，它就变成一种时尚，而这种时尚，就会统治那一个时代。那个时代过去了以后，它可能就会发生一点变化。所以每一种生活方式的式样，都是有生命的，也就是说它是一个阶段性的、历史性的对象。这个阶段性的、历史性的对象，我们不要看成永恒。

可是当然有永恒的东西，这个永恒的东西就是一种精神。这个精神从有人类那天起一直贯穿到未来。如人与人之间的关系，我们逐渐找到了这种关系的处理方式。比如说我们和自然的关系，也是逐渐找到的，比如说我们和动物界之间，我们也在不断寻求一种关系。我们过去对于自然大概仅仅是利用，而在利用的同时，我们有一种恐惧。这种恐惧是降服在他的威严统治之下。所以在利用和恐惧之间，我们就会出现许多与自然打交道的方式。这些方式，比如说有祭祀性的活动，包括弗雷泽所说的巫术，既取悦于自然界，当我们把它人格化或神格化的时候，我们要想办法讨好它。同时，我们也要想办法制服它。所以在整个巫术行为里，就出现了黑巫术、白巫术。我们和自然的关系始终是这样的。随着我们对它的敬畏减少，我们对它的索取加大，这样在一定意义上破坏了人和自然的平衡关系，反过来对人造成了很大的危害。所以我们要寻求另外的一种方式解决这个问题。我们现在又有所谓自然保护。包括大气保护、厄尔尼诺现象的制止，诸如此类。这是人和自然的关系。

人和动物的关系也是这样。过去人对一部分动物崇拜起来、恐惧起来，对于另外一部分动物则不然。人和自然界的关系，过去是不讲道德的。道德关系只有在人和人之间才存在，人和动物、植物没有道德关系。我现在随便打哪个同学一拳，这叫侵害人权。我随便摘一朵花，没人管我，觉得这个人还挺有诗意的。人可以杀狗吃狗，现在突然跑出一部分人说是动物保护组织，说捕鲸鱼不行了，还不完全是因为鲸鱼少了，说因为它是动物，所以应该保护。说狗是人类的朋友。请问狗是人类的朋友，猪不是人类的朋友吗？朝鲜人吃狗，外国人说不行，但是你吃羊、吃牛怎么就可以呢？牛不是你的朋友吗？这里，我再插一个故事：去年，我国向联合国教科文组织申报非物质文化遗产材料的时候，我们申报的是彝族火把节。彝族火把节我们讨论了也有七八次。巴莫特别尽心，因为她本身是彝族，准备得也特别好，到那去讨论。他们说不行，你这里有斗牛。

斗牛，西班牙还有斗牛，还有杀牛的。彝族火把节就是把两个牛拿起来自己顶，那也不行，这个是用动物的争斗来取乐。当然，这对于动物的保护来说是罪孽。巴莫说我们彝族可不是像你们想的那样，我们人过节的时候，我们也希望动物过节。我们人过节的时候需要摔跤，那么动物过节为什么不可以它们顶牛呢？最后解释了半天，人家就是不让过。我们历次都是非常顺利地评审了，就唯独这一次不行了。

　　说到动物保护这个问题也是如此，现在我们的生活方式又在发生一个小小的变化，就是我们和动物、植物之间，也有了道德观念，加到我们的关系里头来。你看，这个世界就是这么发展着。就是不断地在推进着，成长着。人和人之间的关系更不要说了。人和人之间的关系，过去，只有我们这个部落，我们才叫人，部落以外，对不起，不是人，是异类。大家知道，过去的佤族有猎人头的习俗，当然这已经是许久以前的事情了。当举行成年礼的时候，你一定要去到部落之外，算是给你考验几个难题中的一个。非洲有一个村庄，他们的整个篱笆全都是骷髅，在部落里，只有你猎了人头之后，你才真正成为这个部落的成员，你才有权利参与这种社会活动。不然你还是孩子，连死时入葬你都不能进入人的范畴里。

　　我在搞"四清"的时候，到一个村庄去，有一家，他过去还是一个小队的会计，是别的队的，在另外一个队生活不太好，结果就携妻子一起到我们这个队来了，我们这个小队是大队住在的地方，在一个稍大的村庄，日子稍微好过一点。他就在这里，大家都知道，东北的农村，日子非常艰苦。同时是两个锅，里间是两副炕；每个锅烧的火就会把炕温热，生活就可以温暖一点。主人剩下的那副炕，就租给了搬到这个村子里来的人家。他的妻子带着一个还不满月的男孩，通常北边这副炕是凉的。他们没办法就这样过，两家就隔着布帘。这就是当时东北农村的生活。孩子有病了，病得很厉害，然后他就满街去借钱。大夫告诉他，你买点婴儿安。婴儿安当时是几分钱。满村到处去借，就是借不了。等最后借到了，药也买来了，孩子咽气了。咽气回头之后，他满街哭着告诉孩子过世了，我问他事情原委，我说你早怎么不跟我说？他说，也不好麻烦你们。我说，那这样，我去给你送这个孩子。他说我们这有规矩，一定找一个老人，把孩子用破席头裹上之后，一直走到野外，用一块砖头或者土疙瘩压上。回来一脚门里、一脚门外洗手，然后给他一块窝头或者干粮，就算完了。我说，你叫我埋他一下。他说，那不行，我们这是规矩。这是男孩，要是女孩就更糟糕，就扔到猪圈里。当时在农村做民间文学调查的时候，在村头的沟里，常常看见死孩子。在他们满月之前，还不当作人的时候，是这样处理的。所以对于怎么来看人，也是有一个非常复杂的过程。包括现在的五服，在丧礼的时候一定把它表现得很明白，披麻戴孝的是谁，摔瓦盆的是谁，其他人应该穿什么样的服饰，表示你的亲戚关系，这是在家族内部。

现在我们又提出社会和谐，其实背后是一大堆问题，如整个社会的敬老问题、儿童问题。也就是说，我们这些关系都在发生变化。这些变化发展到另外一个层面变成政治的时候，我们中国领导人又提出了一个新的命题，叫"人类命运共同体"。这个命题提出后，就变成了世界一些思想界、学术界比较关注的题目。实际上这个题目如果从社会学的角度来看，或是从我们人类学的角度来看，当然是一个学术性很强、内涵很丰富，需要非常认真地对待的课题。这里后面当然有它的哲学基础。总之，在我们刚才所说的几组关系中间，有非常多的变化。这里都有它的传统在，这个传统是历史发展过程中形成的，而不是一成不变的。

我们刚才所说的是关系，还有一个特别重要的是我们的心灵。心灵的发展是人类发展成熟的标志。比如说审美，我们过去是无所谓审美的，过去最要紧的是实用。可是从实用逐渐进入更高层次的时候，它把实用和审美逐渐结合，变成我们民间文化的一个支柱，一个核心的标志。或者我们扩大一点，是价值观，我们如何对事物进行评价。这个当然在一定意义上是观念性的，这个不好拿尺子量，也不好拿秤称它，但是我们心里都有一个标准。这个当然是文化传统当中的一个重要东西，刚才我们讲的这些概括起来，可能是一句话，就是我刚才想解释的——我们的传统是在不断的发展过程中形成的，而它形成后，会变成我们行为的一个准则，成为我们的生活方式。

非物质文化遗产的特点

现在我们通常说的非物质文化遗产，基本上就是我们的生活，它的表现有以观念作为载体的；也有以行为作为载体的，比如仪式；还有一种以技巧为载体，包括我们的手和脑，包括民间工艺；另外就是协调大家动作的规矩。这些当然也是对于客观世界规律的一个总结，比如说知识体系的、观念系统的，比如信仰这些东西。当然，知识在某种意义上也是一种观念形态，但它是另外一个层面的，就是对于客观世界的真实反映，包括二十四节气。我觉得这些都是我们的生活。而有些东西逐渐脱离开我们的生活，逐渐升华，它已经完全贵族化、上层化、超然化了，这一部分，常常把它归纳为上层文化。比如说许多学说，哲学学说、伦理道德的，这个高层的。再比如现在已经很纯粹了的艺术，如舞蹈。这些非物质性的、传统的文化大概有几个特点，这几个特点和物质文化有非常多的区别。甚至刚才所说的贵族化的艺术也有区别，比如和生活之间的密切联系。有的在文化许多式样当中，逐渐和生活脱离关系了。我们的舞蹈，比如说秧歌，没有纯粹的秧歌；现在的街舞，严格地说不是秧歌。山西和陕西过年时的秧歌，你叫它舞蹈好，但实际上它是仪式性的东西，是生活的一部分。

小陈村，很偏僻的一个村子，靳之林先生天天在那儿作画，老乡天天给他送午饭。他说这村人那么好，我怎么来报答他们呢？他就想了办法，先打井，他说打井不行，还要扯电。这个电太难了，你想，山上得多少电线杆子扯到上面去，而且就为了这么几十户人家，跑遍了所有的机关，人家都说很难办，最后有人给他出了个主意，说你让这个村庄出点名，给他个名头，这样我们好特批，给你扯上电去。他就回去动员说，大家都会剪纸，咱们就叫作民间文化村，申请非物质文化遗产。等一切弄成功了，人们说，好，我们给你送电，就把电修到那儿去了。他在那儿办了一个空前的国际性民间文化会演，请了法国的、南美的、非洲的、高加索的、日本的、韩国的，把这些外国的艺人都请来，有的是玩木偶的、有的是做陶器的，他再把村里的和邻近村的一些手工艺人在这 PK 一次，中外在这里比较。住得那个破、那个穷，可是大家心里高兴，在那儿过年。你说就那样一个村庄，家家穷到这样一个份上，可是你要看他们的门神，全是自己铰出来的，在这样一个村庄里面，他居然能把传统文化保持到今天。这是很了不起的。

当然这些舞蹈在生活中的样式和在舞台上的样式完全不同了。比如说撒叶儿嗬是哭丧的，后来我到湘西去，摆手舞是仪式的。所有的这些都不纯粹是舞蹈。可是现在舞台上看到的，是另一种舞蹈。它完全可以没有任何主题，甚至连服装都不要，就表现一个人的肌体能达到什么样的技能。歌唱也是这样，花腔女高音，完全可以告诉你，我的嗓子有多奇妙，什么声音都能出来，什么难度都能绕过去。完全不必和生活发生什么关系。事实上，我们的传统是和生活有密切关系。

非物质文化遗产是群体的价值观的表现。群体的价值观太有意思了，有时候你都找不到它为什么会是这样，为什么大家会不约而同地同样这样做。马林诺夫斯基说是功能要求大家这样做的，那也许有他一定的道理，但有的时候并不全然如此。我举个例子，5 天前，我在莫斯科东正教最高的神学院，他们把我作为贵宾领到 88 米高的钟楼上去，告诉说这是俄罗斯最高的钟楼。它有一口钟，原来是 6 吨。后来因为波兰、拿破仑攻打莫斯科的过程中，那口钟掉下来了，摔了。于是就重打了一口，7 吨。我就去翻书，7 吨在那么落后的情况下怎么吊上去的？而且非常奇怪的，所有的钟楼都比教堂高。我去看那个钟，上面也刻着铭文，那个铭文内容与咱们铸造的东西基本是一样的：谁造的、为什么造的、什么时间造的，但是有区别，我们是撞钟，从外面去敲打。可是他们是里面有一个舌头，所以他们现在基本上不用人天天爬到 88 米高上去，它现在已经机械化、数字化了，一到点，绳子就开始拽，大钟小钟配成和谐的音乐，很好听。我又发现一个东西——香炉。前段时间，我约了一个弹古琴的、一个搞香道的朋友参加丝绸之路基金会。基金会在莫斯科开文化论坛的时候，把他们拉去表演。在这期间考察了一下他们的行香。为什么我们在和彼岸世界打交道的时候一定要用香？而且全世界各个民族都用香？一般在做任何仪式之前都要先点香。我们有各种各样的香，现在已经是江河日下了，越点越糟糕。糟糕到什么程度？完全是骗人的。然后叫烧高香，变得那么粗、那么高，价钱也是几千元。实际上就变成了一个骗钱的工具，实际上已经失掉了人和彼岸世界打交道的作用。这种异化在非物质文化遗产保护中是十分值得警惕的。说到香，很有意思，在唐代的时候，行香有一个叫作柄炉，可以摆着，或者走起来用。它居然和东正教的柄炉是一样的。我想，各个民族间有一种不谋而合的、整个人类的共性，叫和而不同。这是它的一个特点，就是它和生活之间的关系。它既有民族特色，又有和整个人类相通的地方。

刚才在林老师办公室讲到民间故事的类型问题，我们只知道有很多共同的类型，为什么会有非常多的共同的类型，这个我们没有回答。也许将来我们会通过一些事例来逐渐回答这个问题，这个也可能成为哪个同学的论文题目。人类是不断把那些灰暗的角落，用我们所谓智慧的、科学的光芒去把它照亮。

非物质文化遗产的可共享性。可共享性是非物质文化或者说民间文化一个非常重要的因素。为什么说它是非常重要的特点？纵向的，它可以从上一代传给下一代；横向的，从一个民族传到另外一个民族。这个传送实际上会推进整个人类的文化发展。如果没有这种文化的可共享，就是互相借鉴，人类绝到不了今天。你有万里长城我不可能有，但是你造万里长城的办法我可以拿过来用。

我再说刚才7吨重的钟怎么吊上去的。15、16世纪造的，当时是6吨重的钟，88米高，当时没有现在的吊车设备，怎么办？后来我从书上查到：用很多的环把钟通过各种部位，用非常多的人，合力来吊，一下子吊88米吊不了，但是你可以吊一寸吧。大家一吊一寸的时候，旁边就拿木板塞上，钟就落在木板上。再吊起来，再搁上一块，最后升到88米。之后，上面可以把它以各种方式固定住，再一点一点撤，这就容易了。后来有人说金字塔是不是也这样做的？也许吧。这些技术、原理，是可以互相借鉴、共享、彼此传承的。

非物质文化遗产传承人

刚才我们所说的，有最根本的东西——非物质文化遗产跟人的关系。人把物造出来时，物就可以独立存在；但是刚才我们所说的文化，它是在人身上的。没有了人，就没有仪式、知识、技能、记忆。人特别重要，在非遗保护中就一定要把传承人名录建好，因为这一切都在人身上，没有了人，这一切全没有。关于人，过去我们好像关注不够，是因为这些东西作为历史功绩，不由这些人来领受，比如秦始皇、鲁班。真正做什么的人，我们是不知道的。前些日子找来找去，我居然有所发现。在秦始皇兵马俑里头，个别人身上的下摆底下刻着做工的名字，监工的是吕不韦，《吕氏春秋》专门有几句话讲到这一点："物勒工名，以考其诚。"你得把名字写上，看看你是不是真心真意干这个活，如果不是，我就要罚你，和现在的传承人名录完全不是一回事，这个是追究责任的，现在是表彰历史功绩，说明历史地位的。后来，我发现在另外一个地方也有，在南京有一段明长城，在中间有一段要开路，拆了一段城墙。中间有几块砖，有三行字，讲的都是责任人。过去，像我刚才举到的例子凤毛麟角。我们只知道伯牙，不知道他的琴是谁造的。但是现在北京郊区的王鹏，做一张琴，价值 80 万元。西安的李先生，稍便宜一点，得 5 年以后取货。有一次温家宝到日本去，田青跟着去。田青做晚会的主持人，开幕，第一个表演的就是古琴。他上来说，大家今天有幸欣赏到的这把琴，是一把古琴。大家都知道鉴真东渡，在他到日本前 3 年，这把琴才造出来了。大家都傻眼了，都静下来听琴。琴手本身也很优秀。大家知道，古琴是不能随便在大庭广众下弹的，别说几千人，几十人都很难。除非像我们这个屋子，大家都不大声喘气，才能听出它非常意味深长的尾音。结果在那个会场，几乎鸦雀无声。所以现在我们才把人的问题提到前面，把他当作一个特别重要的问题来表现。人的问题就是我们刚才说的我们是不是关注传统，我们是不是一个文化自觉的中华民族的后代。假定我们都有这份心意，都愿意不排斥、不贬斥它，就像我们的祖先那样，我们不是那种忤逆、不孝子孙，我们就会爱护这个东西。

非物质文化遗产保护面临的困境

刚才我所说的文化遗产，它的衰落和下滑，有历史的原因，也有人为的原因。有时随着历史的发展，各种政治、历史方面的原因使它受到阻碍。从清末开始我们就逐渐将传统扔掉，我们看事物的眼光发生了变化。对于传统的文化有一点自轻自贱、自惭形秽。不敢在别人面前挺起腰杆说话。所有因素加在一块，就变成了这样。就像我们的节日，大家仿佛越过越没劲了。为什么没劲了呢？是因为我们自己有非常多的新的需求，而这个新的需求在过去的节日里很难得到满足。人际交往，过去是限制在家庭、亲属当中的；现在，社会关系变得越来越大，越来越繁复，越来越多元，我们接触的面越来越铺得开。在学校，过去的私塾，就是村里面几个要好的孩子，现在不然了，一下子天南海北，不只如此，还有国内国外。我们工作有一大堆领导，你要做了领导，你又有一大堆部下，又有各种各样的社交活动，各种的朋友。现在更好了，认识的、不认识的，用微信，这个圈那个圈，这个群那个群。这种关系就使得我们对于过去的传统节日，觉得好像不够了。但是外国的那个节日呢，不管怎么的，我借这个机会总可以给你发封信，或者是有一次约会，诸如此类都可以了。可是过去的节日没有这一套，我们对于过去的节日也没有想办法让它适应今天的社会，所以这也是一个问题。

有的时候我就想，也许保护在某种意义上也应该有所关注另外一个侧面，就是让它适应时代的要求、时代的发展，这样才能够让它永生，要不然，它总是逐渐逐渐地变老。它没有变老，是因为它的不动，我们在变，越来越年轻，越来越往前走，所以它就变得越来越老。相对地说，它越来越老态龙钟，没劲。所以我觉得在这样的一种情况下，就要思考一个问题——由于这样那样的原因，节日也好，非物质文化遗产也好，它面临着很多困境，这就提出来一个问题——我们扔掉它算了，该怎么活就怎么活嘛，行吗？不行。因为至少在现阶段来说，中华民族，哪怕其他的民族，自己必须充分地发展，才能够推进人类的发展，这个关系常常是这样。亦步亦趋，都照着一个模子去复制，文化发展不了；一定是互相推进、互相借鉴、彼此发明，这样才能够把人类文化推向一个新的局面。所以联合国教科文组织提出来的一个问题叫作"文化的多样性发展"道路，是将来人类文化繁荣、兴旺的必由之路，这一点特别重要。我们怎么能够把今天的生活和传统结合起来，去创造一个对新的文化的成长非常好的平台，对这个平台的建设做非常有益的事情。

许多事情的功能都在变化，我们就在这种尴尬和困境当中变得好像很难自圆其说。我举一个例子，大家都知道中国的年画特别宝贵，特别值得保护。我们有一个《一团和气》，我们有一个两岁或者一岁半的胖娃娃抱着一个大鲤鱼——《年年有余》，诸如此类。我们一想起来这年画，大家心目中都很亮，说是这个真好。现在我们说要保护年画，请问各位：我们保护什么？当然是保护木刻、雕版。用枣木细细地雕，雕门神也好，雕刚才所说的《年年有余》也好，雕出来，然后套色，雕一块板、两块板、三块板，用最复杂的五色、六色等等。然后在印宣纸上，过年把它贴出去。这种保护没问题吧？请问今天谁去贴这个用宣纸、用套色、用雕版所做的年画？50 块钱，最便宜了，100 块钱、200 块钱，有的还更贵。谁舍得今天我把它买来，明天贴在墙上，过一个月，把它撕掉？没人办这个傻事儿。奇怪了！我们现在要保护年画，可是这年画——我们现在保护的那个东西已经不在过年的时候贴了，而且也不在过年的时候卖，都在那个画店里面，平时卖，而且变成收藏品，变成美术作品。我们现在贴的呢？对不起，印刷厂印出来的、画家画的、计算机弄出来的。所有的这些都和我们要保护的东西不是一回事。我们贴的就是这个嘛，这个大概一块钱、两块钱我们就买一张。可是我们保护的不是这个，我们保护的是那个。我们就天天处在这种尴尬之中。所以这种尴尬处处都见，也就是说处在一个历史转变非常急剧的时代，我们对于传统需要有一个分析。

那么，我们是不是要把这个东西保护下来？当然要保护下来。我们当然不会保护现在贴的一块钱一张的纸，我们需要保护的是技艺，这个技艺也许不在于今天的运用，我们在其他的地方还是用的。这个雕版还是用的，而且用的地方多了。我们这里好像没谁穿蓝印花布吧？没有，下一次哪怕有一个人穿，我们就可以举例请他站起来。我们知道有所谓蓝印花布就是这种印花，有蜡染，还有叫作扎缬。我前些时候到云南白族地区去，一块大概有两排桌子那么大的桌布吧，扎完了之后，就剩这么一团子，一个疙瘩一个疙瘩地扎起来，真漂亮。然后等它染完了之后，你铺开来一看，那个图案那个美啊！这个扎缬里面，过去还有一个，叫作鱼子纹，大家都吃过鱼子吧？那么细、那么小，大概我的手现在要作出这么一个眼儿来，都很难的，非常非常小。我们唐代的祖先们，就做这种鱼子纹，可是后来上哪儿去了呢？上日本那儿去了。所以现在日本姑娘们出嫁，要穿和服，她们出嫁的礼服是鱼子纹。他们从唐代一直流传到今天，后来他们有了钱，就是在第二次世界大战以后，朝鲜战争、越南战争结束了，日本发了财之后，它又开始兴起来做。上哪儿去做呢？全部到南通，南通的这些姑娘们，替她们做。做到什么程度？大概是 13000 多名在册的工人给她们做，那些姑娘们的眼睛都好，是拿一根针挑起一块布来之后，姑娘们的手也很细，马上就在针头底下把它扎住，然后再挑旁边紧挨的一个，又这样扎。一直这样排下来，排得非常紧密，特别漂亮。现在不行了，过去这工人一个月挣 24 块钱，比那工厂的工人挣得还多，那个年代大概是 50 年代末 60 年代初，中日还没有邦交，后来大概是六七年的工夫。我们现在不做了，为什么不做了呢？你别说是给我 24 块钱，你给我 240 块钱，给我 2400 块钱我都不做，我干什么事还挣不了 2000 块钱？我干吗费这个劲呢？所以日本现在就跑到朝鲜去做，个别时候到越南、马来西亚，就挺困难的地方。所以我就说，我们的这些宝贝，到现在，我们实际上是丧失了对于我们传统的尊重态度。这个多少有一点可惜。

非物质文化遗产与当代生活

我们应该去重新唤醒我们心中对于传统热爱的那种情感。首先从我们做起，我们真有好东西，而且的确是非常非常的好，日本人把茶道、香道弄去了之后，把它发扬光大，好像一说茶道，是日本的；一说花道，是日本的，实际上，都是中国的。我们过去的《格萨尔》《江格尔》，你要去查查百科全书，全都说是外国的。但是经过少数民族文学研究所这么多年的奋斗，成立了《格萨尔》办公室，大量地去搜集，然后现在一下子把全世界的观点扭过来了。那么我们为什么不能把我们对传统的感情重新恢复起来，重建起来呢？是可以的。因为它本身有这种本质，有这种高度，它有让我们热爱它的依据。所以我觉得这种唤醒不是很难的事情，是在我们的心里。过去把它的内涵缩小到、贬低到只剩下一点点儿，但这并不能完全抹掉。

比如说到端午节的时候，我们吃粽子，到中秋节的时候吃月饼，于是我们就把它们叫作粽子节、月饼节，但实际上它的内涵太丰富了，而且在这个地方的人文关怀特别深。前不久我到马来西亚，去过中元节，七月十五日。大家都知道，在马来西亚，过去只有马来亚，没有马来西亚。马来西亚作为一个新建的政体，后来华人比较多的一部分划出去变成新加坡了，它实际上是马来西亚原来的一部分，现在分开了。所以在那里，官方语言——马来语，汉语不是官方语言。华人的学校是需要靠自己来筹钱的。他们有国民小学，管吃、管住、管房子……所有的这些是马来人；私办小学，你们愿意开就开，不开就算了，那是你们的华人学校。马来西亚的华人在过七月十五日的时候，专门有中元节的这样一个组织，把大家凑在一块儿，然后大家捐助小学，这个时候成为一个募捐活动。这个时候马来西亚大街小巷，全都是在供这个大士爷，实际上就是观音大士的男士化。那个纸扎得是越来越大，一开始很小，后来大到大概有十四五米吧，一直到顶棚了。然后把这个纸佛，大家做的一个大的纸扎的靴子，就是朝靴，那么大的当街就在那里全都焚烧。焚烧了之后，还有其他一些，都是纸扎的一些东西。华人在烧这个的时候，甭管你是谁，你都绕着走。

我有一次去参加他们的葬礼，半条街，把桌子全摆上。我问他，是谁过世？他们说不知道，然后我走到跟前去才知道是谁。大家都来，是因为什么？通过这样的一些活动，像中元节，实际上是一个认同感、内聚力在这里得到充分的体现。你到槟城知道，在市中心是一个华人的墓地，原来它本来是在郊区，华人的住宅基地里面。后来马来人、印度人、其他的人来了之后，在别处盖，最后就变成了中心了。政府当局说不行，我要征用。华人说好，你要刨我的祖坟，你刨一刨试试。所以，当这些习俗，当这些传统成为他们自己必须保护的文化的时候，它就具有强大的内聚力量，所谓认同感、团结精神，都在这里得到体现。当你看到这些实例的时候，有的时候不能不叫你感动。

但有的时候我又担心，我已经去三次了，我也懒，很难把自己的感受写下来，都憋在心里面。有的时候觉得真好，但是就没有和别人共享的那种欲望。第一次去的时候，有很多的潮剧、粤剧，甚至从大陆请来的班子，还有从印度请来一个班子。印度居然有一个村庄，一句汉语不会，但是这个村庄专门有几个班子用汉语唱地方戏，到马来西亚演出。跟他们说中国话，问两句，完全不懂；然后唱的全是汉语词儿，一点儿不错。许多地方的人们穿着戏装，相互拜访，代表一个社区一个社区的。我一下看见有九个神仙共同来看戏，摆了九张特别大的椅子，有的是太师椅，自己从汽车上搬来，给自己的神仙坐。总而言之，这些都是体现了一个非常好的传统，这种传统提供给当地的享用者一种非常宝贵的认同感、内聚力和互助精神。在这样异文化的环境里头，这种文化的发展是非常好的。

我们现在在大陆，我们好像怎么做都有理，我们有的时候变得特别自由。我们的眼睛向外看的，手伸向外面去接受的情况也比较多。所以在这种情况下，要警惕自己，要使我们的传统能够在这片土地上保留下来，能够发扬光大，这才是我们要做的事情。我们对于各位抱着非常大的期望，我认为各位有一种非常坚定的、真诚的态度对待我们的传统，而这个传统将会引导我们，使我们的民族建设得更好，使我们的民族发展得更强。也许我们做不了太多的事情，但是我们把自己做好，也许大家都这样做的话，这个社会就变得和谐。所以有的时候我就想，这些传统的文化，会使我们变得不仅聪明，不仅守规矩，而且让我们变得很有创造力，我们活着有味道。我们那些有味道的事情在我们的传统文化里多的是，关键就是看你找不找。

前些时候，我和我的几位朋友们在搞所谓的"四道养性"，花道、香道、茶道、琴道。实际上在一个富足的社会里，我们仍然可以找到我们民族的传统给予我们的那些好处，而不一定只有外国的那些东西。有的时候我们还过分把外国的这些东西看得很重。当然，外国的东西也并非都是坏的，但也不是说我们中国的东西都是不好的。我们关键是把自己祖先留给我们的那些东西，珍视起来，让我们变得聪明，变得有生命力，变得更加有创造力，让我们成为一个真正的中国人，让我们的当代生活能够和祖先留给我们的那些遗产相得益彰，让我们的当代生活过得更有味道、更富足、更有情趣。

互动环节

林继富教授：

我认为老师讲的这两个小时，容量很大。比如说传统与生活关系、非物质文化遗产的基本特点、非物质文化遗产传承人问题、非物质文化遗产面临的困境以及"非遗"和当代人的生活等。老师通过讲故事的方式，讲了我们应该如何对待传统问题，如何对待传统和创新、传统与创造力、如何发现非物质文化遗产与当代生活幸福感的问题，可以说把"非遗"和当代人生活的各种关系进行了充分的讨论。

学生提问：

刘老师好！我们的传统生活过渡到今天的现代生活是自然而然的，过去没有像今天这么庞大的研究团队，必要的干预肯定是存在的，所以我想请教一下您，作为一位民俗学者，我们的干预应该是怎样的，是让它自然而然地发展呢？还是我们应当采取某种手段？

刘魁立教授：

刚才说到的干预问题，说老实话，民俗学家干预的能量非常非常有限。充其量，扩大一点儿说，你在中央电视台，这算干预吗？

干预不了，你最多说这个节日好，然后大家过了。你个人觉得这月饼里面有一粒沙子，下次不再买月饼了。我一定要吃蛋糕，蛋糕可能比月饼好，所以这个作用非常有限。更不用说你到乡下去，只是面对几个人，他的影响也很有限。比如他说民族大学的一位同学，真有学问，他来说我们什么什么东西好，他来宣传，也不过就是那样，充其量一个村庄。但是中国有多少个村庄啊？难以计数。所以我认为学者本身的干预是有限的。

但是，大家得看到，那种人为的干预远远比学者的能量强大得多。孙中山先生，很了不起，做了许多对于民族来说非常重要的事情。但是，一改历，突然把咱们的日历改掉了，咱们大家就跟着，没有办法。但这个东西非常顽强，仍然还在。你不让过年，你查禁，你不许卖年货，你查抄，你封，你弄不住，大家总得过。所以它在某种程度上也有限。虽然人为的干预有限，但是架不住时间长，一而再、再而三地通过各种办法来处理。我讲一个中国的实例和一个外国的实例：中国的"文化大革命"，所有的庙宇没有哪一个没有遭到横祸的。最好的大概是用泥把它封起来，然后没有遭到破坏。那些年轻人，就是你们嘛，就是你们退回40年出生，你们就是红卫兵，你们有什么罪过？你们无知嘛！在那个时候，告诉你们这个是坏东西，那好，我们大家就一起冲向坏东西，然后说我们要树立一个什么，那大家说好，确实对。那个时候就是那样，没有什么个人的想法，说什么，我们大家就怎么做。现在你们还有所谓志愿，那时候问我，你的志愿是什么？从心里面非常明确，服从组织分配，党叫干啥就干啥。就是一颗螺丝钉，拧在哪里哪里就发光，哪里就发热，就是这样。我们就等于说变得完全的，非常自觉的螺丝钉。所以你在这个时候，你看那个干预的力量多强大。可是，这个力量一旦过去了之后，大家醒过之后，大家就觉得我们这个城市建设得非常快，其实，速度最快的是宗教，是庙。你们到各处去看，到处都有庙。而过去是一座庙都没了的时候，现在到处都是庙。最明显的是莫斯科，莫斯科过去号称有多少（庙）呢，40乘40，多少？1600嘛。可是到了十月革命以后，连一巴掌都不到，连5座都没有。现在，这回我住在莫斯科的一个宾馆里，我住在十层上面，一看，满莫斯科全都有那个所谓葱头，而且都是金光闪闪，都是镀金的，金箔贴的。我曾经问过：现在有多少个教堂啊？说是现在谁也说不准，天天在冒新教堂。现在连俄罗斯人自己说，我们这里还有一个所谓社会主义的核心价值观，就问你，俄罗斯精神是什么精神？异口同声——东正教精神。和中国一样，一下子，只要你给了我阳光和雨露，我就照样去生长，叫作"野火烧不尽，春风吹又生"。所以现在大家共同来努力，来创造这样一个好的局面，一定要让那个不好的局面别再发生。我想我们应该有这个能力，我们现在已经比过去变得聪明多了。作为民俗学、人类学家，哪怕就在一个地方发挥这样的作用，也可以。有的时候，这个声音虽然微弱，人家能够听得进去，能够入心，它就会有作用。我举个例子说，在咱们的东岳庙，虽然是个小地方，但是现在也越来越兴盛了。比如说我曾经提出一个香道的问题，就在三年前，只要现在大家在网上看一看的话，这个香道的事儿变成了"人人争说香道好"。所以有的时候我们觉得自己的力量很小，但有的时候想想也很大。总而言之，让我们大家共同努力，创造一个好的局面。

林继富教授：

老师今天给我们送来了阳光雨露，我们在阳光雨露里面成长，通过刘先生的演讲，让我们更加明白了非物质文化遗产与当代生活的关系；刘先生通过一个又一个自己亲身经历的感人故事，告诉我们非物质文化遗产影响我们的生活，是我们宝贵的文化传统，非物质文化遗产不是离我们远去的东西，非物质文化遗产就在我们身边，就是我们的生活，我们有责任、有义务保护、维护这样优秀的传统，让它传承得更好，发展得更好。

第五讲

第三对眼睛：理解他者文化的方法[*]

王向华

包智明教授：今天我们很荣幸地请来了香港大学的王向华教授，王向华教授在牛津大学获得社会人类学博士学位。他是在香港中文大学读的本科，导师是国内很熟悉、很有名的乔健教授和王崧兴教授。他曾师承美国芝加哥大学顶级的人类学家萨林斯教授，而国内大家都读过萨林斯的著作。

王向华教授是做流行文化，尤其是对日本的流行文化研究发表了很多的成果，就是日本流行文化、日本公司的全球化，他从不同的角度去研究各个不同族群和不同组织的文化。我们这个中心是研究海外的，所以今天给大家讲的理解他者文化的方法，这个主标题就是第三对眼睛。今天会给大家讲我们人类学怎么样去研究他者这样的一些视角和方法。今天我们也很荣幸请来了我们中央民族大学民族学与社会学学院的院长麻国庆教授，还有我们中央民族大学人类学研究所的所长潘蛟教授。我们中心的张海洋教授稍微晚点也会参加今天的讲座。今天我们是以最强的阵容来给王老师的讲座做评议，现在以掌声欢迎王老师做讲座！

---

* 主讲人为香港大学教授、全球创意产业课程主任，主持人为包智明教授（中央民族大学世界民族学人类学研究中心主任）。讲座时间为 2015 年 11 月 9 日 19：00—21：00。该讲座为系列讲座第四十六讲，由刘沐青、王丹录音整理，由赵萱校对。

王向华教授：首先我感谢大家的来临，因为我们从来没有想象到能够有那么多人来听，人类学是一个小众的东西，在香港地区根本是没有很多的读者，所以能够那么多人，只有来大陆才可以。还有一个就是我这次来主要参加北京师范大学的研讨会，但是我希望跟大陆的人类学家的交流，所以希望我做一个演讲。我后天在中国人民大学，明天是在中国社会科学院演讲。

我不是为了拍马屁而来的，是真的觉得中央民大很了不起，我讲这个题目其实为大家做一个注脚，为什么我们要研究不同的文化，而不是要研究自己的文化？这是你们中心的宗旨，也是我觉得是非常好的宗旨，应该去提倡的，所以我才觉得这个题目比较适合在这里讲。

我先从一个角度来，就是人类学是什么这个东西来讲，因为这个东西是跟我们以后的演讲是有关系的，所以先从这个开始。我想大家已经是研究生了，不应该不明白，那我想请教一下人类学是什么呢？这位同学可以讲一下人类学是什么吗？

听众：人类学就是对他者文化的一种研究，通过对他者的文化研究，来总结出人类的一些共性，主要是研究文化。

王向华教授：所以你是要讲共性吗？那人的共性是什么？

听众：就是人类学是一种解释学科，具体到把这个人共性抽象出来，我觉得是挺难的，大家都是在解释这种文化。

王向华教授：那共性是什么？你刚才说要研究人的共性。

听众：共性就是共同拥有的。

王向华教授：那是什么呢？

听众：一些人的本质。

王向华教授：那人的本质是什么呢？

听众：这个我不是很清楚。

王向华教授：OK，那我换一个问的方法，就是说人跟动物有什么不一样？这位同学你觉得怎么样？

听众：会思考、说话。

王向华教授：说话，很好，说话是跟很多不同动物很大的不一样，说话是什么东西？语言是什么东西？

听众：我觉得语言就是人与人之间相互沟通的一种工具。

王向华教授：那是什么呢？它是一个工具，那它的本质是什么？

听众：本质上就是让大家了解对方的思想。

听众：符号。

王向华教授：对，那符号是什么呢？

听众：符号是一种媒介，是一种表达的工具，传播的工具。

王向华教授：那我想问你一下，符号就是说我给我们的行为一个意义，对不对？

听众：对，抽象的意义。

王向华教授：那为什么我们要讲意义呢？我们研究物理，研究这个东西怎么动的，从这里跑到那里，我们就要用物理的研究方法。但是如果研究人的话，大家今天晚上为什么来这里呢？是有一个意义的，听一个很奇怪的人的讲座，有些人是喜欢来，有些人是被迫来的，比如说要点名。总而言之，这些来听讲座的，这个就解释你的行为，对不对？那动物是没有，动物跟人很重要的不一样，动物是根据遗传，它根据本能的东西来行为的，肚子饿就去吃东西，我们也是饿了就吃东西，但是我们吃东西有很多不同的方法，中国吃东西是用筷子，那西方人是用叉刀，印度是用手。

所以我的意思是说，动物只有一个方法就是吃，我们是在这个动作上发展出不同的意义系统，来让我们有行为的能力。所以我们是来解释人类行为背后的意义系统，清楚吗？我们来这儿做这个事情，完全是因为意义的问题，有意思的这个东西，而不是因为本能的关系你们来这里。不可能是本能的关系，因为本能的关系应该去陪女朋友、去陪男朋友，不会晚上来这里听讲座的，对不对？这个是有意义的东西。所以人类学是研究人类行为背后的意义系统，这是第一点。

那问题是这样的，我们的意义系统不一样，比如说美国人就算是中国里面很多不同地方的人文化都不一样，所以它的意义是不一样的。比如说在我们人类学经常研究的领域叫作亲属制度，那中国的情况是爸爸的哥哥的儿子叫什么？堂哥。有人说那妈妈的哥哥的小孩叫什么？表哥。那在英文来说呢？用什么字？cousin。这两个东西的不一样说明了什么呢？说明了在英语世界里面，堂哥跟表哥是一样的，它不分的，但是在中国来说，堂哥跟表哥如果不分的话，就有问题了。比如说你们可以跟堂哥或者表哥结婚吗？当然是表哥不是堂哥吧！堂哥可以吗？而且在清朝的时候是喜欢表哥的，应该要去的，因为姨表是最好的结婚对象。《红楼梦》里面的贾宝玉跟林黛玉就是姑表关系。

所以要看到不同的文化是有不同的意义系统，以便理解大家的行为。我们人类共同点不是说我们文化一样，而是说我们创作文化的能力是一样的，只是在不同的知识背景里面，我们创作不同的文化，你们明白我的意思吗？所以这一点要清楚。我们的共同点不是因为我们共同的文化；我们的共同点是我们有创作文化的能力，那具体怎么创造，变成咱们的意义系统，就跟历史、跟很多知识有关系。

我在讲这个东西为了说明什么呢？为了说明上面一个问题，那时候讲比较，对不对？那比较是有两种的方法。一种方法就是说OK，我们要知道人类的家庭是什么意思的时候，那我们就比较全世界的文化或社会，里面有关于家庭的现象来做一个比较，比较以后就抽出一个共同点作为一个家庭的定义，对不对？这个就是第一种比较方法，这个比较方法有个很重要的特征，就是假设了家庭这个现象是世界普同的，还有就是说都可以比较的，对不对？这个就是古典人类学喜欢做的事情。

比如 E. B. Tylor，英国人类学之父，还有 Henry Morgan 他在做这个比较就是说，我们假设家庭一样的，有家庭这个东西，只是不同的形态，那比较以后发现了一个共同点，这个就应该是人类家庭的定义，对不对？这就是第一种的比较方法。那我们现在人类学比较的方法是不是一样呢？有些人去做这个东西，社会学做这个东西，人类学不一样的地方是什么呢？我们要知道，家族的定义在不同文化里面是不一样的，刚才说了这个情况。

另外一个情况就是可能在日本，家族的情况也不一样，虽然他们是用一个"家"这个字，但是它的内涵是不一样。比如说我今天有一个日本的朋友，他是一个养子，但是他本来叫田中，后来他就娶了一个老婆，老婆的姓叫小壮。所以他后来做成他岳父的养子，就变成婿养子。婿养子就是说女婿也是你的养子，所以他改名叫小壮，这个就是日本家族里面很重要的一个特征。

但是我想问大家，在中国社会里面有婿养子这个现象吗？就是说我的女儿的老公也是我的儿子，这个可能吗？谁说有？不是说错的，怎么有？在什么地方？

听众：招赘。

王向华教授：招赘不等于婿养子，招赘就是说你进来，你的小孩给我一个，但你还是保持你自己的姓。

听众：这个男的还是保持他原来的姓是吧？

王向华教授：对，所以你是搬进来的女婿，那有一个条件说女婿的小孩给岳父，作为继承他家的方法，但是他其他的儿女还是跟他姓。所以这个婿养子在中国不可能的原因是我们没有这样的情况，你的女儿的老公也是你的养子，为什么？因为这是乱伦，在我们的逻辑里面，对不对？所以我的意思是说，不同文化的家族概念不一样，我们要比较的时候，不是把它抽离在那个文化脉络里面，而是要先了解一下，家族这个概念在日本社会是什么意义，在中国社会是什么意义，然后再进行比较，不能假设说这个是一样的东西。

所以我们才要做什么呢？我们才要做田野，参与观察法。田野是什么意思？大家做田野了没有？有没有做田野？还没做？OK，为什么要做田野呢？

听众：去了解他们的框架。

王向华教授：访问就可以，问卷就可以。

听众：只有参与的时候，才能够更深入他们的日常生活。

王向华教授：然后呢？

听众：然后文化就是掩埋在日常生活里的，所以才能挖出来。

王向华教授：怎么挖呢？具体怎么挖出来？

听众：那就是先经历再提取。

王向华教授：OK，我们现在讲田野研究参与观察法，不是一个随便的方法，它跟我们对文化的定义是有关系的，就是说文化的本体论决定了它的方法论和认识论，所以这个方法论是在文化的基础上下来的。那如果我们要了解一个文化的意义的时候，我们要进入那个文化里面，第一步要做的是什么事情？忘记了自己的文化，所以我先介绍一下我的田野。

我的博士文是研究一个日本企业，在香港的一个百货公司叫八佰伴，你们有没有听过？没有，太年轻了，上海也有，在浦东，在1995年开业，后来就倒闭了。所以我做这个田野就是日本企业，但在香港这个地方做日本企业的研究，我等一会儿解释为什么会在香港做，有什么不同。但是参与观察法要忘记自己的文化，就是说我不要把自己文化的眼光、有色眼镜带到我的田野里面。

我的老师跟我说，你念那么多书有关于日本的，你去田野以前，最重要的一个步骤，就是忘记你要研究的东西，忘记你念过的东西，你把它完全忘记掉，那怎么忘记呢？喝酒就可以慢慢忘记了。

听众：那不喝酒怎么办？

王向华教授：不喝酒的话想办法。所以为什么要忘记自己的东西？因为我们去避免用我们自己的文化背景去解释或者理解，我们要研究的人的文化，所以要尽量忘记，不完全可能，但也尽量去做这个事情。那我要去那个公司里面做研究，那个公司是个一级企业，里面有 2000 人，有 28 个人是日本人，1972 个是香港人，在这个企业里面。那我第一次做了半年期间是做什么呢？因为那个超市是有四个部门，一个是超级超市，另外就是服装部，另外是杂货部，最后是美食广场。我的做法就是每一个地方轮流去两个月，要看看情况，我本来要研究的就是日本公司的管理方法，文化是什么，这是我的研究目标。但是我去到那个地方的时候，我经过六个月，我还不能打进去，为什么不能打进去？我是在里面的，没有人把我当成他们的一群人，因为我那时候是穿西装，因为要求穿西装，公司给我一个高级职员里面最低级的，要穿西装，在超市里面卖猪肉、羊肉或者是牛肉，卖完肉以后再卖菜，卖完菜再卖水果。

我，无论怎么样，都是牛津大学的博士研究生，要卖这个东西是有一点痛苦，还有要站在里面，很累。当然，可能比去农村要好一点，但是起码我们去那边还是很累。我们的同事全都是大妈。她们讲话的内容太 boring 了。比如说我家那个小孩昨天怎么样、今天怎么样，我老公怎么样，对我来说是完全没有意义的，没有兴趣，因为我没有结婚，也不知道女人的心态，那时候很年轻，不知道中年女人的寂寞。

所以我就没办法了，那怎么办？如果我不能打进去的话，因为他对我很客气，从来没有叫我做什么事情，永远没有告诉我，她跟我讲话讲什么呢？你今天吃的什么东西，你今天穿得很漂亮，就讲这个，那怎么办呢？怎么打进去呢？

听众： 你先把西装脱了。

王向华教授： 脱了也没用，还是觉得很 boring，大妈最不喜欢是什么？

听众： 大妈其实挺挑剔的。

王向华教授： 对，我就说很挑剔，大妈最挑剔，所以说你们大妈老了，老公不喜欢你了，寂寞才来工作，她们就很生气，因为我是大声讲，女人没有用，嫁人、生孩子，她们就很生气地骂我了。骂我以后，有一个重要的效果，当你有人骂的时候，等于说她把你当成一个人。日本文化里面有一个制度，农村里面叫"村八分"，就是说你做事情得罪了我们全村，我们不跟你讲话，不跟你来往，那很辛苦、很痛苦，因为什么，你连人都不如，就把你 isolate，他们也这样对我。所以我要打破的话，起码我要她把我当人来看，所以她骂我的时候，我都知道我们可以是好朋友了。

因为她把你当人了以后，大妈们有一个很重要的特色，有义气，她说你不行，我给你出头。那我们就在这样的关系里面，慢慢就发展出来一个关系，把我放在他们的圈子里。有什么证据，我觉得我是她们的一个人呢？她们偷懒的时候把我叫去，我们吃饭吃长一点，不要管老板。更重要的是什么？大妈们告诉我她们的婚外恋，她跟那个男生有关系，我的老公不理我，他对我很热情，特别在那个方面特别热情，你看，她连这个都告诉我，就等于说她把我当一个成员，而且是一个不简单的成员。

所以我现在已经发展到一套最能够追大妈的手段，我非常了解她们的想法，但是我做不了了，但是我有这个技术，可以做这个东西。所以当你有一群人以后，你就会发现她们行为背后的那个意义是什么。所以，田野工作第一步忘记自己的文化，变成他者社区里面的一个成员，然后再理解这个社区的人的想法、他的意义系统是什么，这就是说我们人类学要做田野研究一个很重要的地方，那需要时间，为什么呢？我再告诉你一个例子。

我最近研究我从企业研究到日本流行文化，我现在是研究日本的 A 片，有没有人带我的书来？我新书中文叫《当日本 A 片遇上华人欲望》，我在中国台湾研究日本的 A 片，那我们访问台湾的女生跟男生，是另外一种田野，因为我没有社区，我的社区就是一个很松散的、消费日本 A 片的一群人，我没有村落的 boundary，所以我要靠 intensive interview 作很深入的访谈。人类学家跟被访谈的人的关系是跟你的资料的准确性或是深入性是有关系的。所以你要看到，其实说人类学家做田野的时候，其实访谈的人他有一个 front，就是很有名的社会学家 Erving Goffman，一个理论叫 Presentation of Self，就是你对自我的呈现。要跟那个呈现是他的答案，他给你的答案。但是如果他跟你的关系改变了以后，他对自己的自我呈现就不一样了，你明白我意思吗？所以什么叫人类学田野的真实，这个东西我觉得大家要思考，不是那么简单的一个事情，怎么叫他的真正的想法，你们有没有这个经验？有时候不想骗男朋友的，但是就骗了，她不等于说不爱他，有爱的，但不完全爱，那时候是真的爱，后来又觉得不是很爱，后来跟另外一个男生分手，又觉得原来是更爱，所以哪一个她是她呢？

人类学，西方人对这种暧昧感很难把握，对他们来说只有黑或者是白，对不对？除了美国就是英国，从来没有一个中间的或者是模糊的状态，但是人生都是这种模糊的状态，可以问你一个问题吗？你觉得男朋友跟男性朋友有什么不一样？本质上。

听众：一个是在男，一个是在朋友。

王向华：那怎么分别？

听众：男朋友的重点是一个男性，你和他相处的时候是女性和男性的相处，男性的朋友，他是一个朋友，你跟他相处的时候性别可以放在旁边。

王向华：真的吗？

听众：可以作为一个背景，而不是作为一个主轴。

王向华：如果你根据你的讲法的话，我不是挑剔你，我是推论，就是说你会跟你的男性朋友一起去洗手间吗？不分性别。

听众：性和性别不一样。

王向华：性，OK 就是有没有性关系。

听众：有性和性关系也不一样。

王向华：我的意思是说，在社会生活里面，男性朋友跟男朋友是很难分得清楚的，但是人类为了社会生活的方便，我们就规定男朋友会做 ABCDE，男性朋友是不可以做 ABC，但是可以做 FGH，这样分出来，是硬要分出来的。

听众：对，就是暧昧。

王向华：比如说你跟他拍拖的时候觉得很特别，你感觉分手以后你就觉得没有什么很特别，算了吧，甭想了，其实没有什么变化，最终的变化就是你的关系改变，所以你对你的这层关系定义改变了。所以文化就是规定人与人之间的关系，但是关系其实是连续性的，我们要把它分割出来，硬要分割才能够社会生活。那我们研究这个东西的时候，我们在做田野的时候，访谈人他跟你讲这些东西，什么东西是真、什么东西是假是非常复杂的事情。

听众：需要辨别吗？长时间地检查或者是去思考。

王向华：我们采用长期的田野工作，而不是说社会学的去访谈一下就 OK 了，文化研究更离谱，看一部电影就写很多东西出来，我们人类学就觉得很奇怪，我们做两年田野写一本书，他们做一小时的文本分析就写了三本书出来，为什么可以这样？因为他们英文很难，特别用难的英文来写，写出来我们不懂，这个很厉害，为什么那么难的事情都能够想得出来。所以很多文化研究是什么？英语教师，教英语的，因为很厉害，他很简单的语言可以写成很复杂的语言，看起来很厉害，但其实是很简单的事情。

社会学也是，我听说一个很有名的美国社会学家，他拿到一笔很大的钱，美国政府给他 200 万美金做一个美国人的电视研究，他的结论是什么？两年的研究，做了很多的 interview，很多的问卷调查，结论是美国人很喜欢看电视，这个我们人类学不会接受的，太简单了。

所以因为长期的田野方法主要是要厘清这个社区人的文化、意义系统是什么样，他怎么去利用这个系统来行为的，所以我们才有这个参与观察，长期地做田野调查，才能够找出他背后的意思来，这是我们传统的想法，大家会去做的。但是这个还不够，我现在提出的就是另外一个看法，我们要再多做一层，我们第一个忘记自己的文化，近距离的田野，做长期的观察跟调查，还要了解这个人的意义系统，这时我们以为做完了吧？但是我提出这个不够，你应该最后走一步，要跳出来，用第三者的眼光、第三对眼睛去看，用什么呢？

比如说我要研究中国，我要用日本社会来理解中国社会。我要研究日本社会，我要用印度文化来理解日本文化，这个就是我说的第三者，第三对眼睛。通过第三者来了解我要研究的对象，这是我现在今天提出来的跟传统人类学田野的或者比较研究的，我觉得是一个比较不一样的看法。OK，我只有通过第三者，才能够了解我们。通过日本社会才能了解中国社会，通过印度才能了解日本社会。所以我们的民族志的知识，如果你只研究中国，不但是在中国，你还要另外写个民族志来做一个比较。比如说你了解日本才能够了解中国，这是我提出来的，为什么会这样做呢？我现在举个例子。

东亚的韩国流行文化，我想大家现在很喜欢韩流吧，你们喜欢韩剧吗？OK，我想问女生，你喜欢吗？你喜欢韩剧的什么部分？

听众：我比较喜欢韩剧里面的穿着打扮。

王向华教授：那打扮有什么特别呢？

听众：就是很时尚。

王向华教授：什么叫时尚呢？

听众：女生穿了会很显瘦，很漂亮。

王向华教授：我明白，但是你能不能做一个人类学的描述，什么叫漂亮？什么叫时尚？对你来说，那个部分是很时尚的，我觉得也很时尚，这是我自己设计的，找人做的，为了配合我创意产业的身份。

听众：我觉得他们会用细节来修饰自己，比如说有的女生，如果腿粗她会把腿盖起来，用帽子吸引别人来看她的脸。

王向华教授：你有没有发觉韩国的时装颜色很亮，那日本女生的时装呢？

听众：不太清楚。

王向华教授：我是看日剧长大的，日剧跟韩剧比较，我发现比如说在时装方面，韩国的时装最重要一点颜色非常亮丽，比如说挑战性的黄色、挑战性的红色，日本女生的时装是什么样的？颜色是非常 boring 的，不会特殊的，很端庄的。韩国是非常豪迈的。她们的化妆你见过韩国化妆最厉害的就是卧蚕，卧蚕知道什么意思？就是用白色的东西把眼袋显露出来，日本是把这个眼袋藏起来。韩国女生我要告诉你，我就有眼袋又怎么样？那韩国剧里面女生跟男生的关系，男女关系是什么样的关系？

听众：就是永远都有一个无私奉献的第三者。

王向华教授：对，你有没有看过《来自星星的你》，都敏俊，他是一个什么人？大学教授，从来不死的，很有钱，车很漂亮，对不对？但是他爱上一个叫千颂伊，那千颂伊是个什么女生呢？贪钱，很不好的人，很多不同的男朋友，知识水平很低，这是韩剧对不对？那我们看到的日剧是什么？倒过来的。木村拓哉，英俊潇洒，学历很高，有一个女生永远都跟着他，她在旁边默默地等他，什么时候爱我，什么时候有时间，我就等你，这个时代已经不流行了。韩剧跟日剧的比较，你会发现什么？人类学的意义是什么？或者是东亚社会的女性是不是已经在改变了？我们那个年代女生是默默在男生后面默默支持，每一个男生背后一定有一个非常能干的女生，对不对？但是我们现在不欣赏这个了，女生不欣赏这个了，调过来，你要跟着我，我喜欢见你的时候就见你，不喜欢就不见你，怎么差、怎么烂都是有一个很高条件的你默默在后面等我、保护我，再看一个例子。

冬のソナタ就是裴勇俊，《冬日恋歌》，他也是一个非常有条件的男生，对不对？等一个女生，那个女生很烂，这是不是你们女生的梦想？那为什么你们现在有这个梦想，我们那个年代女生没有这个梦想？女生的地位意识很强，东亚社会的女生变得很强，我们不再站在男生的背后，我们要让男生站在我们的背后。所以我穿西装，我不喜欢显示我的淑女的感觉，不是熟女，我们不做这个，我们的时装要什么？

听众：霸气。

王向华教授：霸气，你们没有这个习惯，我有这个习惯，我觉得我穿衣服是跟我的心情有关系，如果我的心情很亮的话，我一定要穿亮的东西，那如果每一个时装，永远都是那么端庄、好好的女生，boring 啊，不能表现我的心情，对不对？我今天特别不高兴，我就涂一个很红的口红，来一个血盆大口，表示我的愤怒，我的心情不好，你们有没有这个感觉？穿衣服是表现你的情绪的，今天你应该很不错，很干练，心情很不错，有人告白了吗？

我的意思是说，通过韩流我们来了解我们关心的东亚社会，不但是了解韩国社会，而且东亚社会里面的性别关系改变了，通过韩流的文化包括韩剧、韩国人的化妆品、韩国的时装来看东亚社会，而不是说讲东亚社会只是讲东亚社会，这是第一个我觉得是有关系的例子。那我们再来另外一个例子，这是我自己做的研究，叫京华山一国际有限公司，这个东西它的公司还在，所以大家不要写下去。

这是我 1998 年在做田野工作时，接触地一个证券公司，券商，他本来叫山一国际集团，就是日本的 Yamaichi（山一证券）证券公司，山一证券在 1997 年就关门了，也是因为经济不好。关门以后卖给一个台湾的集团，叫威京集团，威京集团有一个证券公司叫京华证券，所以他们后来买了以后就改成京华商业国际有限公司。这个案件跟我们今天的题目有关系的地方是在什么呢？因为山一证券本来是日本人跟香港人做社员，公司员工。但是当台湾集团买了山一证券以后，他们派台湾的干部去，所以就变成台湾的老板，但是也保留了日本人的 CEO 和几个高级职员。

　　所以就变成三层了，台湾老板、日本管理、香港员工，这个就是说很有趣的人类学的研究个案，因为它涉及三个文化在里面。一个是台湾文化，一个是日本文化，一个是香港文化。那三个部分放在同一个公司里面，有什么问题呢？怎么变动呢？这个我觉得是有趣的。我不能很 detail 去解释，但是我现在看，在山一证券的年代有什么发生呢？山一证券的年代它有一个很重要的企业文化，就是日本人的 Boss，香港人的员工，他们里面的运作不是根据组织的运作，你是 CEO 你有权力，你是经理有什么权力，他们是按照 Ethnic 族裔来运作。就是说日本人他不管你什么职位，你是日本人，你就是最有权力的，中国人你可能是副 CEO，但是你比一个日本人的 staff 都没有权力。所以我的意思是说，在山一证券的年代，就是用他们公司的 polity，族裔的 politics，你是中国人还是日本人就决定你权力的不均匀。

　　比如说我们那个时候看的，我们八佰伴的研究也是一样，日本老板他跟我们说，把香港员工作为狗来用，他们是狗不是人。所以，他们应该是这样对他的，就是那个族群的意思出来了，用这个意思来统治山一证券。那香港人觉得自己是低等的，所以我们是听话的，那我们香港人争夺的是什么呢？争夺的不是职位的升长，而是跟日本人的关系，这是中国人的想法。我们的文化重点，如果他是我的朋友他会帮我的，这是关系的问题，所以他们的 politics 就是我们争跟日本人的关系好不好。

　　所以有两种人一定会打架的、会不和的，一个就是日本老板的秘书，另一个是日本老板的翻译，为什么？因为他们两个人、两个位置同时可以接近权力的中心，因为有语言的关系，也有工作的关系，他们两个人是在竞争的，其他员工也是竞争的。翻译跟秘书搞好关系，因为跟老板说一下可能好一点。所以形成了以秘书小姐跟翻译小姐的权力斗争、派系。所以整个公司的运作都是用族群来决定的，这个很有趣的地方就是说，族群不是一个与生俱来的东西。

没有在斗争的时候，香港员工跟日本员工他们没有讲我是日本人，你是香港人，不强调这一点。但是，因为日本人跟香港的人不平等，所以产生了一个族裔的意思，这个意思出来了以后就是一个意识形态，来面对这个不公平做一个解释。

但是有趣的是，我们人类学者出去，他有这个建构出来的东西，但是他建构以后，就变成一个决定这个公司里面人类行为的最重要的社会原则，你是日本人你要怎么行为，你是香港人要去怎么行为。所以，Ethnic 这个东西又变成一个 social fact，它会决定了那个地方的人的行为，也不是完全是意识形态。所以，Anthropology，就是 social fact，这是人类学是从变成（from becoming to being）到是（being）的过程，所以这个很有趣。

因为在研究族群的时候，我们中心有两派，一派就是说族群是 social construction，社会建构出来的。另外一个 primary，永远在 argue。但我们在研究人类学我觉得是这样，两个都对，本来不是原生的，但是社会建构。但建构以后，好像原生一样来决定你的行为，这就是我们发现的。

所以总而言之，在山一证券的年代，这是一个族群政治。但是，当这个公司给台湾人买了以后，香港人会知道，真正的老板不是现在的日本 CEO 了，他是什么？他背后的台湾、台北，所以他们很有趣，打小报告是打给台北人，这个 CEO 不知道，因为他们知道这个不是权力中心。

另外一个有趣的地方就是说，台湾的威京集团，它在台湾做证券，他们是弄 retail business 也就是零售的证券业务。就是说我今天做多一点生意，大妈最好都来买，但是山一证券是做什么？做法人的生意，做日本公司在香港的生意。所以，这两种生意是不一样的，imparity，如果你做一个法人的客人的话，它的量是很大的，不要做多，做一个就好了。如果做一个生意就够的话，有一个情况就是说小心一点，注意法律，注意有漏洞，compliance 这个部分是很重要的，或者是它做得比较慢。

但是做零售的不要这样，我要小赚多销，卖多一点，你们买多一点我就会赚钱，所以他们对管理方面不重视，就是说这个客人他的信用度大不大，怎么去评估他不管，对我销售来说，我卖一个我就赚钱了，我不管你赔不赔本，不关我们的事，对不对？所以这两群人，就是以前山一证券的员工跟后来进来的香港人的员工，他们在斗。这个斗变成一个什么斗呢？他们是说我们的文化不一样，山一证券的文化是个什么文化？是一个大银行的文化，我们这个是小券商，文化不一样。以前的山一证券的政治是族群政治，现在的政治是什么？文化政治。

比如说他们就卖零售的人，你们很宅，没有文化，大学没毕业，他们连填表格用中文都写不出来，我们不一样，我是香港大学毕业的，我是硕士，我有什么牌照，我们讲英文的，他们讲粗话，就是把矛盾用文化来讲。在个案里面你会看到，台湾地区人、香港地区人、日本人的关系，但那个不一样，从那个互动里面你会发现日本人是什么东西？比如说日本人讲关系，不是中国的那种关系，中国的关系是比较灵活性的，我想你们都知道，但日本人的关系跟中国人的关系不一样。台湾人有另外一套，台湾地区比较借鉴日本。

顺便提一提我对人类学研究关系我有一个很大的批评。有一篇文章快出来了，也就是说我们怎么知道我跟你今天在对话，我们在吃饭，是因为我想搞关系，或者是因为我跟你很熟，人情、友谊，或者是我给你面子找你吃饭。我想问大家，在方法学上，你能够知道我们两个今天吃饭是因为面子、人情还是关系呢？怎么知道？外面有个老外来说，这个行为的目的是人情还是我要给他面子，还是我要拉关系？怎么知道？方法学上，你跟我说，我们已经搞不清楚，所以这个关系研究看起来是好像中国研究，其实是站不住脚的，他根本分不清楚什么时候是关系，什么时候是面子，什么时候是人情。

所以，你要了解这个动机，一定要研究我们两个之间的微观的政治，就是说我们个人之间的关系，用微观的社会学才能够了解我们的这个动作，才能够说我们是拉关系还是人情还是面子。所以我对现在研究这个东西我很怀疑，就是说能不能够分得那么清楚，在那个社会生活里面。如果不能分清楚的话，还能用这个概念吗？如果我们不用这个概念，倒不如我们要研究我们微观的社会学比较好一点，就是个人层次里面的权力关系微妙性，而不是用什么人情关系、面子来做这个研究。

Anyway，所以这个例子就是跟你说，我们通过日本了解台湾地区，通过台湾地区了解香港地区，通过香港地区了解日本，就是通过 other culture 去理解 another culture，而不是直接去理解 another culture，这是我要 make 的 point。

最后，香港八佰伴的研究，这是我第一个博士论文的研究，其实这本书，不好意思，我要介绍一下，因为我要卖书，叫作《友情与私利》，这是我一本英文书的中文翻译最近出来了，是日本出版的，是用来批判英文书的，你知道我们是共产党，自我批评很重要，我批评我的书，所以这本书是翻译本。就批评我为什么会犯的错误。那我犯了什么错误呢？有三个错误。

第一个错误我非常强调日本人跟香港人的斗争关系，十年以后，我看我的田野笔记的时候，我看过很多的记录说，日本员工跟香港员工共同的很有温情的情景我都记下来了，但是我为什么没有写进去，第一个。

第二个，我在写我的英文著作的时候，把矛盾的情景删掉，就是可能有时候是 A 的，有时候是 B 的，不完全是 A 也不完全是 B 的，我把它删除掉了。但是我的笔记里面，明明就写作我不能理解这个事情，但是我把它抹掉了。

第三个错误，就是说我假设了日本人的关系概念跟中国人的关系概念一样。比如说我们员工跟上司在讲话，如果上司是女生的话，我们就说阿姐、姐姐，如果上司的上司男的叫爷爷。所以，把上下关系变成一个亲属关系来讲。当然日本也有这个习惯，叫亲分、子分，就是在这个公司里面或者职场里面，我直接的上司我叫亲分我是他的子分，那亲分对子分特殊照顾，包括介绍女朋友、介绍老婆、照顾他的生活福利，那子分对亲分要很忠诚，不能出卖他。我把两个东西对起来比较，我以为是一样的东西，发现不是。

那我这三个错误出来以后，我在反省说，为什么我会做这个错误？这个有几个原因。第一个原因我说我成长的背景，所以第一章是讲我的成长背景，非常好看，主要是因为我讲我的家里的事情，为什么呢？卖卖书，原谅一下。另一个原因就是我是用英文写的，英文写的话自然要在英国跟美国出版，为什么我用英文写？要在英国和美国出版？这是一个问题，我们会慢慢讲。

我先讲个人的原因，我不知道你们有没有看一本书，我在麻老师以前的暑假班里面提过，对我来说非常重要，也是最重要的一本书，法国的哲学家叫 Jean - Paul Sartre，萨特，他有一本书叫《寻找方法》（*Search for a Method*），这本书对我来说非常重要，有一个重要的地方就是说他是批判那个时候的 Vulgar Marxism，就是一种低俗的马克思主义，那时候的想法就是说，很多人什么都是用阶级解释的。比如说在匈牙利计划经济里面，本来要计划在这里开地铁的，后来发现地太硬做不了了，所以结论是第一次反革命。那时候的低俗马克思主义就是说什么东西都用阶级来解释，你今天来做这个事也是因为阶级的问题。但是我相信，萨特举出一个很好的例子。

有一个很有名的小说家，他写《包法利夫人》，福楼拜是一个中产阶级，所以他写这本书。问题是没错，福楼拜是中产阶级，但是倒过来不是每一个中产阶级都是福楼拜。所以一个人的行为不能完全地 reduce，就是把它简化到一个东西来解释，无论是阶级也好、文化也好，我们是中国人对不对？一定是，受中国文化的影响，但是我们的行为不一样。那不一样的原因在什么地方？因为我们不是文化的机械人，我们不是 culture robots，原因是什么？因为我们一生的经历包括我们家庭的关系，我们家庭的成长经验，出来工作、读书的同学的经验，完全会 interfere，就是说干扰文化对我们的影响。

所以每一个个人就活出一个个人的中国文化，所以文化是 make sense 我们的行为，但是不能决定我们的行为，这就是萨特对我的启发。所以我在写我为什么错的时候，我就会追寻自己一生的成长跟我犯的错误之间的关系，结果不讲了，你们买书就可以看到了。

另外一个我想讲的为什么我用英文写？很多人都不清楚一点是什么？学者归根到底都是一个上班族，我们为了在大学这个公司里面工作，大学里面工作有什么意义呢？大学的评鉴系统对我们出版什么书、用什么语言、怎么写有决定性的作用。比如说国内最流行的 SSCI journal，我知道你们把所有的出版折合成一个分数。我去一个大学，他们说出一本英文书 600 分，SSCI 的文章 600 分，那你愿意出一本书还是 SSCI journal article？当然是做 article 了。也就是说，这个评鉴系统已经决定了我们生产知识的方法跟形式，这个就决定我们生产的东西。

比如说我们在香港大学，英国很出名的，它没有中国那么厉害，他很清楚，300 分、600 分这样算，他说，Oh，只要文章好就可以了，理论上是这样，实际上看，书的话看什么大学出版社，香港大学出版社，不错，但是哈佛大学出版社，最厉害。他们不说清楚，英国人非常聪明，我不说清楚，为什么不说清楚？弹性啊，他要升你等（级）。你没有出书，没有关系，书不重要，文章没有，没关系，他教书很好。但是如果你说得很清楚，像中国那样有这样的情况，不可能，我就出了三本书，哈佛、Stanford，Cornell 大学的 press 根据你们的规则我是 1800 分，对不对？没有东西，所以我的意思是说，评鉴对我们上班族来说很重要，它决定了我的地位，我是正教授还是副教授还是助理教授、客座教授。还有你是什么东西，全都是由这个决定。

我有一个办法就是说跟着基督走，我那个时候在香港大学工作，要出英文的，出英文的话问题出来了。美国人跟英国人最怕就是模糊、矛盾的，最好是很清楚，就很开心了，对不对？所以才有冷战。我们是找模糊性，太极是模糊的。所以为了西方读者对我的书评价好，那我就有意把矛盾的部分抹掉，把友好的东西也抹掉，最好就是斗争，很清楚的。现在西方人类学有一个很重要的、奇怪的地方，什么都是权力，为什么你们坐在这里？权力关系。为什么你穿这个衣服？权力关系。为什么你屁股那么大？权力关系。为什么会这样？因为有一个人叫福柯，他是研究权力的，权力什么地方都有，但不要忘记，福柯是研究西方社会，西方社会能够作为人类社会的代表吗？我第一个不同意，当然不是。

另外一个问题是什么？还有最近有一个，以前 80 年代很流行的观念叫后现代。所以现在我们作为东方社会学者要表示自己不落伍，要在自己名字里面加个"后"，后邓小平时代、后毛泽东时代、后王向华讲座时代，后结构主义、后女性主义，加一个"后"就可以了。所以加一个"后"以后，就觉得你很潮，对不对？不管它是什么意义。所以我的意思是说，因为西方学术界的霸权，这个霸权转换到学校公司里面。它的评鉴系统，对于我们研究者就是知识生产的形式有所规定，所以我为了争取升等，我一定要把老外不明白的东西抹掉，这样他对我的评价才会很高。那时还不懂加个后，所以我要写一本叫《友情与势力后》或《后友情与势力》才可以。

所以我要解释一下，我的意思是说，我们要研究学问的话，你不能忽略学者他的社会背景、学者他的祖籍里面的关系，而影响到知识的生产跟知识生产的形式是什么样。所以我觉得你应该看一本书叫 Homo Academic，Pierre Bourdieu 这位法国社会学家研究学问界的东西会发现很多，原来学者也是可以被研究的，我们不是客观的，我们完全是主观的。所以我这本书就是这一点提出来，为什么我会这样。第三部分就是我们人类学要自我批判，因为没有一个永恒的民族志的现实，事实是什么？没有这个永恒的，要通过不断批判来显示这个事实的不同部分，这个就是说我们要做的事情。

评论与讨论环节

包智明教授：

感谢王老师给我们做了这么一个精彩的讲座，他从比较参与观察，用他者的角度理解他者的文化这样一个视角，他举了三个案例，也给讲了很多生动的例子，给我们讲解了他这样一个的观点。下面有好几位老师做评议，所以我就在这里打住，这里面第一位就是麻国庆老师，麻国庆写了一本书，也跟今天的讲座有关系《他者的世界》，今天做这个评议会很生动，从你这儿开始吧，我们就轮着来。

麻国庆教授：

人类学说穿了也是对规矩的研究一个不断地反思和理解，王老师跟我是老朋友。我在中山大学这么多年，我们一年至少一两次、三四次经常会在一起，他的研究有一个非常重要的特点，就是比较活，也比较新，另外也比较有现实的感受。就是让你感到他的每一个研究都是和每个人的生活和每个人能想到的东西是连在一起的，不是说在研究一个遥远的对象、遥远的过去，我对他的研究有一种直观的感觉。

另外他研究里面，从他一开始研究本科的时候是做过广东粤北的瑶族调查，后来他那时候就问乔先生，他说我们人类学家难道只能做这些山沟沟里面的东西吗？所以他后来做这个博士论文，他一定要在香港的写字楼里面来做研究，所以他进入企业人类学。我们今天有个词叫企业人类学，这个词我怎么越听越不舒服。什么叫企业人类学？人类学就是人类学，对吧，还有什么各种各样的人类学吗？他这个研究就是刚才讲的八佰伴的问题，就是说日本社会本身它公司的行为和社会是有机的整体。我们说中国早期特别是1949年以后的社会，是国家主义的一个公司，国家主义的一个企业。所以说早年费先生带我和包老师的时候，那个时候费老特别强调企业办社会，所以我们师兄王延中的论文，就是研究一个宝鸡的三线企业，从生到死这个企业把人都管起来的，包括包钢。到了第二代，见了车间主任不一定叫主任，就叫叔叔、叫阿姨，就是理智的亲属关系。费老在80年代的时候，就写过这个文章《包头行》包括三线企业，这是企业人类学吗？但费老好像从来没说过他这个思路是企业人类学。我觉得意思是说什么呢？单独叫企业人类学，把人类学的一种理念叫小了，人类学对于企业的研究，本身是如何把它从一种社会关系的概念里面来看待一个企业，实际上就是八佰伴像日本那种公司，本身它的传统理念带有这种社会的概念，所以中根千枝先生他研究日本社会，他的书在西方社会是非常有名的，他提出这个日本社会的纵向社会的理论。

但是他里面有一个非常重要的概念，他说在日本的社会到今天情字当头，人情的情，这个意味着什么呢？意味着社会本身和它的传统还是接起来了，所以它的企业保留的这种人情，像王老师口中友情、私利，当然其实背后还有一个很重要的概念，只是这个概念怎么翻译成中文。都涉及的，包括本尼迪克特的研究里面也都提到，就是日本社会义理。"义"就是我们说拜把兄弟的义，"理"是道理的理，这个很重要，就是日本社会到今天它把这个东西保留下来。就是跟我们传统的中国人，我们现在谈儒家里面很多人在谈理，其实义理是中国人的概念，但是日本社会保留下来。比方说我的公司的科长要去参加某一个职员婚礼，那这个科里面其他的人都要跟着随份子，都要跟他去的。如果一个公司的社长去世了，有个社长，所有人都要去。丰田集团的老板去世的时候，东京的总部几万人都在里面。就是说它是一个比照的概念，就是说人和人之间的关系，不是说一个个体化的、独立的个我的存在，而是说我的关系本身的存在，它身上有一个参照体系在里面。所以它义理社会和我们一般简单说的人情、面子还是不一样的，它背后有它的文化在里面。

日本的社会里面在今天所保留的这些现象，我们如何来看待这些问题，所以我今天就觉得，王教授是从日本的个案里面来谈一个人类学的方法论的问题。因为这个方法论就是说第三对眼睛的概念，实际上就是说我们来讨论的社会包括来看中国社会、来看印度社会、看日本社会、看香港社会包括看韩国社会甚至说冲绳社会，它都存在东亚社会里面的社会都有一个互相参照的概念。就是说你看我、我看你，咱们互相看，这个眼睛看谁的眼睛更有亮度，这个亮度怎么来看，所以这个眼睛的概念背后有什么呢？就是东亚社会很多的概念，它有它的同质性。

比方说家的概念，在韩国、日本甚至当时的越南包括中国，这个词是一样的，但是它背后的结构不一样。周恩来老说我们和日本是同文同种是一样的，能一样吗？差别太大，差别在哪里？就是说概念的汉字是一样的，但是汉字背后的意义系统不一样，今天王教授讲这个字非常重要，就是意义系统在什么地方，所以这是第一个意义系统。

另外一个事实上他提到印度这个概念，其实它背后有很多体系，我只是解读一下。讲到从印度来看日本，这个非常重要。中根千枝先生和日本的社会学家福武直在 20 世纪 60 年代在印度做调查，在印度做完调查以后，他们有一个非常厚的日文报告。中根先生当时提到一个概念，他说他研究完印度、研究完中国，当然他研究西藏、研究喜马拉雅，他说日本文化是在印度文化和中国文化中间的一种文化。日本文化有等级观念是受印度文化的影响，不是一个简单的好像日本都是日本的，中国的都是中国的，不是这样的，包括它的宗教体系、国教，相当多元化的东西，它受到印度的影响非常深。

所以日本到今天保留下来的这种民主社会里面的等级主义，这在西方人是很难理解的，这么一个民族国家，它的内部等级非常强。一个教授骂副教授，这个副教授绝对不敢还一句的，老师要骂学生，学生绝对不敢吱声的，这个社会到今天我们都难理解，好像一个民主社会不应该这样的。所以我觉得从这个意义上说，它背后有这么一个整体上对东亚社会的理解，如何把印度作为一个比较体系。我们其实现在是谈什么"一带一路"，重新思考印度，但是要考虑我们社会的关系，印度本身和中国之间的关系，也是非常重要的。为什么西藏的研究对于印度很重要？因为印度人很多的文献记载是消失了，它不像中国，因为印度是没有历史记载的国家，在中国人看来，它的历史编年非常可笑，一下几百年就空当了。但是我们中国人是每天都记得很清楚，印度人也跟我们说了，中国人天天玩文字游戏，你们有时间概念，但是你们没有思想，你看我们印度有多少思想。

但是印度很多东西藏在哪儿呢？留在西藏，留在喇嘛教的世界里面。印度文化里面很多的精髓在这里，所以这些研究都是一个整体。所以当时中根千枝先生来把这几个社会做比较研究，他是有一个很大的学理的讨论。所以我觉得今天提到印度的概念，印度的研究肯定是他的一个方面，对我们中国人来说，对东亚社会来说，把印度作为一个参照体系也很重要。

第三个事实上提到的就是说比较来看，第三对眼睛，这个背后其实我觉得应该有一个周边和中心之间的比照体系，有一个空间上的对接。我和王老师有个共同的老师叫王崧兴先生，他早年在香港中文大学，后来在日本。王先生给我们上课的时候提到一个概念，就是如何从周边来看中心，包括木村道哉老师也在拓展这个概念。就是说在东亚研究里面，一定要互相看，就是说从越南如何来看中国，包括王老师您那篇论文集里面，木村道哉老师就说从越南看中国，伊村以及一些学者还有从韩国如何来看中国。就是说中国的概念不是说中国本身能看明白的，包括从印度如何来看中国，所以中国的概念的理解，需要一个空间的维度。

我也受这个观念的影响，十几年前写过一篇文章，就是东亚社会中的汉族和多民族社会中的汉族，就是要看待我们汉人，从东亚社会，东亚比较里面看汉人。我们通过看汉人，别忘了我们有这么多的少数民族，我们很多汉人文化在少数民族里面，我们自己都没有的，很多东西丢掉了，所以这种观念就是学理讨论。但是今天王老师是把这些概念上升到了一种方法论，就是作为一种方法论的东亚社会的这种研究，在后现代的重新反思和讨论里面来思考一些问题，实际上我觉得对我们同学重新来理解我们现在人类学出现新的理论非常重要。

他讲了几个理念，主要讲了几个政治的概念。比如说讲到族群政治，讲到文化政治，然后又讲到一个词叫微观政治。如果要把这三个词放在你们想要做的田野里面，我觉得也是有非常重要的几点意义的，我先谈到这里，谢谢王老师。

潘蛟教授：

我觉得麻国庆老师评论得已经很全面了，他说这个问题已经说得很清楚了，其实讲起来是从人类学的一个基本问题开始的，我们怎么来理解别人，我们为什么要理解别人？其实也是在理解我们自己，是这样看这个问题，所不同的是他从第三方更多比较这种可能性，这是人类学的一个基本的问题。

但是许多的案例实际上谈的问题远比这么复杂，可能中间有一个很重要的问题，虽然有些话我听起来有点困难，因为王老师有很重的香港口音，但是我印象比较深的是他在问我们，什么是事实？这个问题我觉得很重要，好像他的结论是，其实事实可能是个过程，我们说真实，这个时候的真实和那个时候的真实，你不能说那个时候他不真实，问题是他现在的真实和那个时候的真实不一样，谈到这样的问题。这里面你可能就缺少一个所谓的真实，所谓的事实可能是一个过程问题。

他在谈到微观政治学的必要性的时候，实际上是在瓦解我们的一些大的概念，比如说阶级，我们用阶级来谈很多，但是忘了阶级中间有个体，阶级能帮助我们把一些人说成那样，但是中间个人有很大的差异，但是反过来也是谈到了一个文化的问题。如果说我们来概括一种文化，我们依然要说日本文化怎么样，中国的文化怎么样，西方的文化怎么样，有时候可能也是同样的，也有一种风险，就像刚才用阶级来解释个体一样的问题。我好像听到他有一句话，好像也是 Geertz 的话，就是说文化可以使我们的行为有意义，但是文化决定不了我们的行为。我觉得这是一个很好的概念，我觉得我这句是听清楚了，记得很准确。

总之，这个讲演提醒我们一方面给我们看条路，给了个方向，另外始终对我们的方法还是比较警惕，避免一些过度的概括，看到这种那种的能动性，我大致的感受就是这些。

刘谦教授：

我是听众，我提问题吧。跟王老师探讨一下问题，其实您刚才说，我觉得从操作层面上来讲，好像是一个学者应该有更多的、多元的文化体验，你才可以形成这样的比较。那我觉得对于在座的年轻人来讲，真的是在人生经历的这种情况下，他是需要用人生来积淀的，那么从操作这个层面上来讲，我看您的研究好像是两大主题，一个是企业方面的，对吧？各个八佰伴还有商业公司，是不是如果我们从操作层面上来讲，选同一个主题但是在不同的文化下面来做，这样相应的会是一个捷径。如果条件不允许的话，比如说我们在日本做的是企业文化这个话题，在印度做的是性文化这个话题，这个时候可能对于一个学者来讲，要形成一个比较的话，难度也是很大的。那这个情况下，有什么好的建议和办法？这是我的一个问题。

还有一个刚才您讲 A 片的访谈，其实 A 片的访谈方法我觉得也是人类学一个很重要的方法。就是说我们虽然以做田野为成人礼、成丁礼，但是我们在日常的作为学者，作为一个上班族工作的时候，很多时候也是用访谈的方法。我想请教您，就是说人类学的访谈和社会学的访谈，我们在视角上、操作上可以有什么更多的特色来获取我们本体论的认识？就这两个问题。

王向华教授：

我先回答第二个问题，因为我们做人类学者的访谈只是一个借口，因为最后我们通常跟 informants 会去他家里面拜访，跟他玩在一起，就是 interview 以外的行为我们都参与，所以很长时间做这个 A 片研究。因为我们第一个不容易要他们讲他们自己私人的性关系的问题，所以你需要很长的时间跟他培养。另一个就是说你很难知道他是讲真话还是假话，因为你不可能看出来他在搞这个东西，你明白我的意思吗？他说是 A，但是可能真的不是这个，不能确认，因为不能看到那个东西。

所以我们是通过访问到他家里面认识他的朋友，希望能做一个 crosschecking，就是说交叉地去验证他讲的话是对还是不对。所以我们的 informants 是一个群体，用网络，不是完全不认识的。所以我不相信那种所谓的随机抽样，这是不对的，对我们来说，在这个研究里面，我们研究他这个人还有他这个人的朋友网络，来 cross - check 他的真实性，所以需要很长时间，所以我的 informants 是大家认识的，我今天跟这个人谈话他说是 B，另外一个人的朋友我们在问的时候起码就会知道他是讲真话还是假话。这个意思就是说，对于我来说，我的村落就是我的访谈，就是报告人的人际网络。

第一个就是说我们从来不会问你为什么要看 A 片、你看不看 A 片，我不问这个，因为这个永远问不了的。我们会聊天，你小的时候怎么样，你的生活怎么样，小的时候跟爸爸关系怎么样，你爸怎么样，总而言之，永远谈不到我们的要题。不重要，因为这个背景就帮助我最后问他。所以我是全面去问，不但是问他 A 片的行为，或者是消费 A 片的行为或者性行为，我是问他日常生活里面的东西，包括家人关系、朋友关系、很小时候的经历、感觉、爱情关系，问得很多了以后再问你看 A 片吗，就是这种很深入的。

所以我们是这样的，每 10 天见一次面，很希望他把他看 A 片或者是日常生活所有的都要填下来，填表，所以人类学是一个不好的学问，因为它永远是在打扰人家的生活。所以要他填，他填了以后我们再跟他谈。所以其实是希望能够重现他每天的生活，这个很费劲。还有，我们也把他不同阶段对同一问题的回答放在一个脉络里面讲，所以有没有看 A 片这个东西出现很多次，第一次见面的时候他说没有，第二次是有。所以我的写法就是这样子，就是把访谈作为一个历史事件来看，追究他每一个阶段里面对同一个问题的看法，回答是什么样的。

所以我就觉得民族志的现实是浮动的，就是一个 becoming。所以要跟我们的佛教里面讲的缘起性空有关系。我现在在看《佛经》里面有没有人类学的想法，但是不管怎么样，这是一种兴趣，所以这是我对这个访谈，我相信社会学不会做这个东西，我相信不会，他们没有那么多时间，我们用那个时间来问，因为人是很复杂的，对不对？所以这是第一个问题。

第二个问题就是我不喜欢做同一个事情，我是每一个阶段就要跳，为什么呢？因为很多东西，比如说我现在在写中国亲属制度，我发现，我的 argument 是我们中文说光宗耀祖，为什么要光宗耀祖呢？因为中国人觉得父子是分享同一个气，父子继承，分形同气。所以气就是生命，父子的生命是一个连载体，就是说父亲的生命在儿子生命里面，儿子生命在父亲生命里面，是一体的。所以这是一个生命在不同的个人里面出现，没有 individual，就是一个生命在不同的个体里面出现。

所以，我们现在拿到的荣誉，我们的爸爸、爸爸的爸爸、祖先都会想到，所以才光宗耀祖。这个跟魔术是一样的，你明白我意思吗？所以我觉得，研究中国的亲属其实是研究魔术，因为在本体论里面两个是一样的东西。所以，我的建议是，研究不同的东西，看看可能在美国的亲属是跟韩国的宗教是可以比较的，同一样东西是，本体上是一样的。等于说我们中国的亲属制度是跟魔术一样的东西，不然的话为什么我的祖先会享受我的荣誉，不可能的。

交换礼物也是亲属关系，gift giving is kinship keeping，就是说不要把我们自己觉得这个是属于宗教，这个是属于家庭，这个属于亲属，这个属于经济，把它分得这么清楚，因为可能不同的民族对于经济的意义，对于宗教的意义，有些时候是一样的。所以这个东西我建议大家看一本书叫《from the Enemy's point of you》，就是一个很有名的巴西人类学家写的一本民族志，他讲到在南美的印第安人里面，他的世界里面有很多我们想不到的东西是一样的，就是说亲属跟魔术是一样的东西，亲属跟物酬性是一样的东西，跟宗教一样。所以你会看到不同文化对于它的分类是不一样的，对我们来说这个是 kinship，这个是魔术，但对对方来说，魔术和 kinship 这两个是一样的东西。

我的意思是说，如果人类学家能够研究不同的部分，你会比较了解到这个文化很有趣的地方，所以我现在不是研究 kinship，我是研究魔术。所以用魔术理论来解释 kinship，用 kinship 理论来解释魔术。比如说时装，你们有没有看时装杂志，今年最流行是什么？什么颜色？谁决定的？就是时装杂志主编，这个像不像魔术？所以用魔术这个概念去研究时装杂志，所以我们人类学要有市场的话，我觉得最重要的转变就是，用我们在原始社会里面研究的成果来解释现代人类社会的现象。所以，用魔术理论来解释时装潮流的发生，这是我们的贡献。

我们能够这样做，就是说你没有一个固定的分类，对我来说什么都可以，因为缘起性空，我的意思就是这样。所以就是研究不同的东西，看看他们看不到的关系性。我最近也看一本叫《忧郁的热带》（*Tristes Tropiques*），他写得漂亮，像写诗一样，但是他会看到巴西在那个膝盖跟那个东西的关系，这不是比较，这是类比，比喻。所以我的意思是说，刚才我也是一个比喻，时装编辑创造潮流是一个魔术，跟某个印第安人可能是有关系的，也不是类比的，所以我的意思是这样的，就是对我来说没有什么 kinship study。

张海洋教授：

我还是比较感兴趣，我听起来首先你讲课是特别生动，也特别投入，就是说用你切身经历来对我们这个学科研究的新理解，我的感觉就是说当然你刚才嘲讽了一下，很多后后后。但是就你的分析方式跟我们原来学的所谓的民族人类学还是有一点比较后现代的，这是我的理解。

我之所以说比较后现代，是说包括你写的书首先把自己的这一部分陈述进去，自己的经历，你说叫 biographical experience 就是这些事情。另外，你强调事情的流动性、相对性、互补性、整体性，种种的，在我们理解呢，跟我们以前学的就是说包括 social facts 也好或者说 objective 这些事情来说，已经是很不相同，而且如此地侧重精神的方面，感受的方面，而不一定是说那个事情本来就是那样。比如说你刚才研究企业，它里面是不是按照那个叫族裔的逻辑在这样运作，到底是我们感受它是在按照这个东西运作，还是它就是在按照这个东西运作，这个实际上就构成了一个我们要想的问题。

但是我肯定一点，就是说现在你做的这个研究强调的，我觉得有一个词叫 contest，翻译成环局。林先生当时他们把 contest 翻译成环局，就是从一个个体来考察环局，这一点无论如何是重要的，而且特别注意主体之间的互动。

另外，关于所谓的第三只眼或者第三个视角，这个我倒觉得是一个创新，对我们来说比较重要，因为我们以前说我、你这样的互相理解，回来就可以讲故事了。但是现在看着有点像瞄准一样，你看三点成一线，就是说你没有一个参照的点，在瞄准这个道理上说不过去。有一个科学，它里面也有一个叫潜规则，叫公正不采信，就是说如果你硬做出一个事来，就是制造出一个东西来，我还得再做一个或者在别处做一个说这个东西做得出来做不出来，那就是说没有别的东西，你就把它给做出来了，这个东西就没有对照了，就比较难采信。

这一点，我觉得它既有方法论的意义，甚至可能还有伦理的意义，我说伦理的意义就在于如果我们只是从个体，就是说我跟他实际上给人造成一种对立，然后从 other's other 这样看一下，可能使我们的认识事情确实会更好，何况无论说在中国还是说研究世界民族，因为是世界中心嘛，就以研究中国来说，我们明显地知道它有 internal other 和 external other 。从鸦片战争的时候，显然是碰见了 external other，但是在太平天国这个事又是一种 internal other。当然，还有一个清政府跟南方汉人互为 other，还有南方汉人里面的曾国藩，他跟造反的老百姓又有一种互为 other，这本身就更复杂了，这还是光在中国，这还没有说印度。

当你说印度的时候，首先有一个藏区，然后还有一个尼泊尔，这才到印度。那你知道在中国把藏区的事做成这个地步的时候，那个印度把尼泊尔做成什么样子？把锡金做成什么样子？把不丹做成什么样子？不丹当然现在是一个比较好的例子，但是大概百分之六七十的主权得归印度，你才能保证你的生活状态。尼泊尔大概是在这一点上，伺候印度伺候得不好，现在的处境就比较难受，就是说总归印度对它的水源比较感兴趣，但是因为我们这边已经把事情做到这个地步，以致它对尼泊尔就予取予求，弄得尼泊尔生不如死，在很大程度上。

如果我们仅仅在那儿研究印度的话，我们大概也不会反思自己，就是说我们在这个事上有没有道德责任，就是说两个大国之交。你有道德责任，你怎么发挥你的作用，又不被人骂，这个我觉得如果我们有更多的内部的多样性、地方、少数民族包括港澳台各自都有很多权力，处理这个事的时候，是不是就弄得好一点？现在把一切权力都集中到北京来，屁大的事也得要北京去做一个东西，反正你什么事都不能做，等于说别人已经把你给定死了，你自己也把你自己做死了，反正很难受。就是说该发挥的作用事实上发挥不了，该保护的东西也很难保护，就是因为没有人保护它。一切想保护的都得领导说话，他们要不说话就没你的事了，你再说话就是妄议了。

当然这是联想太多了，我回来，回来我就说也是想提一个问题，就是说我自己的感觉，因为我们这个学科总的来说，它研究的还是一个比较抽象的、超个体的东西，您好像还是在有一点在它往个体的这个方向上做实。我就想用同样的方法，如果研究一个族群、民族，比如说维吾尔族，当然我们说了很多流动的、不流动的，但是你怎么说流动还是不流动，维吾尔族现在住宾馆，出行不方便，然后说 profile 或者种种的东西安检就比较多。这些事对人是有伤害的，那面对这种事，就是说一个群体就变成这样了，而且这个东西一时半会改不了，"9·11"之后就更难受了。头十年是这样，再过十年能不能这样改都很难说。

就是说，在这种情况下，我看您的现实关怀就是说企业新潮在这方面多一些，但是我们说有很多人在痛苦，他们的痛苦是没尊严，这种东西用您的办法可以做一点什么事、可以做一点什么贡献？当然这有点强求您了，它也是我们所处的世界的一部分。但是怎么样从微观上做起，校正宏观上的不平等？

王向华教授：

我没有说我是一个研究的单位就是个人，我只是说我觉得研究的重点在学术上来说，研究的重点就是个人跟社会，所谓的大概念跟微观的东西，其间的辩证关系来看这个社会的生活、社会的生命，我是比较提倡 methodological individualism，就是方法学的个人主义，我只是说个人的行为不能给文化或者是阶级大的概念所决定，但是个人的行为也不能去决定结构跟文化的关系。所以两者之间的关系应该是一个辩证的互动的关系。

就是说一方面我们是受文化的影响，我们准备做某个事情，但是有时候我们的行为会反过来，对我们这个集体的概念有一个改变。比如说在这个社会里面，某些人是有权利的，他可以比较能够改变社会，因为他的社会给他一个位置上的意义。我记得有人说毛主席在"文化大革命"的时候，红卫兵在斗，他们觉得谁对谁不对，就看毛主席站在谁那边，谁就对了。我的意思是说，historical agency

就是一个社会能动性，改变历史的能力有些人可以改变历史的，我就不可以了，因为这个在社会里面有权力结构。

王向华教授：

我的意思不是这样，我的意思就是在学问上来说，我是这样看的，具体的情况怎么做，我真的没有做很大的研究在这方面。我感觉上来说，就是说用同一个道理看不同的问题都可以的，就是说个人跟集体之间的 mediation，可以来解释人的生活、人的行为，用这个角度来看不同的事情都可以的。因为你的问题很难具体，维吾尔族的事情我也不懂。这个是我的问题。

张海洋教授：

实际上就是民族主义跟人权这两个事，我们都把它当成两个个体，这个有没有可能把一个很宏观的东西做成具体。

王向华教授：

第一个，我不相信有普同的人权观的，我是反对的，因为我很怕。我觉得人类最罪恶的一个很重要的想法就是 generalization，就是普世化，这个是最恐怖的事情，因为每个人都是一个个体，等于人类学理论里面就是西方的理论，它本身研究是代表全世界，代表的是普同的，这样的话我觉得是在理论上的暴力，因为不能把所有东西放在同一个东西。

所以我觉得人权也是一个文化的问题。对我来说，所以我反对西方的所谓的普世价值，我觉得是不相信的。

包智明教授：

其实我今天听了以后，我也有一点想法，但是四位老师都点评了，我就不点评了。但是有些问题，可能这个问题同学们也很感兴趣，就是说到底今天王老师讲的理解他者文化的方法新的地方在哪里。其实今天我听了王老师的讲座以后，他给大家展示了三个个案，那么这三个个案的搜集资料的方法本身是跟传统人类学是一样的，就是参与观察、访谈。但是问题是，我们搜集了这个资料以后怎么去看这个文化，那就是理解和解释的问题，但是我们这里又回到我们传统的人类学来看。就是我们传统人类学比如说我们用参与观察，作为他者来描述理解文化，我们可能今天是王老师强调的是一个，其实原来我们也有这样的一种说法，比如说参与进去，我们作为当地人的一员参与观察，跟他们同住、同吃、同劳动，然后我们再跟他们交流观察当中我们了解这个文化。但是我们真正要把我们看到的东西写成作品的时候，我们一定要跳出来，这是原来传统人类学包括马林诺夫斯基那个时代的人都是这样跳出来再作为第三者来去写这个文化，当然这种第三者写的客观性在哪里有很多反思，这另当别论。但是我们人类学产生起，我们就有作为第三者去描述这个文化的传统。

同时这里面有一个问题，但是我们今天听到王老师的讲座以后，他了解韩国的文化不是我们怎么去看韩国的文化，而且拿日本的放在一起看，可能这也是第三者，但是我们有一个人类学在当中，其实刚才麻老师提了好几次中根千枝，我去日本也是被这个老先生介绍过去的，也很关照，都是一个系统的，在日本都是东大的系统的。他其实就是说我们社会人类学有两个核心的方法，一个是田野调查，田野调查就是参与观察和访谈，还有一个比较的方法。所以比较这个方法不是说我们今天才比较，像 Evans - Pritchard 非洲政治体系，他把非洲的那些不同社会比较作为分类，有国家的社会和无国家的社会，这样分类出来都是一个比较的结果。

今天我们再看王老师的无论是韩流，韩国、日本的文化比较也好，在京华山一里面的日本人、中国台湾人、中国香港人这样的一个不同的族群在一个公司里面，它不一样的文化和不一样的互动去看，你理解这个公司也好，这里从我们看还是在比较，这个比较跟王老师今天所探讨的新的地方跟我们传统的人类学到底区别在哪里，王老师一会给大家简单讲一下。

还有一个就是刚才刘谦老师提问题的回应当中，我们也看到，传统的人类学的比较，就是说我们亲属制度的比较，我们就拿不同的社会亲属制度来做一个平面的比较，得出一个结论。但是王老师刚才说的东西我们不一定是同一个东西。但是不一样的东西，不同社会的不一样的东西，我们做比较的时候一定要找出一个它可比的平台，不然的话这个东西没法比，所以王老师这里面提炼出一个叫意义。你别看这里面说亲属，那里谈宗教，但是这个意义上可能有共同的，这样的东西 Evans - Pritchard 或者是 Claude Levi - Strauss 亲属结构里面也有很多结构背后深层次意义的东西也是比较出来的。

　　我现在感兴趣的东西，像王老师作为第三对眼睛来去理解和解释他者文化方法新的地方，或者至少王老师想有一个突破，或者是你觉得我这个做法跟原来传统的这些比较不一样，或者作为传统的他者的这种角度去理解这一个陌生的文化的做法不一样，这个东西能不能再非常简单地给大家讲一下，下面就是大家提问。

　　王向华教授：

　　我快一点说，谢谢两位老师的意见，但是我说的比较是，你提出来以后，我们还要借助第三个社会来帮我了解这个社会。就是说我要研究日本的企业，跳出来以后，用中国的企业来比较，来看它的情况是怎么样。所以就多一个参考系统，就是 other cultural 或者 other society，这个我觉得是我要提倡的东西。

　　另外你说的比较的方法，第一我不赞成最早讲的是家庭，不能抽出来做比较，来找出共性，这个是比较机械性的，反而抽离了那个文化脉络。我的意思是说，可能在这个脉络里面，比如 kinship，中国 kinship 里面父子关系里面同一个生命，可能这个逻辑，让 kin-ship 这个东西跟魔术这个东西放在同一个类里面。所以如果你比较中国家族和日本家族，比较的意义不是很大，但是你比较家族跟魔术可能意义比较大，那个比较不是能够预先决定什么跟什么比较，而是说这个东西的意义可能跟魔术的意义是一样的，所以魔术跟 kinship 比较，而不是说中国家族跟日本家族比较，你明白我的意思吗？

刘谦：

这种比较或者类比的意义在哪里？

王向华教授：

意义就是说这个社会的 cosmology 宇宙观就是这样的。

刘谦：

但是无法证实，也无法证伪。

王向华教授：

我就给你看，就做给你看，就是这样。

听众提问：

刚才他说的时候我觉得特别像萨满教这些东西，其实你说的意义就是灵魂。桌子是有灵魂的，类比的过程中桌子是有灵魂的，树叶也是灵魂的，灵魂和灵魂是可以碰撞的，不管它是桌子还是树叶，这是一个互换的东西，意义的过程就是灵魂的。这个东西我就是说，因为我本身是满族的，所以马上就想到这个东西，就是这个体系中的道教里面它也讲究的是一个微观、微粒子或者是能量互换的东西，所以您讲的意识应该是这个意识是吧？

王向华教授：

是，谢谢你。

听众提问：

老师我有两个问题，第一个您提到说要用第三对眼睛的说法，但是我觉得如果说从我们自己的文化来看。

张海洋教授：

他不是说要用，他是说借助。

听众提问：

借助也是一种使用，如果说从第一种文化看第二种文化是一种，从第一种文化看第三种文化，你是说要拿第三种文化来作为一个参照物来对比，那我想说，从第一种文化到第二种可以用田野，从第一种文化到第三种文化也可以用田野，那你从第二种文化到第三种文化的时候，你中间到底依托于什么方法来做？如果说不是田野的东西是别的，是文献或者是说您田野得到的成果，我觉得其实是跟比较文化研究其实没有实质性的区别，这是第一个。

第二个是说，我们到底如何来确定什么样的文化才能适合作为第三只眼睛，因为如果按照老师的说法，其实老师说这个东西其实像个 magic，实际上本体论大家都差不多，如果再把人类学最根本的整体论一搬出来，好像事实上整个社会的各个层面、各个范畴的东西，都是相关的，好像不管怎么比，只要你自己认为它通顺，实际上好像这种比对都是可以的。那第三对眼睛好像就是什么地方都可以的，我就想问说，到底这第三对眼睛有没有它的条件，哪些文化，比如说我要参照对比中国文化的时候，哪些文化是可以作为第三对的，相对第二对文化，它也可以作为第三对，还是说任何文化都可以。谢谢。

王向华教授：

首先我觉得你的问题非常好，但是我想你可能误会我一点，就是我不是一个上帝，能够告诉你什么可以、什么不可以，所以我感觉上来说，是不是我提出一个方向，那你们具体的问题具体想出来。而不是说老师说了我是上帝，中国要跟日本比较，所以你们要做，不是这个意思。我只是说，增加一个第三只眼睛去看的话，比你用两个眼睛去看的话，一定会清楚比较好一点。究竟用什么文化来说，那要看你具体研究的题目。这是我永远反对的，就是没有一个普同的真理，能够告诉你，太懒惰了吧，还是要自己寻找。

比如说我觉得研究中国的 kinship，非洲也可以比较，或者美国的印第安人有一个族，它跟中国有一点很有趣的比较像的地方。所以这个是用自己阅读里面寻找第三只眼睛，得自己找，因为每个人的眼睛不一样，第三者是什么不一样，研究的题目也不一样。所以我的感觉是还是老老实实去找，其中的方法就是我建议，现在已经没有人在看了，我觉得每个人都应该每天看一本民族志。

比如说我对印度有兴趣，我就研究印度，就是我要看印度的东西，我是研究中国的，但是我要发展另外一个兴趣，就是研究民族志是一个很有趣的事情。我最近看东南亚的民族志，有一个点很奇怪，东南亚的皇帝都是外来的。越南的皇帝是中国去的。总而言之，在东南亚的皇帝都是外来的，这个为什么会这样我不知道，但是我感觉上这是一个可以挖掘的题目，为什么有这个感觉呢？就是不知道，就是运气或感觉。所以我觉得中国也有，皇帝是天子，从外面来的，天上来的。所以为什么我们人对于皇帝的想法，kinship 都是一种外来的，这个我觉得很有兴趣去探讨一下。这个只有阅读人类学民族志才知道，我喜欢就能看出来，不可能说老师告诉你，你看哪一本书、哪几页、哪几行就可以，没有那么好的。

听众提问：

我想接着谈在那本书的第三者，在这里面您用的第三对眼睛是什么？

王向华教授：

对我来说，我自己是香港长大的，就是第一只眼睛，进去里面看到那群香港人跟日本人，这是第二只眼睛；第三个部分就是我看日本本土社会里面的企业是怎么样。

听众：

就是使用日本本土社会的文化？

王向华教授：

对，那个企业来比较，也是帮我理解这个东西。

听众提问：

老师我问一个相对来说跟这个题外一点的，因为我看介绍的时候，您是做创意这方面的，我想知道学人类学这方面，现在您做创意是去研究这些创意文化还是就是跟以前的人类学家进工厂，去了解他们的行动力，以后让这个机构或者这个公司去很好地运作，我想了解一下这方面。

王向华教授：

这个可能有一点误会，我四年以前就是在香港大学日本研究系工作，研究日本的。但是因为我已经不能忍受他们那样的情况，所以我就跑出来。跑出来怎么办呢？要建立自己的基地，刚好现在21世纪最流行的语言叫创意，所以我就找了一个创意产业系，自己弄一个创意产业系出来，没有什么关系，就是赚钱，维持生活，要吃饭、要生活，所以要找个东西来叫，跟人类学没有关系。但是我还要做一点东西，所以我现在做创意指标，比如说我们在做个项目，比如说有一个园区的创意有多少，如果我们衡量了以后，我今天下午去见银行了，说服他们用我的指标。

银行会根据我的指标来决定要不要贷款给这个公司、给这个项目，如果他们贷款的话就是这一个方法。另外的方法就是说如果券商承认我们的指标，他帮他的项目上市，那就变成一个股票的动作，我就可以赚钱了，这个是赚钱的东西，跟人类学没关系。

提问：

就是说基本上没有完全是用人类学之类的理论来去做创意这方面的东西。

王向华教授：

没有，要吃饭嘛。

听众提问：

您好，我就是突然间想到了，在前一阵子我们学院办的中国民族学年会的时候，杨圣敏老师提到一个问题导向应用研究。我就在想，最近也看了很多民族学志这方面的书，我就觉得可能最好的应用方面的书就是《菊与刀》那本，推进一点就是费老先生那个，我觉得能跟大众生活联系起来的，他提出小商品、大市场，他让温州人真正地富起来了。我就想说的是，我们怎么才能把我们民族学人类学的知识，就像刚才我们老师说的我们也都懂，就是我们人类学是一个解释人类行为背后的意义系统，那么这个意义系统怎样才能把我们民族学人类学的知识普及到生活当中？就是怎样能在生活中应用它？就像我们平时在吃饭的时候，就能想到人类学、民族学，就想问一下您，怎样能普及我们民族学文化。

王向华教授：

老实说，我们人类学没有什么好用的，我的意思是两个意义。一个意义就是说我们觉得是很有用的，问题是很多人都不懂，经济学是最没用的，但是它们是很受欢迎的，为什么？就是大众的认知的水平还是有限，但是那个没办法的，你教一个蠢的人了解你要用的，没办法，明白我意思吗？另外一个我觉得还有一个应用方法，就是我们现在做这个品牌，很多东西可以做，刚才说潮流的创造其实是一个 magic，就是魔术，还有品牌打造是什么？图腾。比如说我以前的学生在 LV 工作，他告诉我，生产成本是它的售价多少比例你知道吗？估一下，2%，就是 90% 的钱是买那个品牌的，为什么要买 LV？就是要表达自己的身份认同。比如说我是中年职业女性，我要买什么牌子？Chanel，这就是它的品牌打造出来的结果，就是说我的商品能够作为一个语言来表达你的身份，这个就是品牌的塑造，对不对？所以，这个可以应用的。这个没办法，这个要自己想，但是我跟你说这个有没有用，是社会学决定的。社会学不懂，那没办法，因为我们是比较高等的学科嘛。

第六讲

现代法治建设与传统文化
——从摒弃到尊重[*]

郭星华

　　1979 年，中华人民共和国颁布第一部刑法标志着中国法治现代化建设的开始，我们通常以为这仅仅是法学家们的事，但事实上并非如此。我们今天看到法律法规越来越多，但中国依然不是一个法治社会。甚至有人说，中国三十多年的现代法治建设基本是失败的。但这只是一方的观点，持这种观点的人不只是社会学家，还有法学家。这种观点有些极端，但也并非全无道理。通过三十多年的建设，我们的经济已经发生了翻天覆地的变化，但现代法治建设并没有达到我们预想的结果。2011 年年底，全国人大常委会委员长吴邦国同志宣布，中国特色社会主义法律体系已经基本建成，但是我们看到今天依然不是一个完全意义上的法治国家。究竟出了什么问题？法学家们在思考，社会学家们也在思考。这也正是我二十多年来一直思考的问题。

　　党的十八届四中全会非常好地提出了全面实施依法治国，同时也指出我们国家法治建设存在的问题。其原文表述为："有的法律法

---

　　* 主讲人为中国人民大学社会学系主任、教授，主持人为包智明教授（中央民族大学世界民族学人类学研究中心主任）。讲座时间为 2015 年 11 月 12 日 19：00—21：00。该讲座为系列讲座第四十七讲，由杨国骏录音整理，由刘东旭校对。

规未能全面反映客观规律和人民意愿，针对性可操作性不强。"由此可知，我们立的法律居然不能反映客观规律，不能反映人民意愿，这样的法律在现实中很可能就是一纸空文。其中针对性和可操作性不强是我们面临的主要问题之一。党的十八届四中全会还讲了总目标，强调坚持五项原则。五项原则的前三句不必太多解释，第一是要坚持中国共产党的领导，咱们的法制建设不是搞西方民主。第二是坚持人民主体地位。第三是坚持法律面前人人平等。这三项都没有问题。我们需要特别注意后面两条，第四条是坚持依法治国和以德治国相结合，这句话并不新鲜，在江泽民时代就已提出，到现在依然没有过时。这其中的道理很简单。大家都知道，西方社会维持秩序一方面是靠法律，另一方面是靠宗教信仰。古今中外没有哪个国家只靠法律来维持社会秩序。中国古代有当然也有法律，但同时还要靠伦理道德、风俗习惯。这个咱们有学民族学的老师和同学。所以，我们提出了以德治国是一个很深刻的认识。但是只认识到是不够的，还要付诸行动。最后一条是坚持从中国实际出发。这是我今天要重点讲的内容。这句话看上去很平常，但是在中国却不那么容易实施。

大家知道，在 20 世纪 30 年代的时候，中国有两次本土化运动，一个是社会学本土化，一大批从欧美留学回来的社会学者主张社会学本土化。几乎与此同时还有一个本土化，即毛泽东倡导的马克思主义本土化。我们现代法治要从中国实际出发这种观点已经提了很多年，但真正实施的很少。我们的现代法治建设基本上是从西方法制移植和引进，而基于此设计的一套法律外衣并不符合中国人的身材。这就好比你到意大利米兰购物，一定不会购买当地的西装一样，因为西方人的身材和中国人相差甚远。我们知道肚脐以下的身高与整个身高之比最好看的是黄金分割比例，即 0.618。西方人接近这一比例，而中国人的身材要小于这一黄金分割比例。所以中国人穿西方国家做的西服就不合身。身材如此，文化更是如此，怎么可能简单照搬就行了呢？这么一个简单的道理，我们法学家从来不这么认为。他们把法律当作放之四海而皆准的东西，这是他们一个顽固不化的概念，所以得到的结果一定如此。

可能有同学要问，那日本、韩国不也一样吗？日本照抄德国，二战后抄美国，不也挺好吗？我们麻院长对日本文化很了解，日本真的是和美国一样吗？我认为太不一样了，美国人讲平等，日本人讲等级，根深蒂固。它的法律搬过来真的和西方一样吗？举一个关于纠纷处理的研究为例。中国人解决纠纷有很多路径，第一个路径是私了；第二是忍；第三是请中间人出面，如长老、族长或者德高望重的乡绅；第四是诉讼。但是，我认为中国的法律自古以来就倡导"抑讼"，即抑制你诉讼，四条路中就这一条不让走，设置重重门槛，大家有兴趣可以去找我的研究文章来看。中国传统社会不主张用这种方式来解决纠纷，因为人们认为只要通过官方来打官司、裁决，虽然你可能胜诉，但是同时意味着当事双方的关系破裂。而中国传统社会强调和谐，把关系放在首位，人们觉得所谓的正义不重要，生活共同体的和谐才是首要的，所以不主张诉讼。这是东方人的观念，而美国人通常愿意通过打官司解决问题。日本人在这方面并不同于美国人。日本是现代法治国家中每 10 万人里法官人数最少的国家，为什么呢？在我国，要求尽快解决积案。但是日本人不着急，法官整天不慌不忙，案件越积越多，实际上就是一种"抑讼"的观点。它不主张你打官司。为了讲清这一点，我给大家讲一段老相声里的段子。有两个人上班高峰期自行车不小心撞了，甲对乙说："长眼睛没有？"乙对甲说："你会不会骑车？"结果两人就吵起来了。后来到派出所找民警来评理。民警询问后，让其等着，两个人继续吵。过了一会儿，他们找到警察询问是否该轮到处理他们的事了，警察依然不慌不忙让他们等着。从 7 点半一直等到 10 点，上班时间耽误了。于是两人开始互相认错，打算自行解决了事。于是再次找到警察，说明事情已经解决，希望离开。但警察说："这怎么行呢,你们的事情还没处理呢。"只好等着,10点半时,他们再次找到警察,并给警察赔礼道歉,最后才离开。警察为什么这么做?就是我刚才说的,"抑讼"。为什么日本的法官不着急破案子?也是"抑讼"。比如,我跟包老师两人发生矛盾,互相指责剽窃,告到法院,结果四年都没处理好。下次我跟麻教授发生矛盾,我们私下请巫教授来解决,不再去法院,因为又花钱又花时间,还把脸皮撕破。这就表现了东方的"抑讼"观念,而今天西方国家的观念却是"励讼",即鼓励用诉讼的方法解决彼此的纠纷。我们今天的社会正在越来越多地受到这种观念的影响。"励讼"会给我们人与人的关系,给社会带来什么样的影响,这是值得我们思考的。不要轻易去打官司。各位同学今后发生这样的事,你可以说:"走,我们法院见。"但千万不要真的到法院去,只要你去就输了。打官司只有律师最高兴。

在现代性拓展的过程中,一定会面临一个问题,即象征着现代性的西方文化一定会与当地传统发生碰撞,这个过程往往把现代性看作是先进的,传统是落后的和需要被改造的对象,从新文化运动以来一直是这样。到今天,由于我们人类学研究的发展,我们看到现代性和地方传统不是一个简单的关系,不是改造与被改造的关系,它们各自有各自的文化意义所在。新文化运动在当年有它的历史意义,但在今天是需要反思的,它的一些口号在今天来看是非常极端的。也可以说从那时候开始,中华民族的文化自信心开始逐渐下降。

我们先来讲引起了社会广泛热议的两项司法改革。第一项,《刑事诉讼法修正案(草案)》中用"亲亲相隐"代替"大义灭亲",另外一项是《最高人民法院关于适用〈中华人民共和国婚姻法〉若干问题的解释(三)》中有关父母给子女购买不动产的产权归属规定。

第一项说:经人民法院依法通知,证人应当出庭作证,证人没有正当理由不按人民法院通知出庭作证的,人民法院可以强制其到庭,但是被告人的配偶、父母、子女除外。意思是说,每个公民都有作证的义务,即使是作为父母、配偶、子女也要作证,但是可以不当庭作证。比如一个人犯罪了，他老婆知道，她应当作证，但是不必当庭指证她丈夫。这实际上照顾到了中国人"亲亲相隐"的传统文化。按照中国传统，近亲没有义务作证，现在要作证，但是不必当庭作证，这是一种进步。哪有父亲指证儿子，儿子指证父亲的！论语中有一段叶公和孔子的对话，对这一伦理关系做了最好的注解。"叶公语孔子曰，'吾党有直躬者，其父攘羊，而子证之'。孔子曰：'吾党之直者异于是：父为子隐，子为父隐，直在其中矣'。"（《论语·子路》）就是说，叶公对孔子说，我们那地方有很正直的人，他的父亲偷羊，儿子作证，很正直。孔子说，我们那个地方也有很正直的人，但是我们的正直和你这个正直不一样，儿子偷羊了或者做了坏事了，父亲会给他隐匿，而儿子也会为父亲的罪行隐匿。这就体现了正直。这就是所谓的"亲亲相隐"的源头。近亲之间要隐匿对方，维护对方。为什么儒家会有这么个思想？父亲为儿子隐匿罪行，虽然违背了正义，但是他维护了最重要的一个东西——伦理，而儒家把伦理关系看得比天高。宁可牺牲所谓的正义，也要维护伦理，维护家庭。咱们的麻院长是研究家族文化的，应该对这个很熟悉。中国所有伦理的出发点就是家庭。古语说"老吾老以及人之老，幼吾幼以及人之幼"，都是从家庭伦理出发推及全社会。所以家庭伦理在儒家看来是最重要的，宁可牺牲所谓的正义。我们假定有这么一件事。儿子在外面杀了人，回来跟老爹说我杀人了，父亲挖了个地窖把儿子藏起来，然后送饭送水，过了三年被邻居发现报到官府被抓起来。从现在来看，这就是包庇窝藏罪，父亲至少要判三到五年。在古代则为无罪，这就是"亲亲相隐"，而在现在"亲亲相隐"被完全抛在脑后。

儒家的这种主张融入了中国的传统法文化，在立法里面也已经体现了。大家可以看看民国时期的法律，它们运用的是《六法全书》，你会看到那种法律文化特别符合中国国情。而我们现在的整个法律就像是在米兰买了一件西装回来，一点也不合身。所以在西化的民国法律里面"隐匿"所受到的刑罚也较轻。我现在问大家一个问题，如果一个人犯了杀人罪，他的父亲把他隐匿起来和他的朋友把他隐匿起来，在现实中的司法判决里，哪个判得更重？答案是朋友。但是法律上并没有依据。现在我要主张的是，要在司法实践中维护"亲亲相隐"，要使其具有正当性和合法性。所以这次修正案在一定程度上扭转了这个状态，是向传统的法文化和人文精神的复归。这一步迈得很小，实际上应该免去他作证的义务，而不仅仅免去出庭的义务。但即使是一小步也应该看成一种进步和觉醒。

第二个规定就是婚姻法的若干解释，备受争议。《最高人民法院关于适用〈中华人民共和国婚姻法〉若干问题的解释（三）》第七条规定，"婚后由一方父母出资为子女购买的不动产，产权登记在出资人子女名下的，可按照婚姻法第十八条第（三）项的规定，视为只对自己子女一方的赠与，该不动产应认定为夫妻一方的个人财产。由双方父母出资购买的不动产，产权登记在一方子女名下的，该不动产可认定为双方按照各自父母的出资份额按份共有，但当事人另有约定的除外"。这个规定看着有点烦琐，我现在给大家解释一下。

假定一个女生结婚了，婚前她丈夫的名下有一套房子，后来不幸离婚。按照法律规定，离婚后这个房子归男方，因为是婚前财产，这种情况在过去和现在都是一样的。但是，如果两个人结婚后男方的父母给两口子买了一套房子，名字写的是男方的名字，后来不幸离婚。按照以前的法律，这套房子应该男女双方平分，500 万元的房子女方可以得到 250 万元。但是现在的法律规定变了，现在规定如果房子产权人只写男方的名字，视为父母给儿子的，离婚后女方一分钱也拿不到。争议就在这里，按照西方的法律，婚后父母给儿子买的房子法律上叫婚后赠予，不管写的是谁的名字，都属于夫妻共有。今天则女方一分钱拿不到，扫地出门。规定出来以后遭遇了各种各样的质疑，因为它违背了西方的一个基本原理，即"婚后赠与是夫妻双方共有的财产"。为什么要出这个规定？有什么道理？我们现在来分析。西方的父母是以遗产的形式把财产转给子女的。中国的父母则是通过分家来转移财产，比如，父母有三个儿子，大儿子结婚，给他建房子；二儿子结婚，又一笔财产出去，三儿子结婚，财产全出去了。父母还活着，钱却已经没了。那么父母靠谁养老呢？三个儿子有三种方式，即老人独立居住，由三个儿子共同提供财物为老人养老；第二种是轮供，一个儿子家住4个月，一年就过去了。还有一种方式，住在小儿子家，但是大儿子、二儿子给钱。所以父母可以做到老有所依。今天中国人最大的财产就是房子，父母把他们的毕生积累给儿子买了一套房，在北京至少400万元。那我们假定父母毕生积累的400万元就这么给儿子了。但是儿子离婚，儿媳妇要拿走200万元，自己剩下200万元，还要担负赡养父母的义务。那个拿走200万元的前儿媳却不再承担赡养前公公婆婆的义务。这就变成前儿媳只有权利没有义务。法律从来讲的是权利和义务的对等。不过法律界对这个意见特别大，首先，这个规定违背了婚后赠与应该算夫妻双方共有这一原则；其次，这个规定被认为歧视女性。但事实上，这个法律对男女的保护是同等的。尽管这样的法律修订受到了法学家们的极大攻击，但是，法律更基本的精神是权利与义务要对等，中国的法律一定要和中国国情中国的传统文化结合，这样的法律才是有生命力的，才是可以执行的。

现在给大家讲一个故事，在河北保定的一个乡村，有一个老太太到法院告状，说儿子娶了一个老婆，但是儿子不幸发生车祸死了。前儿媳妇没有再嫁出去，而是招了一个人过来。现在前儿媳妇以没有钱为由而不给她养老。法院并没有受理这个案子，因为她们没有法律上的义务关系，前儿媳妇没有赡养老太太的义务。但老太太认为前儿媳妇是有义务的。在当地有一个民俗，前儿媳妇后来找的丈夫在当地叫作"招墓角"。这个女的死后要跟前夫合葬，后来的丈夫死了以后埋在他们合墓的角落，因而叫"招墓角"。在当地习俗里，"招墓角"有义务抚养前公公婆婆。法律上认为他们没有法律关系，但是在习俗里面却有赡养的关系。而当地的"招墓角"习俗可以说是民间的一种智慧，它巧妙地解决了白发人送黑发人的养老问题。而按照中国传统的儒家思想的逻辑来看，因为她没有嫁走，意味着她继承了前公公婆婆的财产，所以就有赡养前公公婆婆的义务。这是财产上的对等关系。既然你继承了财产，就有赡养的义务。但法院没有受理这个案件，而是建议她打另外一个官司，即她儿子因车祸死亡应该有7万元左右的抚恤金赔偿。前儿媳把这7万全部占为己有，但实际上她应拿一部分给老太太。最后法院判决她要分2万元给老太太。不过这个儿媳耍赖，老太太直到死也没有得到法律判给她的钱。这个故事说明，我们现行的法律和传统文化、民间习俗相隔甚远。这就是我们的法律在司法实践中面临的困难。法律如果这么走下去，只能是死路一条，必须要回归自己的文化传统。

中国人的财产具有一种特殊的意义，这种思维模式背后的逻辑是什么。我们要追寻这种逻辑，才能明白中国的法制为什么会遵从这种逻辑。现代法治寓于西方的文明体系中，因此中国推进现代法治建设的路径就是借鉴和移植西方法治传统国家的理念，这种思维模式实质上是一种东方主义，他贯穿于中国近现代以来的法治实践。中国近代以来的法律改革总体上走的是西化的路子，法律概念、术语、原则、结构和分类体系都借鉴和移植了西方社会的法则。在法律移植的路径中，西方式的法律被认为是普世的，是放之四海而皆准的，与当地的文化无关，等同于现代社会的法律。这种法制建设的路径深深嵌入了东方主义的逻辑。在东方主义的认知体系中，西方与非西方（他者）是两个不同的且彼此排斥的实体，并且西方（欧洲）是文明的、先进的、理性的、成熟的、优等的，非西方是野蛮的、落后的、非理性的、幼稚的、卑劣的，这就是东方主义的视角。他们看来，一个是先进的，一个是落后的，一个是文明的，一个是野蛮的。所以这样的文明是需要西方去改造，甚至只有通过西方文化才能真正认识到东方主义的本质，所以一切依据它来改造、认识东方的文明。这种认知体系确立了西方对东方的权力关系、支配关系和霸权关系，使西方具有了一个弹性的位置优势，借此，西方可以完全肯定自身的价值观，并理所当然地建构它们对东方的想象，生产关于东方的言说模式和知识。这种模式长期占据了西方和发展中国家的话语，只有符合它们的规则才是对的，其他都是不对的。东方文明都是需要被改造的、摒弃的，是不值得尊重的，是一种卑劣的东西。这种思维长时间占据了我们学术研究的主流。就19和20世纪的西方而言，人们普遍接受这样的一个假定，即东方以及东方的一切，如果不明显地低西方一等的话，也需要西方的正确研究才能够为人们所理解。咱们学民族学人类学的应该对这些理论不陌生，早期的西方文明就是这样的，在今天依然还有深深的烙印。可能在民族学人类学中已经被批判，但是在整个的学术界并没有被充分认识，也没有话语地位。

从文化变迁的角度看，西方文明对中国的征服并不是一蹴而就的。首先进入的是物质层面，再到精神层面。可以说中华文明在和西方文明的接触中是一种残酷和惨烈的过程。大家知道，从1840年开始，中华文明在面对西方文明的坚船利炮的过程中步步败退。先是1840年大败退一步，但当时的清政府还在坚持要中学为体西学为用。再退一步就变成了全盘西化，退无可退。所以首先是物质层面，依仗的是坚船利炮，到精神层面全盘西化，再到新文化运动到达顶点。我们的先驱，比如鲁迅，对国民劣根性的彻底批判在那个时代具有时代意义，但今天来看我们可能要重新反思。胡适对中国国民性的批判在那个时代有唤醒民众的意义，但今天我们不能完全去接受这些东西。社会改革者们深信，只有从中国文化的根源进行改造，移风易俗，让国民学习西方的理念和行为，才能实现"建设西洋式的新国家"的目标，才能真正强国保种。对中国传统文化的这种摒弃态度集中体现在胡适和陈序经的"全盘西化论"中。

总体上，在现代法治建设的道路上，传统文化更多地被放置到与现代法治相对立的位置上，被认为与现代法治文明格格不入。不夸张地说，谈现代法治言必称西方、唯西方独尊已经成为常态。曾经我参加过一个博士后的答辩，这个博士后是一个很有名的法学家，我说你的报告没有任何问题，但是我对你研究的出发点有一点质疑。他是搞刑法研究的，研究的基本思路是，美国有一个模型，中国有一个模型，把美国当成模板来对照中国，进行修补，最后把中国的变成和美国一样。我觉得这个研究思路有问题，不能因为美国有的东西我们没有就要加上，美国没有的东西我们有，就要去掉，这种思路就是典型的东方主义。这种思路尤其在法学界和经济学界是根深蒂固的，也是主流状态。这也是当今中国的可悲之处，法学和经济学恰好是中国的显学。近几十年来，中国的知识分子不仅接受了西方对自身形象的定义和描述，而且还热衷于膜拜作为异国情调的西方，建构不真实的西方形象。我给学生上课经常开玩笑说社会学家是典型的乌鸦，我就是一只老乌鸦，在座的就是一些年轻的乌鸦。他们不喜欢，这也是一个国家的悲哀。我觉得应该多听不同的声音，这对国家建设是有好处的。历史的经验一再告诫我们，按照这种照搬模式从来就只有两个字："失败"。

我们最后举一个例子。在中国的司法实践中，法律制度试图去规训习俗传统，就是把中国的习俗传统当作落后的、腐朽的、卑劣的，用法律的方式去规训，试图纠正过来，让它变得更文明、更理性。这样的例子比比皆是，但只有失败，没有成功。以北京市烟花爆竹的禁改限为例，1993 年 10 月 12 日，《北京市关于禁止燃放烟花爆竹的规定》在北京市七届人大六次会议上被一致通过，其中第一条便明确指出该规定的意旨："为了保障国家、集体财产和公民人身财产安全，防止环境污染，维护社会秩序，根据国家有关法律、法规，结合本市情况，制定本规定。"该规定自 1993 年 12 月 1 日开始实施。禁放烟花爆竹自此成为法律条例。为什么要禁放？其理由是，保障国家、防止环境污染、维护社会秩序。春节文化是中国独有的传统文化，绝大多数地区都过春节。作为一种文化，必有的要素包括：首先是年夜饭，北方和南方吃的不一样，我是南方人，我老婆是北京人，有一年我是在北京过年。我就感受到社会学说的"文化震惊"。我们过年提前两个星期就开始置办年货，大早就去赶集，为这一顿饭要准备两个星期。北京过年吃饺子，饺子里还放一个硬币，吃到这个预示着这一年都会幸运，结果就被我吃到了。除此外，还有拜年，放鞭炮、祭祖。为什么放鞭炮？起源可能是为了驱邪，但是今天已经变成喜庆。大家知道在南方拜年是这样的，比如我去包老师家拜年，他早早就看到我了，就要准备一截鞭炮，当我到家门时燃放鞭炮。一层意思是告诉邻居家里来客人了，第二是对我表示尊敬。

现在我们的观念都是从西方来的，人们觉得禁放鞭炮更文明。然后就用法律将其确定下来。但事实上实施的效果是有限的，因为每一项法律的实施，一定要问三个问题：第一，实施这个法律，要做到严格执行将付出多大的代价？第二，能否付得起这样的代价？第三，值得付这样的代价吗？禁放政策实施第一年，也就是1994年，北京的春节非常安静。当时北京一共有7万警察，出动了4万守在各个路口，因此这一年没有人放鞭炮。但付出的代价是巨大的。第二年，零星有人放鞭炮了，第三年逐渐蔓延，后面越来越多。2005年除夕夜，北京市出动13万人上街巡查禁放，禁放令进入了执法成本高、社会效果不好的尴尬境地。这就是试图用法律来规制习俗的结果。2005年9月9日，政府开始废弃之前的禁放规定，从全面禁止到改为限放，简单讲就是"双规"，在规定的时间、规定的地点来放。时间是除夕到正月十五，地点是除了医院、幼儿园、学校、国家机关以外的地方。巡视的警察就少了很多。2005年，北京沉浸在一片烟花爆竹声中。之后大家因为雾霾越来越严重而逐渐增强了环保意识，放的人就远比2005年少了。限放之后，北京的火灾并没有增多。因为地点有规定，消防也早就做好准备，都比较安全。禁放时偷放相对更危险。被炸伤也没有因此增多。禁放时有可能混进了伪劣产品，但现在都是经过质检的正规产品。环境污染肯定有，环卫工人也很辛苦。不过大家都是为了热热闹闹过一个年，中国人很辛苦，好不容易过年就是想图个热闹，只要不影响他人，就不能算是一种不文明行为。因此看来，我们中国的法制建设还任重而道远。我的讲座就到这，谢谢大家。

提问环节

麻国庆教授：

谢谢星华兄的讲座！我和星华教授在读书的时候就是朋友，我们十几年前共同出过一套书：《当代中国社会研究丛书》。当时我们有 5 个人，我出版的是"家族与中国社会结构"，郭星华老师是"犯罪社会学"方面。我觉得这 5 本书里面所讨论的问题都和中国社会的建设、治理有很大关系，也和中国的文化传统紧密相连。所以今天星华教授的讲座让我想到几个问题。虽然我和包智明师兄在北大拿的学位都是法学，但是别人跟我们开玩笑说"你们懂法律吗？"但无论做人类学，还是做社会学，对于法律本身的理解都有很重要的意义。我们知道当秋菊打官司的时候，我们会想到北大的朱苏力教授在讨论的一个问题——法律下乡。90 年代，我们看到农村社会发生的很多事情都涉及当地的习惯和法律问题。我硕士的时候在广州中山大学，那时候"流动人口"这个概念才刚刚出现，最早是用"盲流"这个词来形容这个群体。后来很多学者说，这些人并不"盲"，也不盲动，他们的目的很清楚，就是要来珠三角这个工业化刚起步的地方挣钱。在这个大军里面，就有很多少数民族流动人口。世界民族学人类学研究中心的刘东旭，他的博士论文做的就是东莞的彝族。彝族人跑到东莞打工人数相当多。这些人过去之后把彝族人传统家支制度也带过去了。你可以看到，在当代社会里彝族打工群体有一个自己完整的组织体系，苗族也一样。我另外一个学生研究的是苗族人。苗族是带根的群体，从几千里外的云南跑到广东阳江。我到村里发现，山地的苗族群体在靠近海边的地方生活下来了，并带来了他们一套自身的习俗。当地政府要将他们纳入管理之后，这个身份怎么办？这些都是问题。所以这里面很多现象说明虽然是在一个现代化的社会进程的体系里，传统的影子随时存在。而且很多的社会组织形式和传统是紧紧相连在一起的。我们今天谈社会管理，也会提到这个问题。

在今天的讲座里，我自身的感受有几点：第一个问题是讨论在现代性进程中如何来思考传统。在 60 年代的社会学理论里，经常把传统和现代对立起来。有很多研究，比如宗教研究认为，随着现代化的进程，宗教会消失，后来发现不是的。宗教的信仰并不会受到现代化进程的影响。比如日本，很多人信仰十万稻神，还有很多人信仰其他的，出生的时候可能在神社，结婚的时候在教堂，死去的时候会进行佛教的法事，几种宗教都能看到，这吸引了很多人研究日本的现代化。郭教授刚才提到明治维新是基础，在这里面发挥了非常重要的作用。甚至包括日本的养子制度、长子继承制。中国人一分家，就那么点钱，积攒了半天，最后一分家就分流了，不利于资本的累积，所以中国有句话叫"富不过三代"，只要出现一个败家子，这一家全部完蛋。在日本社会里，资本的累积是独子的，所以他继承的是一个完整的家。我们的分家是一个动词，是要把家分开，不利于资本的累积。所以在面对资本主义近代化的过程中存在很多问题。还有人研究日本人的时间观念、礼仪、自治体的问题。我们现在看到日本地震的时候，日本人很有秩序，为什么有秩序？地震的每一队灾民其实都是一个自治体，从外面流浪过来的灾民是不好意思进到这一队里面去的，从明治以来这种自治体一直持续到现在。中国在清末民初的时候也有村落自治，但是我们的自治体被打破了，所以我们村落本身的自治性是缺失的。所以像郭教授讲的法治和传统这种关系，实际上让我们想到做人类学和社会学讨论问题不能简单地从一种现代性的角度出发，现代性现在弥漫着天空比今天的雾霾还严重。写文章不谈现代性这三个字，好像在说这个社会学家不会写文章一样。法学家不谈条条框框好像也写不出东西来。所以在考虑问题的时候发现，其实传统对现代的影响是越来越强，但它会有不同的形式。所以才有霍布斯鲍姆的"传统的发明""传统的创造"。传统到了当今的社会，如何来创造？对传统的概念认识对今天的社会也是非常重要的。费老晚年曾表示，中国的人类学要有它的特点和生命力要做到以下两点：一个是文化传统，中国人类学一定要考虑我们中国这么多年延续下来的传统；另外一定考虑中国社会的结合原则。就是说我们中国社会基本的家族关系、亲属关系在社会里面产生什么样的作用。这一直影响着我的学术概念。包括我出的一本书的副标题就叫"传统惯性与社会结合"。所以今天星华兄讲这个我特别有同感。一个社会学的研究面对法律条文的时候，我们作为一个以研究人和社会为基础的学者，首先要考虑，当社会来接受这个冰冷的条文的时候，社会本身的温度在什么地方。法律是没有温度的。但我们的社会需要温度，要触到方方面面。如果法律能以文化的概念融合冰冷的条文，这些条文才会有温度。我认为，星华兄想表述的问题是我们的法律应该是有温度的法律，这是我想说的传统与现代的关系。

另外一个问题是关于东方和西方的问题。就是说西方的法律制度进入东方之后，诸如中国、日本、韩国这些国家应该如何来接应，如何来进行重新改造。这个过程是非常漫长的，日本的法律条文从德国法系过来这么多年基本没有变。我在东京大学留学的时候也有中国同学在法律系。他说我没法上课，他们全部讲德文，看的都是德文资料，都是德文经典，对法律系的学生要求很严格。所以早年大部分官员都出自东京大学法律系，他们受到非常严格的训练。包括人类学现在讨论的华北农村惯性调查的负责人大部分也是东京大学法律系的。他们当时讨论的问题是，如果日本占领了这个地方，如何来立法。立法就要研究当地人的法，当地人的习惯、秩序、家族制度，以及内部解决纠纷的方式。所以这些学者相当多的在研究中国的家族组织，习惯等，都是一些非常有意思的材料。还有对蒙古族、满族的婚姻法、家庭法研究非常多。所以日本的法系里比较早地关注与当地社会的关系。当地如何来看待他们社会的规矩，社会构成的原则。所以在东方和西方之间，西方社会的法律进入东方社会之后如何能够进行转化，我觉得这个比较重要。法律如果能有一些"德"的概念，也说明法是尊重"以人为本"这个理念的。

我记得我们90年代读书的时候，中国社会学最流行定量，一批从国外回来的社会学学者都在做定量研究，做了很长一段时间之后很多人转向了定性，包括李银河。我记得那时候李银河做了一堆问卷，和另外一个学生去村里做女性调查。回来以后我问陪她的那个同学，你们的问卷做得怎样，他说李老师提的一些问题，当地人很害羞，最后还是转成访谈。李银河教授有一本很好的书，研究中国村落的生育文化。其实东方和西方的这种关系是一个永恒的话题。这两者之间我觉得到今天还是一个要讨论的问题，这涉及我们整个的中国体系如何面对西方挑战，如何来重新理解西方。包括最近我也在看，我们发文章是不是一定要以SSCI为标准，就是说中国研究是没有中文表述的。我在新加坡国立大学跟他们开玩笑说，看到他们写的一些东西，研究中国的流动人口、社会分层都不看中国社会学家的研究，这些研究包括人民大学社会学系做社会分层是相当漂亮的。《纽约时报》有一个豆腐块大的文章，都会引用上去。这实际上对中国社会本身的认识都很有问题，东西之间确实有很大的分歧。为什么费先生到晚年提出"文化自觉""文化自信"，在全球化的今天，我们文化的生产体系、知识的生产体系都在发生变化。所以郭星华老师今天的东和西、传统和现代这两个维度不仅仅是讲传统与法律的问题，实际上也在反思中国的人文社会科学如何来面对这两个维度的问题。

包智明教授：

谢谢麻老师精彩的点评。今天我听了郭老师的讲座和麻老师的点评，我也有很多感想。今年我跟我的一个博士生合作发表了一篇文章"费孝通问题与中国现代性"，我们读了费老早期到他去世前的这些著作，看到他在不同的时期有不同的主题。主题之间似乎是断裂的。40 年代的乡土中国差序格局，农村类型研究，到后来的小城镇，城乡发展模式，文化自觉等，实际上我想找一个他一生都在关注的问题。这个问题到底是什么，我跟我的学生读了几年费老的著作，这个问题我们叫作"费孝通问题"。他实际上始终在关注中国现代化进程中，现代和传统，西方和东方怎么结合的问题。所以今天我们回到郭老师的讲座，我们怎样把我们中国传统的东西融入法治建设里面。这个我感觉到其实在一些大的方面，在西方和我们结合的进程里，我们传统的一些东西仍然在保留。但是在法治建设中，我有一个非常关注的问题，我们的一些传统的文化要素融入法律体系中，具体到法律条文中，要在其中体现是不是有一些难度。我想知道在对这个问题进行交流的时候，法律界那边的学者有什么样的反应？他们如何看待来自社会学者的意见？

郭星华教授：

首先感谢国庆院长，刚才做了经典的评议，也谢谢包教授的评议和问题。对于这些问题，我总结下，我们在与法律界打交道的时候也看到一些。首先，在整个法律界，搞法律社会学属于玄学，不是显学。他们至今想成立一个法律界的法律社会学专业委员会，但是弄不起来。他们对这个是排斥的。所以我认为对话其实很困难。但是一方面首先要承认，他们非常尊重我们，因为他们很看重我们的"实证"，我们知道法学研究的是一些规范问题，而我们强调"实证"，先强调价值中立，先不要预设立场，在实践中总结出来。但是观点很难和他们讲清楚，可以说是"鸡同鸭讲"。有时候我也发点牢骚，这么一个简单的问题他们为什么不能接受！

同学提问 1：

我是民社院 15 级的硕士研究生，我本人也做了一些法律工作，我觉得在我的工作里有一个问题，中国传统文化还没有纳入法律的体制里。基层有很强的社会调解机制，但是没有纳入法律体系里，有文化适应的困难。在这方面您有没有探讨？

郭星华教授：

很好的问题。实际上就是说纠纷怎么解决。中国的纠纷在明朝首先要经过地方长老的调解，如果没有这个程序，直接告官，是不会被受理的。不主张你去打官司，就是我刚才讲的"抑讼"。其实中国的调解机制是很好的，从古代到改革开放前，有民间的调解组织，城市农村都有，例如村民调解委员会。改革开放以后我们盲目学习西方，所以我们经历了这么一个过程，就是先强调去除调解，要经过审判，后来变成先调解再审判，反反复复。实际上我呼吁的就是建立民间调解机制。现在出台了一个调解条例，调解同意之后，如果再打官司，法院可以不受理，承认调解的约束性和调解结果在法律上的有效性。但是法学家们认为诉讼的权利神圣不可剥夺，认为不能限制诉讼。但是我们来看，信誉在哪儿？社会稳定不重要吗？在他们脑海中只有权利，在我们的研究中其实还有很多比这些更重要的。

同学提问 2：

您强调很多现代与传统相结合的问题。但是我感觉现在的传统已经不同于以往，那么，我们现在应该如何结合？

郭星华教授：

传统不是一个僵化的观念，它也是流变的。你说我们今天还有多少 100 年前的传统存在？其实很多传统已经不再，或者发生了很大变化，所以应该如何界定传统，这个其实很困难。但是我觉得中国有一些之所以作为中华民族存在的核心特征，也没有太大变化。比如"孝"，可能具体方式有一些改变，但是其核心是没有改变的，而西方并没有"孝"文化。在他们看来父子都是上帝的子民。所以这些是东方独有的,这一类的可以叫作传统,比较强调家族、集体。不是说具体某一种传统,而是找到一种和谐。中国和美国的区别是什么?我经常提的一个问题是,究竟美国是一个一元的文化还是多元的文化?中国呢?典型的多元并存,虽然我们有主旋律,但是并没有成为真正的主旋律。而美国是典型的一元主导,多元并存。它有一个主导的文化,这是很清晰的。而中国,你说这个传统,到底是什么,说不清楚。美国的这个一元主导我认为是"美国梦"。美国梦包含三条:(1)美国一切皆美,认为自己一切都是好的,所以到世界各地去规训他人,"拯救"他人;(2)在美国,只要努力,一切皆可能;(3)个人主义。随便举例一些好莱坞片子,都很明显,例如《2012》。在美国所有的媒体、电影电视都在展现这些。但这是真的吗?一切皆美吗?它就这么宣扬的。所以现在我们需要一个真正主导的文化。

同学提问 3:

第一个问题,我很认可老师所说的,现代和传统,西方和东方,需要打破这种对立,需要反省。但是我在想的是,这种观点是不是一种我们走出东方主义,但是又走向自我东方主义的道路。老师举到很多伦理、礼仪,实际上我们可以看到,儒家很多伦理中他的父子关系、君臣关系、夫妻关系的处理并不完全是和谐的,仍然是有冲突的。即便表面是和谐的,实际上内部很可能是一种接续关系,这种关系又跟现代民族国家个人平等的特质是冲突的。就是说中国很多传统的东西是不太可能完全注入现代民族国家中的。而这种自我东方主义又存在另一个问题,老师会很容易把儒家文化看成一个很核心的东西,在把这种儒家文化标榜出来的时候,我觉得很容易遇到新儒家那样的问题。不把儒家文化历史化地应对,看到它可能破坏性的一面。另一个问题是,在谈何为中国自己的传统的时候,我们没有注意到在边疆地区是由自己的传统的存在,比如彝族的家支文化，新疆的伊斯兰文化，那这些东西我们是不是都要把它整合进来，一旦整合进来我们可能会发现它其实是很多元的，没法一体，主导可能是实现不了的。那我们现在做法律人类学或者法律社会学是不是会存在一种自我东方主义或者内部东方主义的问题。第二是北大强世功老师有另外一种理解，他认识现在的问题不是本土化的问题，中国的法律实际上是一种由政党来实施的惩罚性的记忆，老师对这种说法有什么看法？

郭星华教授：

由于时间关系，我回答你第一个问题。认为我把儒家思想捧得太高了，但不可否认，儒家思想在中国确实是一个文化的核心。当然我们应该批判的接受，而不是简单的接受，更不是复兴。再一个我觉得你提出了一个很好的词叫自我东方主义。就像麻国庆院长从北到南再到北，两个极端。从东方主义到自我东方主义这样走两个极端肯定是不好的，所以在这点上我特别赞同儒家的中庸思想。另一个您刚才提到了，中国不仅仅有儒家思想主导。在一些地方和边疆少数民族都不是。当然我也意识到了这个问题，我马上要做一个课题，题目就叫《民间规范与地方立法》，民间规范即指地方和少数民族各自的习俗文化，而在今年 3 月 15 日，地方也有了一定的立法权。地方立法应该怎么去做？我从法社会学的角度切入，地方立法总是可以的，充分考虑到中国多民族的特点。这是真正尊重各个地方文化，而不是儒家文化一统天下。刚才我讲的"招墓角"的故事就完全可以立法，符合民间规范，符合中国人的概念。中国人的财产是有特殊意义的，不仅仅是财产的含义，是一种血脉的延续。谢谢大家！

第七讲

东亚文化圈的韩流[*]

金益基

大家好！我特别高兴中央民族大学邀请我来做讲座。我非常喜欢中央民族大学，为什么呢？我最喜欢的一首歌是《爱我中华》，好听又有意涵："五十六个民族""团结"等，这样的内容很好，我喜欢这样的中国歌。中国有很多关于少数民族的政策，而韩国没有民族大学，美国的少数民族比中国更多，但它也没有民族大学。中国不仅有中央民族大学，还有很多地方民族大学，大连、云南等好多地方都有。我在韩国 52 岁开始学习中文，当然我的中文不好，语言学习应该是越早越好。52 岁开始学习新的语言不容易，但是朴光星副教授鼓励我用汉语讲座，所以我勇敢地用汉语讲。但是一定会有很多错的地方，请大家原谅。

我是在美国南加州大学获得的硕士学位，博士学位是在密歇根大学。从 1985 年到 2015 年 8 月底，我在韩国东国大学授课 30 年。2015 年 8 月底退休以后，我就来到了中国人民大学。1999 年到 2000 年，我在日本待了一年。2005 年到 2007 年，我在中国人民大学做访问学者。我以前主要研究老年问题。近五年我研究韩流现象，简单

＊ 主讲人为中国人民大学新奥国际杰出教授，主持人为朴光星副教授（中央民族大学民族学与社会学学院）。讲座时间为 2015 年 11 月 26 日 19：00—21：00。该讲座为系列讲座第四十八讲，由林天泽录音整理，由王天韵校对。

介绍我出版的一本书:《韩国投资与中国山东沿海城市发展》。2005年到2007年,我在中国人民大学的时候,山东烟台的一位教授邀请我去做讲座,我在烟台待了一个月。我想了一个研究题目,因为烟台、青岛有一万多家韩国企业,韩国人和韩国企业对中国的影响不小。我有个韩国的高中同学在 SK 公司做中国区总裁,我在他那里申请到了研究费用,拿着这笔费用我去山东烟台、青岛与一些教授共同研究,后来出版了这本书。2009 年,我与中国人民大学的宋健教授做了一项研究,他曾在韩国东国大学待了一年,做教授和博导,我们的作品是由光明出版社出版的关于中国与韩国人口政策的比较。2007 年我开始做东亚文化圈的韩流,也就是我今天要讲的内容。另外还有一本书涉及韩流与亚洲流行文化的变动,这本书除了东亚以外,还包括亚洲其他七个国家的情况,所以它是有关亚洲流行文化变动的研究。最后一本书是关于韩国社会学者镜头下的中国社会变迁,这是一本照片书,里面全是我自己拍的照片。1987 年,我第一次来中国,到今年已经整整 28 年。我在中国去过 190 个地方,就用我拍的这些照片构成了这本书。中国的变化很大,所以我用照片来看中国社会的变化。

今天讲座的内容涉及东亚社会文化的比较,主要探讨关于韩流研究的方法、韩流的内容以及它的影响。韩流虽然流行,但有一些人反对韩流,所以我也会介绍反韩流的情况,最后结论是促进亚洲文化的融合。这是我今天讲座的大概内容。

在亚洲地区,中、日、韩三个国家在历史上和地理上是很相近的,长期以来有很多的交流。这三国除了地理上接近以外,还有拥有很多社会、文化等方面的相似点。儒家文化和中华文化代表以前亚洲的文化,从中国流传到韩国,然而再到日本,而近代经济发展让这种情况反过来了,先是日本,然后到韩国,最后到中国。儒家的影响非常大。中日韩三个国家都用汉字,虽然它们的意思不一样,还有尊重儒学、信仰佛教、家长制、祖先崇拜、男尊女卑等。现在不是男尊女卑，是女尊男卑，在年轻人中尤为如此。还有孝文化，这三个国家都尊重老年人、尊重父母。虽然三国文字中的发音不一样，但都有孝、go、hyo、xiao等。这三国的人口发展速度很快，从高出生率和高死亡率到低出生率和低死亡率，以非常快的速度转变。这三个国家都有过计划生育政策，但是内容有点不一样，比如说，中国是强制性的，韩国没有强制的，只有政府鼓励的计划生育政策，由于计划生育政策，人口出生率很快下降。这三国的相似处还有经济的迅速发展。日本开始于60年代，韩国开始于70年代，中国从1978年开放以后，发展速度也很快。三国都承办过奥运会，在亚洲国家中只有这三个国家举办过奥运会：日本东京1964年，韩国首尔1988年，中国北京2008年。所以在亚洲，这三个国家的地位非常重要。

但是有一些差异。日本曾侵略过韩国和中国。日本在韩国实施了36年的殖民政策，日本在20世纪40年代也在中国东北建立殖民地。日本战败以后，它改变了以前的一些传统，但是韩国跟中国没有理由改变传统的家庭制度。还有社会管理、福利方面的差异。韩国跟日本很类似，经济成长、社会福利、国家报销制度、社会福利化等等，但是中国还没完成社会福利系统。这三个国家有共同的汉字，但是这些汉字的意思不一样，比如说，中国的"爱人"是什么意思？妻子？丈夫？爱人？爱的人？我的解释是这样的：在中国，"爱"应该是夫妻之间的，跟另外的人不是这种爱，这是我的解释。但是在韩国，"爱人"的意思是爱的人，真正爱的人，跟有没有结婚没关系，男朋友、女朋友都是爱人，所以爱的人范围很广。但是在日本更有意思，在座的有没有会说日语的？"爱人"在日语里的发音是ラマン，猜猜它的意思是什么？是第三者的意思。所以在日本，夫妻之间没有"爱"，和情人之间的才是爱。在日本，夫妻之间的称呼，比如说"老婆"叫"家内"，"丈夫"的意思是"男的"，夫妻之间没有爱。因此，这三个国家虽然有一样的汉字"爱人"，但是它们的意思不一样。还有"便宜"这个词，韩国的便利店物价更贵，韩国"便宜"不是英文 cheap 的意思。还有老婆，在韩国"老婆"的意思是什么？是不好的词，老婆是年纪大的、老女人的意思。所以对年轻的不要说老婆，她们会很生气。这样的例子还有很多。在中国，"朋友"的意思是什么？在韩国，"朋友"应该是一样的年龄，但是我在中国很多的朋友，年纪大的、年纪小的，都是朋友。我的学生也叫我朋友，这在韩国绝对不行。还有，"你好"的韩语里有"安宁"的意思，所以见面的时候是安宁，离开的时候是安宁，睡觉的时候也是安宁。因为韩国有很多不好的事，很多危险的事，所以安宁是非常重要的。但是，类似日语里的问候方式跟英文 Good morning、Good afternoon、Good evening 一样。还有语境、语意也不一样，离开的时候中国人说"再见"，期待再见面的意思。韩语里，"安宁"的意思就是离开也安宁，日语里さようなら的意思是 good-bye，没有期待再见的意思，再见不见没关系。还有这三个国家的表达方式也不一样。韩国人直率，没有秘密，虽然不认识，但一个晚上一起喝酒的话，所有秘密都说了。日本人有双面性，真正的和里面的，表里不一。从外在看来，日本是最亲切、最礼貌的国家，但是他们的礼貌、亲切不是真正的。中国是居于中间的。

现在我们探讨韩流。今天要讲的内容是我调查的结果。我关心的问题是人们与韩流接触以后，他们是怎样的反应。比如说，有的人喜欢，有的人不喜欢；有的人反对，有的人无所谓。我采取两种调查方式，一种是访谈，另一种是焦点讨论。比如说 20 岁的男女青年分为一组，30 岁以上的又分为一组，每组四五个人让他们讨论。我列出 20 多个问题让他们讨论，然后根据他们的讨论进行分析。

从 1960 年到 1980 年，亚洲文化的走向比较简单，中国香港文化和日本文化在亚洲具有很大的影响力。但是 1990 年以后，文化更具多元性，中国文化、日本文化、中国台湾文化还有韩国文化等相结合产生复杂的影响。最近，韩国文化的影响比较大，尤其是日本、中国还有东南亚等地，还有中东、哈萨克斯坦、俄罗斯等。今年4月我去过俄罗斯，在俄罗斯的调查出版了一本论文集。因此，世界上各个国家都受韩流的影响。黄色的地方是韩流正进去的，白色是没有任何韩流影响的地方。"韩流"是什么？英文是Korea wave，wave是流行的，也即"流行化的韩国文化"，这是它的简单的定义。韩流在中国开始于1997年，H.O.T在北京体育馆举办大规模的演唱会，非常成功，所以中国的记者这个时候开始使用韩流的表述。所以，"韩流"这个名词是从中国传过来的。韩流真正的开始是2003年《冬季恋歌》在日本的流行。《冬季恋歌》是韩流真正的开始，这部裴勇俊主演的电视剧在日本深受欢迎，还有在2004年在中国流行的《大长今》。中国、日本、中国台湾、越南、新加坡、泰国以及非洲的很多国家和地区都看韩剧。我在韩国授课的时候，有一些来自非洲的留学生，说他们也看韩剧。韩流开始的时候是电视剧，但现在服装、食物、化妆品、艺术、语言都成为韩流。这里可以将韩流的发展分为三个阶段。第一个阶段是1997年从中国开始，那个时候先是韩剧，然后是韩国音乐。第二个阶段发生在中国、日本和东亚各国，内容主要是戏剧、电影。第三阶段发生在世界上所有国家，内容则是流行音乐、戏剧、电影等。

为什么韩流在亚洲会取得成功？第一个原因是文化接近，中日韩三国相似点很多；第二个原因是共同的历史和传统；第三个原因是该地区面临共同的形势，如工业化经历、经济迅速发展，快速形成区域内贸易、投资、旅游等。它还涉及韩国的信息产业。韩国很小，但是世界上网速最快的国家。

很多的中国人也看过《冬季恋歌》，裴勇俊访问日本的时候受到比国家总统还热烈的欢迎。人们叫裴勇俊YONG–SAMA，SAMA的意思是"非常尊敬的"，皇族、皇帝这样的人才有资格叫SAMA。所以在日本裴勇俊已经成为皇帝。在日本，有很多跟《冬季恋歌》有关的书籍。《冬季恋歌》在日本流行是在2003年，但是十年后再去日本，有 5000 人来欢迎。2013 年的时候，韩国和日本关系不好，但仍有这样的盛况，还是有这么多的人欢迎他。日本还有《韩剧完全手册》，在韩国都没有这样的书，在日本就发现两种。日本有韩国城、韩国餐厅、韩国主题的化妆品、韩国商店。但是由于这两年韩日关系不好，很多日本人抗议示威反对韩国，商店没有以前那么多了。《大长今》在中国流行于 2004 年，我来中国以后跟很多人提起，他们说韩流已经完了、没有了，韩剧没有意思，太长，都一样的故事。很多人都这么说。但是突然《来自星星的你》来了，比《大长今》更出名。全智贤是东国大学毕业的，东国大学有很多明星。都教授和金秀贤都来过中国，在浙江杭州只有三小时，但是很多人都来了。现在中国很多地方有韩国城，各种韩国的商店。烟台、青岛、威海有很多韩国的企业，现在中韩的关系非常好，很多中韩合资的企业。北京的望京也有一个韩国城，很多韩国餐厅和商店。

那接下来我想说韩流的影响。《冬季恋歌》在日本的影响非常大。历史上日本曾侵略韩国，长达 36 年的殖民政治，所以日本人觉得韩国是文化低劣的国家，他们小看韩国，认为韩国的文明程度不高。可是《冬季恋歌》以后，韩国文化成为追捧的对象。据韩国总统委员会对韩国国家品牌进行的调查显示，2004 年，有 61% 的日本人承认有过看韩剧的经历，两年以后有 68% 看过韩剧；43% 的日本人表示，通过看韩剧他们对韩国的印象变得更加积极。这样的文化影响比政治更大，现在倒是政治没有什么影响，一部电视剧的影响远远大于政治产生的影响。2004 年，中国有 68% 的被访者表示他们看过韩剧，两年以后，他们中 92% 看过韩剧。但是我觉得这个调查存在抽样误差。在接触过韩剧的人中，有 60% 的人觉得对韩国印象变得更积极。还有很多人去过韩国旅行，这也是韩流的影响结果。1995 年，11 万外国人旅居在韩国，但是 2004 年 90 万。其中特别是住在韩国的中国人，1995 年是 1900 人，2004 年则是 50 万人，差不多 30 倍。1995 年，在韩国的越南人是 6000 人，2004 年则是 9800 人。其他国家和地区旅居韩国的人数多少分别是：菲律宾、美国、印度尼西亚、中国台湾、日本、俄罗斯、英国、澳大利亚。这个是旅居的数据，游客的数量更多。1995 年共有 300 万人来过韩国，2004 年是 800 万，现在是 1000 多万，其中最多的是日本人，1995 年是 160 万，2004 年有 300 万。日本人去韩国有各式各样的目的，但是最主要是去拍摄《冬季恋歌》的地方，春川、南陵岛，还有济州岛，很多日本人去过这些电视剧拍摄的现场。我有个日本好友，是名古屋大学的教授，他看了《冬季恋歌》以后也很喜欢韩国，所以跟他的太太去过韩国，他们也去过拍摄电视剧的这些地方。我在韩国用英文讲课，很多外国学生听我的课，包括荷兰、德国等欧洲国家，还有美国、非洲各国等。当然最多的是中国人，在韩国有 8 万中国留学生，现在中国有 6 万左右的韩国留学生，这样留学生的交流很多，这样的变化我觉得是受韩流的影响。

在日本，很多人喜欢裴勇俊，叫他 YONG‒SAMA，但是也有人不喜欢。有的人喜欢韩流，有的人不喜欢，我研究过反韩流的情况。在中国，由于很多电视频道只放韩剧，因此中国国家广播电影电视总局禁止电视频道在黄金时间播放韩剧。中国媒体对韩流也有各种批评，尽管韩流媒体强调韩国明星的普及成为推动韩流的标志，但中国媒体批评韩国资本主义物质化和商业化，中国试图多次限制韩国的电视剧和演唱会。在网络上也有批评韩流的声音，有网友认为韩国文化源于中国传统文化，强调韩国属于中国文化，韩国窃取中国传统文化，更重要的是他们谴责韩国电视剧歪曲中国传统文化，曲解中国历史。中国有端午节，韩国也有端午节，即江陵端午节（江陵是一个韩国东海岸的地方）。江陵端午节在世界文化遗产登记了，所以很多中国朋友们非常生气，端午节原来是中国的，为什么韩国的江陵端午节列入世界文化遗产？但是中国端午节跟韩国江陵端午节完全不一样，形式不一样，活动也不一样。很多中国文化传到韩国、再传到日本。现在韩国很多节日和中国一样，比如说在韩国最重要的两个节日：春节和中秋节，跟中国是一样的时间。韩国的春节、中秋节休息三天，中国端午节只休息一天。但是在韩国，只有江陵一个地方的端午节不休息，它跟中国的端午节的性质不一样。韩国的端午节不是节日的节，而是祭祀的祭，就是"江陵端午祭"，它是个仪式不是节日，而中国的端午节则是个节日。可是这一天在韩国是在江陵这个地方进行的一场祭祀活动，这个祭祀活动成为联合国文化遗产，而不是说端午节这个节日变成了韩国的联合国文化遗产。中国人认为端午节成了联合国文化遗产，不是这样，是端午节那天在江陵地区进行的一场文化仪式祭祀活动，这个活动本身成了文化遗产。

台湾媒体也批评韩流，台湾地区当局也禁止、限制进口韩国节目。日本的反韩流最严重。日本很多漫画的内容是反韩流的。我着重介绍一下。2006年，日韩因为一个岛屿产生领土纷争。这个岛在韩国叫独岛，日本叫竹岛，存在跟钓鱼岛是一样的问题。因为这个原因，日本马上掀起反韩流浪潮。在新宿的附近有一个韩国街，他们天天在那里游行示威反对韩国。所以日本人也很怕韩流，天天这样示威。那个百货商店，五六年前去的时候里面很多人，但是两年前去的时候没有人。天天搞示威，很多人害怕去这样的地方。对于韩流影响的内容，还有一种结论，认为它促进亚洲文化的融合。调查中有些被访者强调韩流的兴起和表现，并且逐步开始认识到韩流是一种发达的东西，具有东西方文明融合的特征。这是一种文化的流行，是达成一致性的互动过程。正是这一特征，推动了当地人的韩流消费。韩流的融合性是指什么？融合性是指韩流结合了对韩国有很多影响的文化。以前是日本的文化，日本在侵略韩国时它大肆宣扬日本文化。1945年以后美国文化在韩国的发展，20世纪80年代以后香港文化对韩国的影响。经济的发展伴随着各国的文化交流，很多文化融入韩国，所以韩流是融合的，韩流是亚洲的流行文化。

一些调查参与者认为，目前韩流是亚洲文化与西方流行文化进行竞争的有效途径。韩流的发展过程建立在西方发达国家与亚洲国家发展过程的机制上，它是亚洲与西方文化相互作用的结果。韩国对亚洲流行文化及其文化产业有很大的影响，因此，韩流能够增进流行文化之间的竞争，加速流行文化在亚洲其他国家的发展进程。因此，我觉得相互理解很重要，无论是韩国人还是韩流进入国的当地人，都应该首先了解对方的文化，促进双方的交流合作，单向的文化出口就会导致误解或冲突。推进融合、混合文化，韩流文化应该更趋于本土文化，韩流必须与当地文化融合。这样不仅能够促进文化的多元化，同时还能够保证韩流的文化特性，提高亚洲多元文化在全球范围内的竞争力。大家都知道《江南 style》，它是混合性的代表。到 2014 年 5 月 30 日，《江南 style》在 YouTube 上的点击量打破吉尼斯世界纪录，点击率是两亿多次，这个是去年的，现在已经两亿五千万多次。现在大家都认识鸟叔，但有的人不认识同样是韩国人的潘基文，他是联合国秘书长，他应该是世界上最有名的。去年在东京有一个世界社会学讨论会，在会上我问在场的 190 位观众，你们认识潘基文吗？只有 20% 左右的人认识他，而 80% 的人都认识鸟叔。CCTV 音乐频道的年度排行榜上，《江南 style》还是排第三，第二个是《小苹果》，第一个我不熟悉。现在世界上到处学鸟叔跳舞。我前年去过土耳其参加一个国际研讨会，结束后跟三个日本朋友一起去当地很出名的地方参观，遇见几十个土耳其小学生，他们看我们四个东洋人，用韩国语跟我们打招呼，以前没有这样的事情。我去过五十多个国家，从来没看到过这样的现象，所以我很吃惊，这是文化的力量，是鸟叔的贡献。我觉得《江南 style》是一种混合性的代表，虽然鸟叔不好看，胖，不是真正的韩国帅哥，但是他去过美国，他的音乐是美国音乐和韩国音乐的混合，是东方文化和西方文化的融合。

讨论与提问环节

朴光星：

我前几天也去过韩国，我去的是星期四，不是周末，那个时候韩国的免税店的客人全是中国人。韩国近几年产业发展最快是哪个领域？你们觉得是韩国的三星手机吗？不是三星手机，是韩国的化妆品，知道吗？化妆品和服装。现在韩国的所有免税店全是中国人，到处都是汉语。我就想听听有没有韩语，听不见，过去的全讲韩语。这个服装、化妆品的生意是谁带去的？是《来自星星的你》，它对韩国的化妆品和服装产业的影响太大了，今天金教授讲的其实是很重要的一个话题。这么小的国家，知名度很低的一个国家，它一下通过文化来带领产业的发展，但是韩国之前也是走过像我们国家一样的路，也即劳动密集型产业。但是韩国的便宜货已经早被中国甩掉了，因为在产业移到中国以后，韩国靠价格竞争力是不行的，对吧？因为中国货更便宜。现在我们谈"中等收入陷阱"的问题，我们靠低廉的劳动力价格来竞争，我们的东西比你们便宜所以我们的产品有竞争力，现在我们出现什么问题了啊？我们现在工资提高了，人力费用提高以后，那就不能靠价格竞争了。别的国家的质量相对比我们好，价格一样，我们肯定卖不出去。东南亚国家的劳动力比我们更便宜，产品价格更低，中等收入国家的困境就出现了。往上比，技术上、品牌上竞争不过；往下比，劳动力成本竞争不过，那韩国恰恰在这个地方他们进行了突破，从而跨过"中等收入陷阱"。

韩国在突破中等收入国家竞争中不利位置的时候，文化起着引领的作用。化妆品的暴利行业，越贵越有人买，50块钱没人买，500块钱就有人买了。在韩国便宜货买到的化妆品拿到我们双安，在韩国值两三万韩币，到我们双安就三十万韩币了，照样有人买，因为他们不知道韩国市场的行情，只要说韩国化妆品他们就买。为什么呢？他们认为韩国化妆品挺好的，韩国提供的标准是什么啊？就通过韩剧里面那些明星，明星太漂亮了，穿着打扮太漂亮！在这样一个产业结构调整的过程中，一个阶段的竞争优势衰落的时候，怎么突破它？我们中国得好好研究韩国是怎么通过文化带动了他们的产品。像三星等很多韩国产品之前是便宜货，韩国的文化崛起以后，人们认同韩国文化的时候，韩国的商品更是成了有品牌价值的东西，这是软实力的问题。中国现在在世界上只有价格竞争力，中国货便宜。所以金教授讲的其实是一个跟我们发展路径相似的国家，像中国这样一个劳动力密集型的国家崛起的时候，它怎么通过调整新的策略，摆脱困境。韩国恰恰在文化上找到了一个突破口，当然韩国怎么突破这不是我回答的问题，你们一会儿再跟金教授讨论，我只是给他讲解一下目前的状况。那么下面请我们中央民族大学资深的民族学教授海洋老师点评一下，怎么样？

张海洋：

谢谢！我是学民族学的，金教授还有朴老师都是做社会学的。社会学的好处就是它对于现代发生的事情有一种讲故事的能力，同时又有数据来支撑。无论如何，金教授给我们讲的是身边的事儿，就是说中、日、韩三国在区域上占了一个中等国家的地区，但是创造出非常大的影响。二战的时候是日本的军事、政治，现在是韩国文化，中国说如果也有影响，就是它的制度影响力比较大。在文化方面，我们人口应该相当于韩国的四五十倍，韩国5000万人，那就是30倍。我们的影响力不如5000万人的韩国产生出的东西影响力大，何况我们还有那么多孔子学院呢？就是说在那干事呢，也还是不行。反过来想，当时大清朝，满人把明朝拿下，也就是几十万人把这个地方就给治了，就是羊群跟牧民比例并不要一比一，只要谁有牧人的智力、谁是羊群的智力，这个事的输赢就已经定了。在文化上面，人多并不管事，有主意、没主意大概是比较管事。有主意之后能不能体现很重要，但是能不能体现这就有一个制度的问题，就是因此你反复地说文化的问题。比如说，韩流为什么不发生在光州事件以前？我们可以问，韩国一定也经历过很痛苦的转型，就转型之前的状况来说，韩国也经历过差不多相当于我们现在的这种统治方式，但是那个时候你就出不来这样的产品。当然也会有经济奇迹，这个经济奇迹提高了人们的物质生活。但是对于提高韩国形象的作用，金大中、金泳三等，还是要经过他们很多努力，然后确定了一个制度，在这个下面让文化以它自己的形式发展。不用太多的文化部、中宣部导向，种种地教你怎么发展，结果它反而发展了。我们有很庞大的体制来管这个文化甚至教育，管的结果呢？这么大一个国家，韩国的规模和人口也就相当于中国一个省吧，就是你这么大一个国家拼不过一个省的地儿。这是事实，这值得我们反思。

总的来说，我们认为文化是重要的，但是制度可能是关键的。这样我们就能够理解关于韩国制度转型、怎么样使韩流成为可能以及韩流在世界上的影响，这也是他这个讲座的背景。朝鲜跟韩国享有差不多的文化资源，可能资源更丰厚一点，但是朝鲜还没有出现"朝流"，所以我觉得制度还是重要的，中国人也未必傻，但是不傻它有机构能让你傻，这个事就很难堪了。刚才说是制度的问题，现在我说民族主义的问题。不管怎么样，韩流是基于一个民族国家的创作队伍做出来的东西，做出这个东西要超越民族主义。我相信在韩国也是有民族主义，大家都会有一点，但是它怎么就能超越了这个东西？它有什么样的制度能确保超越民族主义？

金教授：

我觉得韩流的盛行除了文化以外，制度非常重要。但是我不太清楚为什么韩流这么流行，很多国家也是民族主义国家，除了韩国以外，亚洲很多国家也有民族区域制度，文化部是管文化方面的，尽管可能没有宣传部。我觉得韩国的情况是这样的，比如1960年，韩国人均GNP是79美元，那时候韩国是世界上最穷的国家之一，朝鲜都比韩国好。到1972年，GNP越来越大，韩国政府也和中国一样搞五年经济发展计划，金大中、金泳三有很大的作用。在 1960 年，光州曾发生韩国学生革命。韩国学生革命是韩国政治和社会转型期的开始，韩国的政治、经济、人口、社会等从 20 世纪 60 年代开始这样的变迁。虽然现在韩国天天有示威，有的人觉得韩国很独立，为了提高韩国的文化，很多人付出了努力。一些人反对政府的政策，很小的事情他们都反对。张老师已经说了民族主义非常重要，在韩国各种各样的想法都可以融合，可以包容支持和反对的意见。韩国管得越厉害的时候，事情越多，反而放开以后越没有事了，现在韩国天天搞示威也没有打砸抢烧。

如果说物质发展是一个现代化的过程，那么发展文化多少需要一点后现代的东西。我记得有一位学者来民大讲了时空压缩的问题。很多亚洲国家都有这样的情况，大体上在一百年的时间里把别人花了很长时间才走的过程走完，日本和韩国已经证明它们是这么过来的，但是有些人觉得中国要走到那个地步，就非得散架不可，所以就坚决不往前走。韩国也是这样的压缩成长，在非常短的时间成长速度非常快。压缩成长引起很多社会问题，比如说跟欧洲国家比较的话，欧洲国家也有很多问题，但是都经历了很长时间的变化，在这个变化当中，很多问题能被消化掉。但是韩国是突然发生改变，这方面韩国和中国差不多，都是压缩成长，非常短的时间成长了，所以出现很多社会问题，我觉得这是压缩成长导致的结果。国家和国家不一样，很多的事情也需要时间。韩国的思想解放也经过了非常痛苦的过程，而且社会代价特别大，60—80 年代也经历过学潮。韩国最终是市民社会战胜了威权主义政府，威权主义政府最终让步了。你不让步，市民全站在广场的时候，你是镇压不了的。500 个人出来，它可以镇压；可是 50 万人出来以后政府就只能让步。

乔教授：

之前我其实没有特别关注过韩流，甚至您刚才提的年轻人里面特别受到热捧的电视剧我也没看过，但是我关注过一个现象。就我们那个地方，西宁的韩国城、酒吧和面包房、高端的西饼店，全是韩国人开的，它特别集中，在一个商业区里面。我不知道这里面有没有来自西宁的同学，商业最集中、最繁华的地方全是韩国人开的，小的火锅、冷面，到高端的咖啡店。韩国那个最有名的咖啡店，每天是游人如织。西宁的商业不是特别发达，本来受区域经济的限制，但是它并不影响人们热捧韩流。它不是说像你刚才说的，比如，烟台这样的地方，它有很多韩资企业，西宁没有什么韩资企业。所以我经常纳闷儿这么多韩国人他是怎么来的这个地方，他为什么要来这个地方。因为这个地方不是望京，也不是烟台，他为什么要来这儿。刚才一见到您，我就说我认识得最早的一个韩国朋友，他在青海已经 20 年。他对中国的体育事业作出的贡献远远不只是刚才说到的电视剧、化妆品，他是有更深意义的。他是在韩国读了中文，又去了很多地方，为了学中文辗转台湾地区、新加坡。后来他发现繁体字和大陆不一样，说的话也不一样，他就跑到中国来。刚开始他说要成就一个棒球梦的时候，大家都认为这是天方夜谭，中国人根本不打棒球，青海根本没有人打棒球。但是在西宁圆不了梦，他就去了海南藏族自治州，从小学、初中、高中，就是一级级建棒球队，然后建梯队，棒球也是要从小训练的，他觉得汉族的孩子不学就去训练藏族的学生。他现在在中国国家队，亚洲最快的那个投球手是他培养的，他为中国国家队至少贡献了 5 位专业棒球运动员。去年就因为他向郑州大学输送队员，郑州大学建了棒球队，给他奖励了 15 万块钱，他把这 15 万块钱又回馈给那三所全是藏族学生的民族学校。体育也属于文化的范畴，韩国的棒球是世界杯冠军，这也是文化的问题。尽管很难，他也一直在抱怨，就是刚才张老师说的，其实就是体制问题，让他不能够特别顺利，而且他还有更大的文化冲突。他学了汉语，实际上他不是跟汉族人打交道，而是跟藏族人打交道，他有语言沟通的问题。即便是这样，他也在那个地方坚持了十年，仍然还在那个地方。他刚来的时候我还没有学社会工作，没事干就给他教汉语，然后和他在一起交朋友，就这么多年。现在国内有很多媒体，包括中央电视台报道他一直在坚持这个事情。他能做到的，我们孔子学院的老师不见得。在那么艰苦的条件下，他要住在那个地方，而且不是他一个人，他的全家，他来的时候他的女儿只有十个月大，是抱在怀里的，现在这个姑娘已经十七岁了。而且他的女儿只有一个梦想，看到藏区缺医少药，她要当大夫，当完大夫又回到这个地方来。

王晴锋：

谢谢金教授，我提两个疑问。第一个是您讲到了韩流成功的五个原因，其实这五个原因都是外部的因素，就今天研究的韩流而言，是不是缺乏对韩国文化本身的分析？因为韩流成功的背后，韩国文化本身的特质也是一个很关键的要素。相关的第二个问题是，我们如何定义韩流？如果说某国的文化在其他地区很流行就算是某种"流"，那我们的"中流"在东南亚、非洲也很流行，国外也有不少地方流行我们的电视剧、文学等，更明显的是港台的文化，"四大天王""周董"等在其他国家也很流行。类似于"韩国城"，国内外很多地方也有类似的中国义乌商品城。所以我的意思是，韩流之所以"成功"，一个是看您对它本身的定义是怎样的；另一个，媒体的放大和建构也很重要。韩文化的"粉丝"、媒体以及包括今天我们在座的学者，起着一种集体建构的作用。我们每做一次这样的讲座，都对"韩流"的建构起到推波助澜的作用。

金教授：

谢谢你的提问。开始的时候我已经说了韩国的很多文化原来是从中国来的以及儒家的影响很大，现在中、日、韩三个国家中，儒家文化影响最大的国家是韩国。尊重老年人，各种各样的形式、态度都是韩国人比中国人更礼貌，我是简单地说一下，还有很多儒家的影响。儒家文化经历了数千年，韩国本身的文化也需要很长的时间。但是韩国现在文化是外来输入的，很多国家影响现代韩国文化的形成，包括唐朝、日本，还有美国对韩国的影响，不同时期各个国家的文化要素都进入韩国，所以我觉得韩国的文化是融合的文化。《江南 style》是混合文化的一种代表。我们认为韩国是单一文化、单一民族，韩流开始的时候是电视剧、电影，现在是化妆品、服装、泡菜。2005 年到 2007 年，我在五道口待了两年，那个时候有很多韩国餐厅，但是大部分韩国餐厅的客人都是韩国人。最近去五道口，大多数客人都是中国人，他们都在排队。韩流这个概念本身不是韩国造成的，中国的媒体首先创造了这个词，还有日本等其他国家的媒体共同提出了韩流的概念。比如说在伊朗，人们也看《大长今》，播放时有 80% 的人观看。但是东亚文化很接近，他们受共同的儒家文化的影响，所以他们感兴趣，但是伊朗人看韩剧也感动，除了伊朗，非洲人、罗马尼亚人等，很多国家的人们也看韩剧。去年冬天，我去过巴西、阿根廷，他们也看韩剧。我也去过哈萨克斯坦，人们也喜欢韩国文化，我也不知道为什么。韩国是很小的国家，以前很穷，但是世界各地的人们都对韩国文化感兴趣。因为我是学者，所以我应该研究这个，原来我研究人口老龄化，东亚的人口老龄化比较，还有城市化问题。但是这五年，我开始研究韩流，因为作为社会学者，我很好奇，为什么会发生这样的事情。我有一种使命，开始研究它。

学生：

我是从延边大学过来的交换生，我可能之前也对韩流有一点兴趣，我做过一些相关的观察，想就您刚才讲的稍微补充一点。我当时在延边大学的时候，跟社会学系的一些老师交流过关于韩流的问题。我们的考量维度可能跟您所展现出来的不完全一致。韩流不仅仅是你是在看韩国的电影、电视剧，根据韩国的电影和电视剧构建出来的韩国印象，你会去选择购买韩国的产品或者旅游观光。消费者的需求是很多的，而老师您刚才在考量韩国文化在世界范围内发展的时候，主要讨论的是电视剧及其观看情况，但是它很可能是一种猎奇心理产生的。在欧美、中亚或者非洲社会中，是否出现了韩国商品的畅销？这个是不是应该放入对韩流文化的考量？

另一个问题是，以前我们研究文化发展问题的时候，是进行分层的。刚您所说的韩流《大长今》，一开始进来的时候，接触到的不是年轻群体，而是中年群体，尤其是中年主妇，除了《大长今》之外，还有《澡堂老板家的男人们》等这样的很多韩剧，因为它们展现的是一种中国社会所渴望达到的一种平衡或者和谐的状态。它们受中国国内媒体的限制以后，从电视上消失掉了，消失掉之后韩流一度衰减。但是另外一个新兴媒体取代了电视的位置，也就是网络，青年人具有网络获取信息这样一个途径，符合青年人口味的东西容易进来。这就是我想问的问题，我不知道韩国是否有与文化产业相关的部门或者企业关注到这样的变化，那么它是否也就意味着韩国以后文化品牌的打造将更倾向于年轻人？由此引发的另一个问题是，韩国的很多影视题材取源于历史，比如说，前一段时间非常受争议的一部影片叫作《蚩尤》，因为韩国的蚩尤和中国历史上记录的蚩尤是完全不同的。韩国文化产业的发展势必会根据自己理解的历史脉络和文化为基础，这个基础在东亚三国范围内可能是有些冲突的，这种文化冲突也可能是一个问题。

金教授：

你提到的很多问题我不能完全解答，其中比较重要的是不同年龄有不一样的兴趣。我在进行焦点讨论的时候，区分了性别和不同的年龄段，一般对韩流比较感兴趣的是年纪比较大的女性。但是年轻人也不一样，一般的年轻人会喜欢 K - POP，但是电视剧一般是年纪大的人喜欢，但是也不一定。在日本，最喜欢《冬季恋歌》的年龄层是 50 岁左右的阿姨，这是最多的，除了他们以外，我也说了，连名古屋大学的教授也感兴趣，他去过韩国的春川济州岛。但是基本上存在年龄差别。在日本，有人称呼裴勇俊是皇帝，但是年纪大些的人这样说，年龄小的男性都反对韩流。他们很生气，不明白为什么日本的女性喜欢韩国的明星。这样的年龄不一样的。还有韩国的互联网非常发达，网络的影响很大，鸟叔的《江南 style》，在YouTube 上第一名，这是今年的纪录，但是在中国不能用 YouTube，没有 Facebook，但是我已经说了 CCTV 上看是第三名。韩流的定义是什么，是 wave，Korea wave，wave 不是永远的，所以我觉得韩流不是永远的一种潮流。也有很多中国朋友说了，现在韩流没有了，韩流完了，但是四年以后，《来自星星的你》来了，再次掀起韩流。这个是我很感兴趣的。我的结论是应该会有文化冲突。我去过很多国家进行调查，包括东亚四个国家，还有俄罗斯、巴西、阿根廷、哈萨克斯坦等。我发现作为一种文化冲突，只发生在东亚国家，在别的国家没有文化冲突，比如说泰国、俄罗斯、巴西没有与韩国文化上的冲突，只有在日本、中国、中国台湾发生。相似性更高的地方容易发生同性相斥。因为很相似，有些人可以接受相似，对相似性很感兴趣，但是有的人不喜欢有相似点。文化流行也有风险的。

学生：

老师我有一个问题，因为我的田野对象国是韩国，所以我关注比较多的也是关于韩流的问题。刚才张老师也谈到韩国文化是如何超越民族主义的，但是有没有这样一个维度，当《冬季恋歌》火了以后，韩流突然地流行，对韩国人也有一种反作用。我们真正接触韩国的东西确实发现它真是有好的地方，比如说韩国的化妆品，如果有人用了觉得不好，这个东西也是流行不下去的。所以我觉得在研究韩流的时候是不是应该转回本土？韩国人对于韩流的那种生产、观念、投入的那些努力，对韩流来说也是很重要的吧？不仅是说他们制造的这个产品，而是产品本身也应该是经得起考验的。

金教授：

我也研究经济韩流，在东南亚的泰国、马来西亚、印度尼西亚这样的国家，韩流文化与经济韩流是一起的。也就说，他们看经济韩流，他们喜欢买韩国三星手机。但是日本不一样，日本的经济比韩国发达，比如说手机，日本人不买韩国手机，日本人除了《冬季恋歌》以外他们也不关心韩国的其他产品，因为以前日本产品更好。韩国人以前都买索尼，现在不买索尼，韩国人都是用三星。但是在东南亚国家，昨天晚上我看韩剧，今天有韩国产品，我就想买，会有这样的影响。

第八讲

当前中国社会不平等问题
及其治理对策[*]

张文宏

今天我讲的内容是我主持的国家社会科学基金重大课题"社会分层流动的和谐互动研究"的阶段性成果。社会不平等对大家来说都不陌生，无论是社会学、民族学，还是人类学，都认为社会存在不平等。我修改一下马克思的表述：有文字以来的历史，都是社会不平等的历史。平等只是我们的理想。教育、收入、消费、社会保障、职业流动等领域都存在社会不平等。今天我用2012—2013年上海大学在中国6省市城乡地区完成的大型随机问卷的数据做一些具体的分析和讨论。

在座的一些研究生不是专门做量化研究的，可能会认为一堆数据很枯燥。我觉得我们要从数字背后看到一些故事，或者说我们怎么来解读这些数字。我觉得无论是社会学专业、民族学专业还是人类学专业，应该有这样的训练。那么我们说到"不平等"，它是指什么呢？我在这里给出一个定义：社会不平等是指影响人们不平等地获取社会当中有价值资源的服务和位置的条件。通常我们所说的"资源"，它的特点在于，第一是有价值；第二，它是稀缺性的。只

---

　　* 主讲人为上海大学社会学院院长、教授，主持人为包智明教授（中央民族大学世界民族学人类学研究中心主任）。讲座时间为2015年12月12日14：30—16：30。该讲座为系列讲座第四十九讲，由王勇利、丁恩宇录音整理，由王晴锋校对。

有稀缺性才能构成社会性的资源，或者说有价值的资源。所以，我们讲的不平等，是根据社会当中个人和群体如何评价自己和他人。我们讲社会不平等，很多时候是主观意义上的评价。

社会学最关注的、也是最重要的观点是，社会不平等与社会中既定的位置相关，同分化的程度相关。社会分化是不平等的前提，只要存在分化就会有不平等，就会有分层、流动。因为时间关系，我简单提及一下关于国内外的经典研究。怎么解释社会不平等？经典的研究主要有两个路径。从学科来讲，社会学主要关注结构的路径，而人类学和民族学的研究主要聚焦于文化的路径。从结构的路径来讲，经济学家主要关注收入不平等，看收入是怎么分化的，这称为"经济资本的模型"。"人力资本的模型"最早也由经济学家加里·贝克尔提出来，他是诺贝尔经济学奖得主。很多获得诺贝尔奖的经济学家都有一个特点，他们研究的并不是主流经济学的内容。但是在社会学家看来，他们研究的很多东西是社会学家很感兴趣或者试图研究的东西。因此，人力资本理论是以加里·贝克尔为代表。还有"政治资本的模型"，社会学比较重视该模型，它又细分为这样几种模型：（1）后工业理论的模型，它可以分为乐观派和悲观派。悲观派认为社会的发展会出现两极分化，由于社会分化导致的这种区隔，不同阶层、不同群体之间形成一种割裂，他们相互敌视，最后甚至导致社会冲突，这是后工业主义的模型。（2）新阶级的模型，代表人物诸如美国的古尔德纳，他提出了关于新知识阶级、管理阶级和新政党的理论。（3）还有一种被称为官僚阶级的模型，它又分为等级主义和多元多维主义。与人力、经济、政治资本并列的是一个分化的模型，主要研究我们社会当中的成员，怎么分化成一个个具有各自特征、性质以及对这个社会的影响力大小不同的个体、阶层或阶级。

另一个大的路径是文化的路径，简单地分成三个大的流派。第一个流派是围绕着简单的"去联接"展开的，第二个流派是后现代主义取向，把社会看成碎片化的，或者是通过新社会运动来争取某些阶层和群体的权力；第三个是文化的发散主义。

今天讨论的重点是用调查数据研究社会不平等，包括收入、消费、教育获得以及就业、社会流动、社会保障这几个方面。自变量主要涉及性别、户籍、区域、阶层、单位类型等。我们研究不平等的时候，其中有一个性别的视角。在西方主流学界的观点中，他们认为这是一种附属的不平等。我看今天在座的女同学居多，你们不一定同意这个观点。社会学的女权主义者或女性主义者也不一定赞同这个观点。

如果大家读过社会分层的一些文献就应该知道，20 世纪 90 年代以后，美国社会学家有这样一些理论影响我们的研究。倪志伟（Victor Nee）的市场转型论以及与之对话的边燕杰和罗根的权力维续论，白威廉（William Parish）的市场与政治双重转型论以及周雪光做的国家政策对于社会分层影响的相关研究。当然，还有传统的功能主义理论、冲突论、社会整合论以及孙立平的断裂论。

围绕着国家哲学社会科学的重大课题，我们在 2012 年 8 月到 2013 年 10 月，用一年多的时间在中国的六个省，按照 PPS 的抽样方法，分市县、街道乡镇、村居委以及家庭户这四级，最后成功完成了 5745 份城乡居民的问卷调查。表 1 和表 2 呈现了样本的基本状况。

表 1　　　　　　　　　　**样本的地区分布**

地区	频数	百分比（%）
甘肃省	875	15.22
广东省	1200	20.89
河南省	881	15.34
吉林省	875	15.23
上海市	1050	18.28
云南省	864	15.04
合计	5745	100.00

表2 样本的基本情况描述

变量	频率（%）	变量	频率（%）	变量	频率（%）
城乡		年龄		教育程度	
农业户口	56.91	平均值	44.86997	小学及以下	33.09
非农户口	43.09	最小值	18	初中	28.42
N	5742	最大值	71	职高/普通高中/中专/技校	19.71
		标准差	13.88559	大学专科	9.87
性别		N	5745	大学本科及以上	8.90
女性	50.57			N	5742
男性	49.43	地区			
N	5745	东部	39.16	单位类型	
		中部	30.57	无单位自雇自办	48.69
政治面貌		西部	32.27	非公有制单位	26.01
非党员	89.21	N	5745	国企	12.75
党员	10.79			党政机关有事业	8.53
N	5745	现职地位		社会团体及其他	4.01
		一般工人	10.83	N	5732
户籍		技术工人	29.50		
本地	80.93	办事人员	8.84	在职情况	
外地	19.07	小业主、自雇者	5.20	无工作	17.75
N	5741	专业技术人员	12.37	务农	28.37
		机关企事业管理人员	4.04	非农工作	43.99
		农民及未分类	29.21	离退休	9.89
		N	5440	N	5745

第一，我想谈一下收入不平等。我们知道收入不平等可以有很多的指数和系数来计算，我们先看一下，官方的国家统计局公布的

2003 年到 2012 年的全国居民收入基尼系数的变化情况：2003 年是 0.479，2004 年 0.473，2005 年 0.485，2006 年 0.487，2007 年 0.484，2008 年 0.491，2009 年 0.490，2010 年 0.481，2011 年 0.477，2012 年 0.474。我们看这十年基尼系数最高的是哪一年？是 2008 年，它达到了 0.491。所以官方在解读这样一组统计数字的时候，往往会说，从 2008 年以后，全国居民收入的基尼系数在不断地下降。可以这样来解读。但是如果我们还知道，对基尼系数的解读有一个国际标准，如果超过了 0.4，说明一个国家或地区的贫富差距程度是比较严重的。我们看这十年，基尼系数都在 0.4 以上。根据我的调查数据计算出来的基尼系数是 0.65。我们再看一下收入不平等在性别、城乡，职业、单位之间是不是有差别。农业户籍人口的基尼系数是 0.638，非农户籍人口的基尼系数是 0.614；女性的基尼系数是 0.553，男性是 0.689；再看职业，机关企事业管理人员的基尼系数达到了 0.812；小业主和自雇者是 0.736，农民是 0.552，蓝领工人是 0.441，专业技术人员是 0.423，技术工人是 0.417，办事人员 0.388；从地区分布来看，中部 0.753，东部 0.581，西部 0.546；本地户籍人口为 0.636，而外地户籍人口为 0.474；按照单位类型来划分，无单位者的基尼系数为 0.803，非公有制单位为 0.502，社会团体为 0.451，国企为 0.411，党政机关国有事业单位为 0.369。

表3　　　　　　　　　　收入不平等的回归分析（OLS）

变量	收入对数	变量	收入对数	变量	收入对数
地区[1] 中部	0.844*** [0.045]	教育程度[6] 初中	1.219*** [0.071]	阶层地位[8] 技术工人	1.097 [0.080]

续表

变量	收入对数	变量	收入对数	变量	收入对数
东部	1.446***	职高/普通高中/中专/技校	1.389***	办事人员	1.263**
	[0.077]		[0.100]		[0.124]
性别[2]	1.448***	大学专科	2.002***	小业主、自雇者	1.696***
	[0.061]		[0.197]		[0.198]
年龄	1.051***	大学本科及以上	2.290***	专业技术人员	1.529***
	[0.011]		[0.259]		[0.145]
年龄的平方	0.999***	单位类型[7]		机关企事业管理人员	2.214***
	[0.000]	非公有制单位	1.128*		
非农户籍[3]	1.215***		[0.080]	农民及未分类	0.630***
	[0.073]	国企	1.373***		[0.056]
外地户籍[4]	1.346***		[0.118]		
	[0.082]	党政机关国有事业	1.418***	常数项	2298.310***
中共党员[5]	1.057		[0.145]		[591.897]
	[0.078]	社会团体及其他	1.055	样本数	5415
			[0.122]	R^2	0.263

    *** $p < 0.01$，** $p < 0.05$，* $p < 0.1$

1 参考类别为西部

2 参考类别为女性

3 参考类别为农业户籍

4 参考类别为本地户籍

5 参考类别为非党员

6 参考类别为小学及以下

7 参考类别为无单位自雇自办

8 参考类别为体力工人

　　从表3的结果可以发现，东部地区居民的年收入是西部的1.45倍，而中部地区是西部地区的0.84倍；男性收入平均是女性的1.448倍；非农户籍人口是农业户籍人口年收入的1.21倍；外地居民是本地居民年收入的1.35倍；中共党员的收入虽然略高于非中共党员，但是在统计上并不显著。学历越高的人，收入回报率越高，与小学及以下的人相比，职高/普通高中/中专/技校、大学专科、大学本科及以上的年收入分别是其1.39倍、2.00倍和2.29倍；按照单位的所有制类型来分析，非公有制单位、国企、党政机关国有单位分别是无单位者的1.13倍、1.37倍和1.42倍。按照职业地位来分析，办事人员、小业主和自雇者、专业技术人员、机关企事业管理人员的年收入分别是体力工人的1.26倍、1.70倍、1.53倍和2.21倍，农民及未分类仅是其收入的0.63倍。这个模型的解释力达到26.3%。

　　第二，消费不平等。从表4的结果可以发现，东部地区的消费水平是西部地区的1.30倍，中部地区只是西部地区的0.88倍，与收入的不平等模型类似。从性别来看，男性是女性消费水平的0.90倍；非农户籍居民的消费水平是农业户籍居民的1.19倍，外地户籍居民是本地户籍居民的1.20倍；中共党员的消费水平是非中共党员的1.08倍；按照教育程度来分析，教育程度越高的人，其消费能力越强，职高/普通高中/中专/技校、大学专科、大学本科及以上分别是小学及以下教育程度的1.20倍、1.50倍、1.64倍；在单位所有制类型方面，非公有制单位的从业者是无单位人员的1.11倍，其他类型都不显著；从阶层地位来看，机关企事业管理人员、小业主和自雇者、专业技术人员、办事人员的消费水平分别是非技术工人的1.73倍、1.40倍、1.20倍和1.15倍。另外，个人年收入每增长1个对数单位，消费水平增长80%。

表4 　　　　　**消费不平等的回归分析消费模型**（Regression）

变量	消费对数	变量	消费对数	变量	消费对数
地区[1]		教育程度[6]		阶层地位[8]	
中部	0.880***	初中	1.176***	技术工人	1.010
	[0.024]		[0.035]		[0.038]
东部	1.301***	职高/普通高中/中专/技校	1.205***	办事人员	1.148***
	[0.036]		[0.045]		[0.058]
性别[2]	0.902***	大学专科	1.505***	小业主、自雇者	1.394***
	[0.020]		[0.077]		[0.084]
年龄	1.039***	大学本科及以上	1.636***	专业技术人员	1.186***
	[0.006]		[0.096]		[0.058]
年龄的平方	1.000***	单位类型[7]		机关企事业管理人员	1.725***
	[0.000]	非公有制单位	1.110***		[0.112]
非农户籍[3]	1.187***		[0.008]	农民及未分类	0.917*
	[0.037]	国企	1.004		[0.042]
外地户籍[4]	1.198***		[0.037]	个人年收入对数	0.798***
	[0.038]	党政机关国有事业	1.038		[0.048]
中共党员[5]	1.084**		[0.046]	常数项	4219.257***
	[0.041]	社会团体及其他	0.987		[606.894]
			[0.052]	样本数	5400
				R^2	0.333

　　***p<0.01，**p<0.05，*p<0.1

　　1 参考类别为西部

　　2 参考类别为女性

　　3 参考类别为农业户籍

　　4 参考类别为本地户籍

　　5 参考类别为非党员

　　6 参考类别为小学及以下

　　7 参考类别为无单位自雇自办

　　8 参考类别为一般工人

第三，教育不平等。全部样本的平均教育年限是 9 年，相当于初中毕业。

表 5　　　　　　　　　　　教育年限的 OLS 模型

变量	教育年限
地区[1]	
中部	6.007＊＊＊
	[0.701]
东部	4.985＊＊＊
	[0.566]
性别[2]	3.687＊＊＊
	[0.333]
年龄	0.886＊＊＊
	[0.019]
年龄的平方	1.000
	[0.000]
非农户籍[3]	12.623＊＊＊
	[11.853]
外地户籍[4]	2.659＊＊＊
	[0.335]
常数项	43674.527＊＊＊
	[21034.980]
样本	5738
R^2	0.469

注：＊＊＊ $p < 0.01$，＊＊ $p < 0.05$，＊ $p < 0.1$

1 参考类别为西部

2 参考类别为女性

3 参考类别为农业户籍

4 参考类别为本地户籍

表6   教育不平等的 M – Logistic Regression 模型

变量	初中	职高/普通高中/中专/技校	大学专科	大学本科及以上
地区[1]				
中部	3.151 * * *	3.417 * * *	3.760 * * *	5.382 * * *
	[0.303]	[0.411]	[0.603]	[0.947]
东部	2.250 * * *	2.790 * * *	3.135 * * *	3.338 * * *
	[0.213]	[0.318]	[0.468]	[0.557]
性别[2]	2.013 * * *	2.211 * * *	2.633 * * *	2.689 * * *
	[0.154]	[0.203]	[0.308]	[0.341]
年龄	0.938 * * *	0.906 * * *	0.835 * * *	0.806 * * *
	[0.019]	[0.021]	[0.025]	[0.027]
年龄的平方	1.000	1.000	1.001 *	1.001 *
	[0.000]	[0.000]	[0.000]	[0.000]
非农户籍[3]	5.931 * * *	29.041 * * *	116.822 * * *	277.940 * * *
	[0.581]	[3.347]	[18.856]	[52.380]
外地户籍[4]	1.803 * * *	2.668 * * *	2.831 * * *	3.594 * * *
	[0.205]	[0.346]	[0.456]	[0.605]
常数项	4.362 * * *	3.820 * * *	6.591 * * *	7.656 * * *
	[2.000]	[1.979]	[4.139]	[5.196]
样本数	5738			
Pseudo R^2	0.2177			

因变量参考类别为小学及以下，表格中系数为 Odds Ratio

* * * $p < 0.01$，* * $p < 0.05$，* $p < 0.1$

1 参考类别为西部

2 参考类别为女性

3 参考类别为农业户籍

4 参考类别为本地户籍

按照地区来讲，东部、中部跟西部地区相比，无论在哪一个教育类别里，差别都是显著的。当然这个差别不是简单的东部比中部更大，而是说中部与西部地区的差别，比东部地区与西部地区的差别相比更显著；再看性别变量，男性在进入每一个教育层次的时候，基本上都是女性的两倍多。非农户籍与农业户籍在获得各个层次的教育文凭方面的差别也是非常显著的。

非农户籍和农业户籍的差距，同样升入大学专科和大学本科及以上，前者分别是后者的 117 倍和 271 多倍。拥有外地户籍和本地户籍的人相比，在进入更高级别的或者说接受更高层次教育的时候，具有明显的优势，这是以往的研究中没有发现的一个有趣的现象。

第四，就业及职业地位的不平等。

表 7　　　　　　　　　在职状况的 Multinomial Logit 模型

变量	务农	非农工作
地区[1]		
中部	0.562 * * *	0.720 * * *
	[0.071]	[0.085]
东部	0.187 * * *	0.890
	[0.024]	[0.098]
性别[2]	2.127 * * *	3.123 * * *
	[0.224]	[0.277]
年龄	1.393 * * *	1.530 * * *
	[0.035]	[0.034]
年龄的平方	0.996 * * *	0.995 * * *
	[0.000]	[0.000]
非农户籍[3]	0.022 * * *	0.967
	[0.005]	[0.102]
外地户籍[4]	0.052 * * *	3.252 * * *
	[0.014]	[0.376]

续表

变量	务农	非农工作
政治面貌[5]	1.318	2.318 * * *
	[0.336]	[0.409]
教育程度[6]		
初中	0.882	1.661 * * *
	[0.114]	[0.206]
职高/普通高中/中专/技校	0.415 * * *	2.092 * * *
	[0.076]	[0.289]
大学专科	0.034 * * *	3.738 * * *
	[0.035]	[0.695]
大学本科及以上	0.187 * * *	3.515 * * *
	[0.118]	[0.700]
常数项	0.006 * * *	0.000 * * *
	[0.003]	[0.000]
样本数	5738	
Pseudo R^2	0.4690	

因变量参考类别为无工作，表格中系数为 Odds Ratio

* * * $p < 0.01$，* * $p < 0.05$，* $p < 0.1$

1 参考类别为西部

2 参考类别为女性

3 参考类别为农业户籍

4 参考类别为本地户籍

5 参考类别为非中共党员

6 参考类别为小学及以下

从表7可以发现，相对于西部地区来讲，东部和中部的居民在选择非农职业方面并不占有明显的优势，这个发现与其他研究也不一致。男性比女性选择非农职业的概率更大，或者说他的机会更多。非农户籍与农业户籍的人相比，选择非农职业的优势并不明显，这是否说明了户籍在职业选择中的作用正在趋于淡化？这个结论还需要进一步的研究。外地居民比本地居民更可能选择非农职业，而教育程度比较高的居民，比教育程度低的人更有可能选择非农的职业。上述结果可能与我们的制度设计有关。很多单位在职业招聘的时候，限制了户籍的因素。虽然我们说很多公司为了吸引人的眼球，在招聘的时候不突出户籍限制，但是它要求你的教育程度在大学以上。拥有大学以上教育程度的人，即使你出身于农村，你的户籍早就农转非了。中共党员在选择非农职业时还是很有优势的。一些个案研究表明，本科学生在大学期间入党，他们找工作的时候，无论是找体制内的，还是体制外的，中共党员身份都具有很大的优势。再看教育程度变量，与小学及以下的相比，大学本科及以上是其 3.52 倍以上，大学专科是 3.74 倍，职高/普通高中/中专/技校是 2.10 倍，初中是 1.66 倍。换句话说，这个变量的结果验证了布劳 - 邓肯的经典模型。

表8　　　　　　　　　　现职地位的 Multinomial Logit 模型

变量	技术工人	办事人员	小业主、自雇者	专业技术人员	机关企事业管理人员	农民及未分类
地区[1]						
中部	0.866	0.767	0.912	0.719 *	0.791	0.849
	[0.121]	[0.142]	[0.177]	[0.130]	[0.203]	[0.126]
东部	0.944	0.810	0.401 ***	0.732 *	1.243	0.300 ***
	[0.118]	[0.136]	[0.075]	[0.120]	[0.284]	[0.043]
性别[2]	1.451 ***	1.130	0.955	0.783 *	2.871 ***	0.531 ***
	[0.143]	[0.149]	[0.142]	[0.100]	[0.551]	[0.061]
年龄	0.978	0.953	1.218 ***	0.890 ***	1.100 **	0.973
	[0.024]	[0.032]	[0.053]	[0.029]	[0.052]	[0.028]
年龄的平方	1.000	1.001 **	0.998 ***	1.002 ***	1.000	1.001 **
	[0.000]	[0.000]	[0.001]	[0.000]	[0.001]	[0.000]
非农户籍[3]	0.727 ***	1.849 ***	0.701 *	1.239	0.751	0.048 ***

续表

变量	技术工人	办事人员	小业主、自雇者	专业技术人员	机关企事业管理人员	农民及未分类
	[0.086]	[0.321]	[0.128]	[0.208]	[0.168]	[0.008]
外地户籍[4]	0.648***	0.883	2.545***	0.738*	1.354	0.067***
	[0.081]	[0.154]	[0.436]	[0.124]	[0.296]	[0.013]
中共党员[5]	0.925	3.241***	0.659	1.680**	3.761***	0.499***
	[0.190]	[0.682]	[0.232]	[0.356]	[0.896]	[0.134]
教育程度[6]						
初中	1.135	1.893***	1.433*	2.517***	1.767	0.605***
	[0.146]	[0.434]	[0.292]	[0.625]	[0.642]	[0.083]
职高/普通高中/中专/技校	1.596***	4.541***	1.837**	9.148***	7.155***	0.402***
	[0.246]	[1.099]	[0.439]	[2.335]	[2.556]	[0.080]
大学专科	1.207	11.510***	1.868*	44.029***	32.835***	0.220***
	[0.282]	[3.427]	[0.640]	[13.430]	[13.292]	[0.113]
大学本科及以上	0.797	14.996***	2.224*	114.923***	65.594***	0.741
	[0.261]	[5.360]	[0.963]	[40.985]	[30.009]	[0.435]
常数项	4.129***	0.262*	0.010***	0.725	0.001***	12.045***
	[2.267]	[0.202]	[0.010]	[0.532]	[0.001]	[7.971]
样本数	5433					
Pseudo R^2	0.2621					

因变量参照类别为一般工人，表格中系数为 Odds Ratio

*** $p<0.01$，** $p<0.05$，* $p<0.1$

1 参考类别为西部

2 参考类别为女性

3 参考类别为农业户籍

4 参考类别为本地户籍

5 参考类别为非中共党员

6 参考类别为小学及以下

因为很多人关心当官的人，这里我们以表 8 的结果为例，看一下进入机关企事业单位做管理工作的是哪些人或受到哪些因素的影响。地区的因素并不显著。男性与女性相比，具有明显的优势（前者是后者的 2.87 倍）；户籍因素虽然有影响，但是并不显著；中共党员身份具有明显的优势（中共党员是非中共党员的 3.76 倍）；教育程度的影响也很显著，基本上是教育程度越高，越可能成为机关企事业单位管理人员。

表9　　　　　　　　　　职业流动的 Multinomial Logit 模型

变量	技术工人	办事人员	小业主、自雇者	专业技术人员	机关企事业管理人员	农民及未分类
地区[1]						
中部	0.876	1.189	1.225	0.708	0.896	3.187**
	[0.192]	[0.352]	[0.356]	[0.224]	[0.399]	[1.624]
东部	1.163	1.431	0.578**	1.113	2.588***	1.503
	[0.210]	[0.360]	[0.151]	[0.286]	[0.930]	[0.705]
性别[2]	1.304*	1.225	1.025	0.863	4.187***	0.330***
	[0.187]	[0.235]	[0.215]	[0.175]	[1.196]	[0.134]
年龄	0.987	0.918*	1.232***	0.903*	1.239***	1.041
	[0.037]	[0.046]	[0.079]	[0.049]	[0.097]	[0.096]
年龄的平方	1.000	1.001**	0.998***	1.001**	0.998**	0.999
	[0.000]	[0.001]	[0.001]	[0.001]	[0.001]	[0.001]
非农户籍[3]	0.719*	2.150***	0.954	1.806**	1.258	0.087***
	[0.123]	[0.517]	[0.239]	[0.479]	[0.407]	[0.040]
外地户籍[4]	0.712**	0.901	2.951***	0.829	1.199	0.092***
	[0.122]	[0.214]	[0.711]	[0.206]	[0.360]	[0.055]

续表

变量	技术工人	办事人员	小业主、自雇者	专业技术人员	机关企事业管理人员	农民及未分类
中共党员[5]	0.764	2.533***	0.447	0.945	2.435**	0.298*
	[0.229]	[0.776]	[0.240]	[0.315]	[0.867]	[0.189]
教育程度[6]						
初中	1.110	2.090**	1.185	0.996	1.553	0.459*
	[0.217]	[0.713]	[0.356]	[0.397]	[0.977]	[0.208]
职高/普通高中/中专/技校	1.583**	3.650***	1.760*	3.516***	5.192***	0.132***
	[0.359]	[1.312]	[0.595]	[1.370]	[3.123]	[0.077]
大学专科	1.207	7.662***	1.992	9.166***	27.199***	0.070**
	[0.392]	[3.262]	[0.889]	[4.151]	[17.401]	[0.073]
大学本科及以上	0.759	6.102***	1.219	16.972***	44.527***	0.000
	[0.359]	[3.174]	[0.790]	[8.922]	[31.630]	[0.000]
初职地位[7]						
技术工人	1.947***	1.414	1.012	1.756*	0.881	1.105
	[0.335]	[0.360]	[0.246]	[0.542]	[0.318]	[0.788]
办事人员	0.876	3.399***	0.734	2.571**	2.124	0.000
	[0.300]	[1.237]	[0.366]	[1.097]	[0.999]	[0.001]
小业主、自雇者	2.430	1.120	2.721	0.000	1.461	0.000
	[2.003]	[1.420]	[2.399]	[0.000]	[1.914]	[0.004]
专业技术人员	1.179	1.488	0.757	7.767***	1.777	5.920
	[0.370]	[0.540]	[0.332]	[2.839]	[0.761]	[7.257]
机关企事业管理人员	2.225	2.203	1.739	2.501	8.379*	294.405***
	[2.629]	[2.652]	[2.584]	[3.211]	[9.665]	[508.101]
农民及未分类	2.785*	1.970	2.738	3.339	0.410	12550.954***
	[1.637]	[1.378]	[2.121]	[2.532]	[0.503]	[10947.639]

续表

变量	技术工人	办事人员	小业主、自雇者	专业技术人员	机关企事业管理人员	农民及未分类
常数项	2.036	0.234	0.005***	0.381	0.000***	0.139
	[1.668]	[0.269]	[0.007]	[0.477]	[0.000]	[0.300]
样本数	3310					
Pseudo R²	0.5202					

因变量参照类别为一般工人，表格中系数为 Odds Ratio

＊＊＊ p<0.01，＊＊ p<0.05，＊ p<0.1

1 参考类别为西部

2 参考类别为女性

3 参考类别为农业户籍

4 参考类别为本地户籍

5 参考类别为非中共党员

6 参考类别为小学及以下

7 参照类别为一般工人

表9的结果与表8的结果类似，唯一需要指出的是，初职对现职的影响是显著的，当然这再次验证了职业流动的经典对角线模型的研究发现。

第五，下面简要概括一下主要的研究发现：

（1）关于收入不平等，主要表现在城乡、户籍以及地区、阶层和单位类型等方面。具体表现为男性收入是女性的2.27倍，其基尼系数高于女性；非农人口高于农业人口；从高到低依次为机关企事业管理人员、小业主和自雇者、技术工人、一般人员、农民，最高收入阶层是最低阶层的27.05倍。

收入从东部、中部、西部渐次降低，本地户籍高于外地户籍。在单位类型方面，收入从高到低依次为党政机关事业单位、非公有制单位、国企、社会团体、无单位自雇者；

（2）关于消费不平等。因为跟收入的趋势是一样的，这里不再具体展开，大致的情况是：男性的消费水平高于女性，非农户口高于农业户口，机关企事业管理人员、专业技术人员、小业主自雇者、办事人员、一般工人、技术工人、农民的消费水平渐次降低，东部、西部、中部的消费水平渐次降低，非农户籍高于农业户籍的消费水平，外地户籍高于本地户籍的消费水平，非公有制单位、党政机关事业单位、国企、社会团体、无单位自雇者的消费水平渐次降低。

（3）关于教育不平等。平均教育年限 9.18 年；农村 7.14 年，城市 11.8 年；女性低于男性 1.2 年；较高的教育水平的人流向分别为专业技术人员、机关企事业单位管理人员以及办事人员；教育水平是东部、中部、西部从高到低依次降低；本地户籍人口高于外地户籍人口。

（4）职业地位获得及职业流动。大致的情况是非农户籍的职业地位高于农业户籍，男性高于女性，东部高于中部、西部。流动率从高到低分别为机关企事业管理人员、小业主、一般工人、办事人员、技术工人、农民。东部、西部、中部的职业流动率依次降低；外地户籍的流动率高于本地户籍。这是为什么那么多农民工在城市工作的原因，他们试图通过自己的流动来提升自己的社会地位，使自己向上流动。

社会不平等是不可能解决的，最主要的问题是怎么让它缓解，使社会不平等的程度有所缓解和缩小。刚才讲到，凡是我们看到的历史都是社会不平等的历史，不同历史阶段的社会不平等只是程度的差异而已。我个人认为，特别是在当今的中国，社会不平等都是与民生息息相关的。与民生有关的公共政策的完善，应该是它的重点。在大的公共政策的完善之下，我们涉及一些具体的领域，第一，要解决教育的不平等，高等教育的入学率存在巨大的城乡差别。当然这两年有一个悖论："毕业即失业"，这也是一个现象。虽然我看到去年公布的大学毕业生就业率是百分之九十六点多，虽然已经很高了，但是 4% 的比例意味着每年有 80 万名毕业生找不到工作，这些人毕业就是失业。试图通过教育来改变人生的命运，使自己的地位得到提升，这并没有实现。可能教育方面需要思考的是，我们培养的学生是不是社会所需要的，主要还是要解决入学率、教育质量、教育资源分布方面的不平等。

第二，按照统计，我们这个中间阶层（不仅仅在收入这个领域）只有29%左右，目前我们的二次分配也存在着不平等，初次分配产生了不平等，能不能通过二次分配来解决？所谓的分配制度怎么使中低收入者可支配的收入得到实际的增长？其他专家也提出过这个问题。一个办法是中低收入者免税，提高目前征税的起点，按照全国物价水平、CPI水平划定不同地区税收的起征点。如果一个社会形成橄榄形的社会结构，那么居民的收入也会形成橄榄形的结构。

第三，就业和社会流动领域障碍性和歧视性的因素。譬如，在中国有一个很大的问题是，性别歧视成为一种潜在的歧视。在就业以及社会流动方面，有时候性别是很明显的障碍性因素。性别的歧视，年龄的歧视，包括学历的歧视等等。

第四，户籍制度的深化和全面改革。每个社会问题的治理，都是一个大的课题，每个课题讨论一个下午都不可能有结果，我们这里不具体展开。户籍制度的改革，我的观点是它应该是一个渐进的过程，着急也不行。我们的户籍制度实行了多少年了？从1958年一直到现在。在很多大城市，你给新居民户籍，好多人都争着想要。在小城市，你送给人家户籍都没有人要，说给了你，我把地交出来了，一点保障也没了。你给人家户口，又不给人家工作，小孩上学也不能解决。但是现在总体的户籍制改革我是乐观的。毕竟现在一些中小城市的户籍已经放开了，当然放开了以后，人们还是不愿意要这个户口，我觉着这是进步。因为原来附着在户籍上面的利益太多了，现在应该逐步剥离。时间关系，我就讲这么多。谢谢大家！

评议与提问环节

包智明教授：

谢谢张教授！《社会学名家讲坛》举办了这么多次，像今天这样的定量的讲座还是比较少。张教授给了我们一堂很标准的定量研究的讲座：从理论假设到经验数据的验证，然后得出结论并讨论。张教授把整个定量过程给大家展示了一下，大家可以感受到标准的定量研究怎么做。我们从今天的讲座可以领会一下，从前人的研究、我们的常识、以前的理论，还有我们一些初步的探索性的调查当中，得出一些观点，把它转换成假设，假设是要符合逻辑的，但是它是不是符合经验，就必须需要数据资料来验证。科学需要两大支柱，一个是逻辑性，一个是观察；或者说一个是理论，一个就是经验。我们提出理论假设，有没有道理，就得用经验研究去验证。我们通常用问卷去收集资料，然后验证，那么这个验证就有两个结果，一个证实，一个证伪。今天张教授给大家展示了，当前在我们社会的各个领域的一些问题，通过一种理论假设，然后设计问卷，收集资料，再验证，也给我们得出了非常有启发性的结论。我们收获很大，我们也感受到它是一种跟质性研究很不一样的研究路径。在个案研究中，我们的概括是分析性概括，但是我们今天看到的是一种统计性概括。今天张教授给大家展示的这个成果，是他通过5000多份问卷得出具有代表性的结论。但是我们平常所做的个案研究，叫作类型代表性，不是总体代表性，所以很多这种研究的概化和推论上跟我们平常的研究很不一样。今天同学们也可以领略到这样一种不同的研究方式，而且是非常标准的社会学研究。下面请张教授做评议。

张海洋教授：

好的，谢谢智明！我非常简短地讲一下。我同意刚才智明说的，这里做的是一个比较全面的呈现，但对我们来说有点牛刀杀鸡。这个实际上是做给上边看的，只是说在我们这个层次上，他不厌其烦地把这个呈现出来，这个精神我们是非常感动。另外我建议题目应该是中国大陆的社会不平等，因为不包括台湾和香港、澳门等地区。我们做社会学的特别擅长假设，可能还会忽略一些尖锐的问题，或者掩盖比较尖锐的问题。扶贫攻坚的那些地方，比如凉山、武蒙山等，说需要几百年，第一个百年非大胜不可，在回应这个问题的时候，那里的统计状况又会不同。另外，在我们的世界体系里，精英可能是流出的，当一个体制不好的时候，它会有很多移民，这些移民可能恰恰是对统计产生影响的人。他们送大批的孩子留学，或者把财产转出去，或者到海外洗钱，或者干脆就走了，怎么把这些人结合到研究里。

说了半天，我们是为了搞一个公平的博弈制度，那么制度在这里起多大的作用？您这里提政策，特别是民生，我们是如此看重民生，围绕这些数据，我们也只能谈论关于收入、消费、教育、地位等的社会政策。简言之，就是政治政策，政治改革对社会政策有没有影响，民权相对于民生，就是它的影响作用。换句话说，如果有民权的话，是不是更有利于形成橄榄形的中产阶级。我们国家搞改革开放、搞教育这么多年，当时司徒雷登办燕京大学，总共估计用了十年、十五年，整个燕京大学存在也不到三十年，但它就有那样的影响力。而我们折腾了半天，从 20 世纪 80 年代的时候就说得有橄榄形，到现在还是弄不出橄榄形，李强原来叫它"倒丁字形"。

如果不涉及民权，可能无法产生橄榄形社会，以致我们非得进行一些改革不可。新制度主义的观点比较强调制度的作用，用制度构建来矫正经济方面的东西，如降低交易成本。现在我们的交易成本非常大。我们没有考虑维稳的开支到底怎样、维稳者的社会地位、被维稳者的社会地位等。我就想说这些：一个是族群的差异，国际上精英的流动可能对这个数据的影响；另一个是民权对于改善民生的作用，或者说我们扶贫攻坚和权力再平衡，就是说它老穷，扶一辈子扶不起来，让他当总统怎么样？把权力给他怎么样？一下子就富起来了，非常灵。所以社会上兴起一种说法，比如让妇女和少数民族来干，是不是好一些？反正我们需要结构上的重塑（re - structure）和改革。

张文宏教授：

首先，谢谢海洋教授点评。我回应两点，第一点是您的建议很有意思，讲到移民的问题，如果按照我的标准，称之为精英的人，好多都移民了。我同意这个观点，但是我们调查的时候，不管他什么国籍，只要我们调查的时候抽到他，有没有中国户籍，都可以调查他，但是一般来说很少能够抽到。另外我们一个课题组，在上海做了针对外国人的调查，我回到刚才那个问卷调查。因为我们当年正好有三个课题，就合在一起做了，如果每个课题单独做问卷调查的话，成本太高。其中我们连着问了两个关于移民的问题：第一，你爱不爱国？回答问卷的时候都说爱国。大概95%的人都选择了"非常爱国"。紧接着的第二个问题是，如果有机会的话，您打算移民吗？然后有百分之八十几选择要移民。你这么爱国还移民干吗？很多留学生当年老说我们在国外比你们更爱国，我说你们胡扯，你们都离开这个祖国了，你还爱国，你爱哪个国啊？你爱你现在的国家，不是你原来的祖国。实际上很多人拿了外国护照，在国内赚我们国人的钱，他们成了外籍华人了。我在做移民研究时发现，包括移出去的、移进来的，很多人都抱着对未来的不确定性，他对未来没有预期，所以先把主要的资产移出去，而钱还是中国好赚，那我再回来赚钱，因此他们存在这样一种矛盾的心理。我同意您说的民权，李强老师在讲社会分层的时候，提到了十条标准，其中有一条是按照民权来看的，当我给你钱，无论是救济还是保障，都解决不了根本问题的时候，那么我给你权力，让你来自己做。我也了解，这些年联合国的一些组织，包括福特基金会等，它为什么支持少数民族、女性等群体的一些创新、创业项目，主要是让他们参与式地自助，他自己就是行动者，而不是我给你钱，你都花别的地方去了。

用输血的方法，解决不了造血的问题。所以还要动员他们，让他们成为提升自我的积极分子。当然，我觉得您的建议可以写一个对策报告，给中央的高层递上去。在民族地区做一下，如果不能在一个县做试点，我们可以在一个镇，试试怎么样。你不比较、你不做的话，怎么知道能否成功呢？但是我们的决策者存在一个问题，我觉得他是不讲科学的，实验本身就是允许错的，有对的就有错的，不试怎么知道哪个方案是对的，哪个是错的？现在的问题就是只允许对，不允许错。所以我们的调查问卷里还有一个问题，让我们的被调查者对各级政府进行评价，对中央政府的满意度是最高的，对基层政府的满意度是最低的。当然，准确地说，我们没有测量满意度，测量的是政治信任。

提问 1：

张教授好！您提到很多关于民生的问题，但是有一个情况，在我们还没有富裕的时候，我们很多民生问题没有解决，但是现在经济增长率降下来了，你觉得未来有没有什么可能的解决方案？

提问 2：

张教授，您怎么解释不同变量的样本变化？

提问 3：

我想知道在这一次的调查中，差不多同一阶层，或者是同一个控制变量下，同一阶层内的其他差异程度。比如说，如果是在教育程度的情况下，他的收入是不是在扩大，或者是他的消费是不是在扩大？

提问 4：

我想问的机关企事业是否包括外企的管理人员，也即其他的非公有制管理人员，因为他们都很难定位。

张文宏教授：

第一个问题，用现在的流行语讲叫作"新常态"。老百姓都理解经济增长的速度不如前两年快了，这就好像我们原来没有设定一个指标，现在则说今年不低于 7%，接下来的几年，不低于 6.5%，不维持这样一个底线，好像小康社会就不能实现。但这是官方的一个界定。我的观点是，实际上在经济不景气时期，是解决社会保障的最好的时期。在经济不景气时期，人们的期望没那么高，因为经济的增长率没那么高了，从政府方面来讲，投入是比较少的，我记得上一轮经济不景气的时候，很多社会学家都认为，那个时候中国的社会保障应该发生大的改变。另一方面，我国经济领域在调整大的政策。在目前的新发展阶段，老百姓的投入比较低，可以先是广覆盖，水平可能有点低，再慢慢提高，先有后好，先有量，再提高质。目前，我国经济形势不太好，或者说 GDP 增长不是很高，未来有可能面临新的困难和挑战，老百姓也能够理解。总之，我觉得在 GDP 增长率比较低的情况下，解决社会保障等问题反而具备更有利的条件。

第二个问题，你说样本在不同的统计模型中有变化，因为不能保证每一份问卷在回答每一个问题时都是有效的，或者说有些变量是缺失的，有的模型中样本数是 5472，有的模型中样本数是 5745，有的模型中样本数则是 5540。因为调查者不能保证被访者对每个问题的回答都是 100% 的有效。

第三个问题，你说的控制了教育变量，实际上讲收入的不平等。按照最后的那个模型，它是控制了教育以及其他变量以后，统计得出来的结果还是有差别的。

最后一个问题是问机关企事业单位管理人员是否包括了外企的管理人员，是吧？外企的管理人员包括在内。在职业变量当中，没有考虑职业的所有制类型。所有制不是另一个变量吗？（追问：这些人员不一定是体制内的，对吧？）在我的样本里这样的私企管理人员非常少。机关企事业单位管理人员的主体构成是体制内的。

第九讲

环境社会学：事实、理论与价值[*]

洪大用

　　很高兴来到中央民族大学谈谈对于环境社会学的一些看法。包智明教授是环境社会学专家，是最早翻译这方面著作的学者之一。1998 年肖晨阳等人翻译了美国学者哈珀的《环境与社会——环境问题中的人文视野》，1999 年智明教授翻译了日本学者饭岛伸子的《环境社会学》。这些年来，我和智明教授等同仁一起推进环境社会学学科和学会建设工作，其间跟中央民族大学社会学系的同仁们也有很多交流。2012 年，中央民族大学举办了"第三届中国环境社会学学术研讨会"，还出了《中国环境社会学》文集第一辑。这里是中国环境社会学研究的一个重要阵地。

　　今天我报告的题目是"环境社会学：事实、理论与价值"，这是关于这门学科的一个基础性思考，其灵感源于不久前与浙江大学社会学系师生的一次简短学术交流。我觉得这些问题是从事环境社会学研究时需要特别注意的基础问题，虽然准备得不够充分，但是说出来可能会对大家有一些启发。讲得不对的地方，我们还可以进一步讨论。

---

　　* 主讲人为中国人民大学副校长、社会与人口学院教授，主持人为包智明教授（中央民族大学世界民族学人类学研究中心主任）。讲座时间为 2015 年 12 月 16 日 15：00—17：00。该讲座为系列讲座第五十讲，由刘炳林录音整理，由王天韵校对。

　　我想先从近年来中国环境社会学的发展讲起，然后重点讨论三个问题：一是如何理解环境社会学所关注的事实；二是把握环境社会学理论建构的一种趋向；三是直面环境社会学研究中的"价值"问题。

一　中国环境社会学的快速发展和隐忧

　　刚才智明教授已经讲了，在整个中国社会学大发展的背景下，近年来的中国环境社会学也在快速发展。我曾经以 20 世纪 90 年代中期为界，把中国环境社会学的发展分为之前和之后两个大的阶段。90 年代中期以前，中国环境社会学研究非常不系统，学科意识也不强，介绍的理论也不多。我记得最早接触的文章是北大卢淑华老师在《社会学研究》上发表的一篇文章，还有麻国庆教授的一篇文章，这些都是从社会学、人类学角度对环境问题进行的研究，但是似乎并没有明确的环境社会学的学科意识。真正将环境社会学作为一门学科引入进来，然后以这个学科的视角来开展系统研究，还是在 20 世纪 90 年代中期之后。顾金土等人在 2011 年发表的一篇综述性文章中提到："2000 年以前，我国学者发表了 15 篇（环境社会学方向）学术论文；2000 年之后（约 2000—2010 年），共计发表 155 篇，其中前 5 年发表 34 篇，后 5 年发表 121 篇"[①]，从中也可以看到中国环境社会学发展的一个趋势。

　　今年中国社会学会编辑《中国社会学年鉴》时，请我写一个关于中国环境社会学的评述，覆盖时间段正好是从 2011 年到 2014 年。我请我的学生龚文娟做了一个文献检索，主要以"环境社会学"和"环境与社会"为检索词，检索范围覆盖中国学术期刊网络出版总

[①]　顾金土、邓玲、吴金芳等：《中国环境社会学十年回眸》，《河海大学学报》（哲学社会科学版）2011 年第 2 期。

库、中国优秀硕士学位论文全文数据库、中国博士学位论文全文数据库、国家图书馆、当当图书网中所收录的论文和专著。剔除重复和明显不符合环境社会学学科定义的文献，最后汇总出期刊论文 333 篇，硕士论文 122 篇，博士论文 26 篇，专著 38 部，共计 519 篇（部）学术研究成果（参见表1）。很明显，最近几年中国环境社会学的发展已经进入快车道，科学研究和人才培养的整体态势都不错。这里面博士论文就有 26 篇。相形之下，在 20 世纪 90 年代，社会学界以环境社会学为主题做博士论文的非常之少。

表1　　　　　　　　2011—2014 年中国环境社会学研究内容分布

归　类		篇（部）数	百分比（%）
理论与方法		46	8.9
经验研究	专项环境问题	117	22.5
	环境意识/环境关心	39	7.5
	环境行为/环境抗争	84	16.3
	环境风险/健康	41	7.9
	环境信息传播/环境组织	35	6.7
政策研究		119	22.9
研究综述		38	7.3
合计		519	100

但是，深入地去看，中国环境社会学研究在快速发展的过程中也有隐忧。在这个表格中，我们将 519 篇成果按照理论与方法、经验研究、政策研究、研究综述四大块进行划分[1]。这样一来，"理论与方法"部分所占比重很明显是偏低的，甚至可以说是很低的，只

---

[1]　当然，分类取向、分类标准也对所发现的事实有一定影响，但是作此划分还是经过了比较认真的甄别。

占总文献的 8.9%，这对学科长期发展的支撑是不够的。"政策研究"与"经验研究"加起来，占比达到 83.8%，其中又主要集中在"政策研究"和专项环境问题、环境行为与环境抗争研究等领域。大概可以说，基础理论研究与经验政策研究的失衡是当前中国环境社会学持续发展的最大隐忧，在经验研究方面对环境社会学所应覆盖的主要领域的关注，也还不是很均衡。这也体现出，中国环境社会学还是不够成熟的。当然，经验研究和政策研究很重要，特别是在训练研究生的时候是很有价值的，有利于学生练手和发表。但是，从长远来看，如果一个学科的基础理论很薄弱，对事关学科建设的基本问题认识不清晰，必然会影响这个学科发展的后劲。因此，我今天想围绕环境社会学的三个基本问题谈点认识，这就是事实、理论和价值。

二 如何理解环境社会学所关注的事实

现代社会学的奠基人之一杜尔凯姆曾经指出，社会学就是研究社会事实的。社会事实大致可以理解为在社会层次上发生的，不依赖于个人而独立存在的，同时可以对个人施以外在制约作用的种种社会现象或行为方式。环境社会学作为社会学的一个分支学科，自然也是研究社会事实的。但是，这门学科的创始人之一，美国社会学家邓拉普（R. E. Dunlap）认为，杜尔凯姆所代表的社会学过于强调"社会事实"，实际上是强调"社会"的事实，而忽视了作为社会之基础的生物物理世界，也就是环境事实，由此导致社会学研究对环境维度的严重忽视以及在生态危机面前社会学者的集体失语。邓拉普主张将环境事实带回社会学研究当中，要系统地分析环境与社会的互动关系，并借此开创环境社会学这门学科①。我们现在可以

---

① 在一开始，邓拉普使用"Environmental Sociology"，是有重建整个社会学的意图的，但后来他也默认了环境社会学只是社会学的一门分支学科的事实。

看到，邓拉普等人的努力是有成效的，这种努力促使传统社会学更多地关注环境事实，并为环境社会学这门分支学科奠定了一个意识形态基础。

但是，深入地看，环境社会学在何种意义上关注环境事实，这还是充满争议的话题。我们现在可以看到很多关于环境事实的研究和报道。例如，我国每年6月5日前后都会发布环境状况公报，报告大气、水、固废、噪声、自然生态等等方面的状况。根据《2014年中国环境状况公报》，在大气环境方面，全国开展空气质量新标准监测的161个城市中，有16个城市空气质量年均值达标，145个城市空气质量超标。全国有470个城市（区、县）开展了降水监测，酸雨城市比例为29.8%，酸雨频率平均为17.4%。在水环境方面，全国423条主要河流、62座重点湖泊（水库）的968个国控地表水监测断面（点位）开展了水质监测，Ⅰ、Ⅱ、Ⅲ、Ⅳ、Ⅴ、劣Ⅴ类水质断面分别占3.4%、30.4%、29.3%、20.9%、6.8%、9.2%，主要污染指标为化学需氧量、总磷和五日生化需氧量。在4896个地下水监测点位中，水质优良级的监测点比例为10.8%，良好级的监测点比例为25.9%，较好级的监测点比例为1.8%，较差级的监测点比例为45.4%，极差级的监测点比例为16.1%。在生态环境方面，全国生态环境质量总体"一般"。2461个县域中，"优""良""一般""较差"和"差"的县域分别有558个、1051个、641个、196个和15个。生态环境质量为"优"和"良"的县域占国土面积的46.7%，"一般"的县域占23.0%，"较差"和"差"的县域占30.3%。

很明显，以上这些环境事实是经过自然科学家的研究和监测发现的，在此意义上，它们也是经过社会建构的环境事实。作为社会学者，要关注这些环境事实，其实主要是一个相信不相信、赞同不赞同的问题，你不可能具有专业知识去识别和分析诸如雾霾、水污染之类的环境事实。在这一点上，作为专业人士的环境社会学家，其实跟普通公众没有多大差别。问题的关键在于，以邓拉普为代表的环境社会学家，基于经验的感知和对科学共同体的信任，主张应当相信日益恶化的环境状况是真实的，这种观点可以叫作实在论。与之相对的观点，则多少回避了日益恶化的环境状况是否真实这样的问题，而更多地强调这样一种状况的社会建构过程，这种观点可以叫作建构论。建构论与实在论之争，是环境社会学中的一个主要争论，涉及学科本体的认知问题。针对这种争论，邓拉普批评建构论已经走得太远，走向了不可知论的误区和对现实持有的犬儒态度。

作为一名普通公众，我相信环境状况的恶化是真实的；作为一名环境社会学研究者，我也相信其是真实的。在此意义上讲，我是一个实在论者。但是，作为社会学者，我确实无法准确判断环境事实的真实程度，我更有可能关注的是特定的环境状况如何被认为是成问题的，在多广的范围内和多大程度上被认为是成问题的，其对社会又造成什么样的影响，并激起什么样的社会反应？比如，你说空气有污染，我在知识和技术上不好判断，但是我有经验感知，而且社会学的方法可以让我了解到究竟有多少人认为空气污染是个严重问题，都是哪些人认为是问题，各社会主体都做出了什么样的反应，像个人戴口罩、买空气净化器、抗争，以及政府出台政策治理空气污染，等等。我认为环境社会学应当着重关注这些方面的"事实"。这些其实是社会事实的一部分，但是，它们是因为特定的环境状况而引发的。所以说，环境社会学自然要关注环境事实，但实际上只能是关注环境因素的社会影响和社会反应。或者说，我们所关注的只是那些可以观察到社会影响和反应的环境事实。

从另一个方面讲，环境社会学也试图关注具有环境影响的社会事实，试图从社会、文化和行为角度去探寻特定环境状况形成的原因。假定说我们承认水污染是一个真实的问题，那么水污染的物理化学过程我们是很难说清的，但是我们可以调查污水排放的社会主体，分析社会主体排放污水的行为逻辑及其背后的文化、制度和结构性影响因素等。事实上，有不少基于环境与社会互动的预设所开展的理论研究和经验研究，都试图在特定的环境问题与若干社会事实之间建立关联，乃至因果关系。国家或地区的工业化、城镇化水平，环境保护制度化水平及其效率，生产总值和人均水平，在世界体系中的位置，文化与价值观，等等，都是常常被用来与特定环境问题关联的。目前有一个趋势就是将特定环境问题指标化、数值化，同时定量测量若干社会事实，运用回归模型揭示彼此的关联程度，并发展出理论解释。这样的研究契合主流社会学的研究套路，但是在操作化和理论解释方面都还有很大的困难与不足。

如此来看，环境社会学究竟研究什么？是研究环境自身的运动变化吗？我认为不是。但是，如果抛开了环境事实，环境社会学研究与其他的社会学研究又有什么区别呢？我本人的研究体会是，环境社会学在分析社会现象时，确实应当注意到环境与社会是密切相关、彼此互动的，说这个是预设也好，公理也好，大概都是可以的。在此基础上，环境社会学研究的主要事实应该是环境系统与社会系统的交叉复合部分，即具有社会影响的、激起社会反应的环境事实和具有环境影响的社会事实，归根结底，它们还是社会事实，是环境影响在社会的投射和影响环境的社会因素。我们环境社会学研究的主要目的是从社会学的角度，把这方面的事实说清楚，把事实之间的关联解释清楚，以便更好地促进环境与社会之间的协调。

在此意义上，我曾经把环境社会学定义为研究环境问题之社会原因、社会影响和社会反应的一门分支学科。这样，环境社会学所关涉的基本事实就包括了社会主体对环境问题的认知和环境相关行为、环境问题对社会主体和社会系统运行所造成的影响、社会主体因应环境问题而做出的技术制度安排（与实践）和文化价值的转变等四个大的层次。就我个人而言，这些年的研究主要集中在第一、第二层次，最重要的贡献之一就是对测量公众环境关心水平的 NEP 量表进行了检验和修订，提出了中国版的环境关心量表（CNEP），并比较系统地揭示了中国城乡公众对环境状况的认知与行为差异。特别是，我分别于2003年、2010年和2013年承担了人大社会学系"中国综合社会调查"（CGSS）项目环境模块的设计工作，所搜集的数据为量化地呈现中国公众环境关心和行为的社会基础、历时性变化（如表2）以及相应的国际比较研究提供了支持。现在，这些数据都已按照程序向国内外研究者开放。同时，我也关注了环境问题社会影响的差异性分配问题，也就是环境公正议题。比如，即使像空气污染这样一个具有普遍性影响的环境问题，它所带来的社会影响实际上也是存在差异分配的，并不完全像社会学家贝克所说"饥饿是分等级的，空气污染是民主的"。在北京浓霾蔽日的时候，有的人可以到外地躲避，还有一些人选择长期在海南之类的地方居住。即使留在北京，有的人购置了很多设备，防护措施严密，而另一些人则没有条件，直接暴露在污染的空气中，遭受损害可能更大。

表2　　　　城乡居民对于不同类型环境问题严重性的认知

环境问题类型	认为居住地区该问题"严重"的比例（%）			
	CGSS 2013 数据			CGSS 2003 数据
	城镇	乡村	总体	城镇
空气污染	53.0	25.7	44.8	51.7
水污染	46.7	34.1	42.7	47.7
噪音污染	45.1	22.5	39.1	50.1
工业垃圾污染	42.1	26.5	37.8	42.8
生活垃圾污染	47.5	32.3	42.4	51.3
绿地不足	40.9	17.1	34.9	51.5
森林植被破坏	35.8	19.1	30.1	46.1
耕地质量退化	42.6	33.7	39.1	55.7

续表

环境问题类型	认为居住地区该问题"严重"的比例（%）			
	CGSS 2013 数据			CGSS 2003 数据
	城镇	乡村	总体	城镇
淡水资源短缺	38.4	29.4	35.4	43.5
食品污染	59.0	25.9	49.8	47.1
荒漠化	32.6	16.0	28.2	43.2
野生动植物减少	42.8	31.9	39.2	58.0

除了正确把握环境事实与社会事实的以上关系之外，环境社会学还需要注意所研究事实的不同类型。这里主要是区分清楚局部的事实与整体的事实、静态的事实与动态的事实、统计的事实与感知的事实、客观的事实与建构的事实。不同事实的选择不仅体现了研究视角、旨趣和风格，也影响着研究结论。

首先是区分局部的事实与整体的事实。对于环境社会学中所关涉的"环境"事实，很多时候被假定为一种整体性的环境危机，但是认识到整体与局部存在差异，有着多样化的"环境"事实，这对开展环境社会学研究或许是更为有意义的。自从1962年蕾切尔·卡逊发表《寂静的春天》以来，直到今天我们讲全球气候变化，现代工业社会面临的整体性环境风险被一再强调，环境社会学也是在这一过程中诞生的分支学科。当然，我们可以在理论上想象和建构这样一种整体性的环境风险。但是，我们在日常生活当中所面对的往往是局部的、具体的、差异化的环境事实或者风险。比如说，全球气候变化是一种整体性事实，但是不同地区所面对的威胁以及所感受到的风险还是有差异的，这也影响到全球应对气候变化共识的形成。再比如，中国整体上是一个缺水的国家，但是在一些地方却是水源充足，没有缺水的概念。所以说，关注整体性环境事实，在人类社会与环境系统之间讨论问题很重要，但是，要深入了解不同地区、不同人群对环境的认知和行为反应，也许应该更加关注彼此差异的局部性环境事实。与此同时，在整体环境衰退的情况下，也确实有局部环境改善的可能和案例，关注这种可能和案例，对于环境社会学研究同样具有重要意义，甚至可以给研究者以希望，给予施政者借鉴。我在今年夏天去浙江安吉调研，对安吉的生态环境改善印象相当深刻，那个地方社会与自然的和谐程度很高，我很振奋，并且很想深入弄清做到这样的路径和机制，这是下一步要开始的工作。我认为，在环境社会学研究中，无论是考察环境衰退，分析环境衰退的社会影响，还是研究环境衰退的社会反应，都要结合整体的和局部的事实。

其次是区分静态的事实与动态的事实。实际上，事实本身都是在不断发展变化的，着眼于这种不断发展变化的过程对于环境社会学研究很重要。我们今天所面对的环境问题，都是有一个发展过程的，环境问题自身在发展，环境与社会互动的关系也在发展。我们注重从动态的角度把握事实，一是可以更加全面地认识和描述环境问题，二是能够看到社会应对环境问题的动态努力，三是可以对环境问题的未来发展有一个比较合理的预期，四是可以辩证地认识环境问题的社会影响。有时候正是环境危机催生了社会经济结构的转型，引导了新的发展方向，煤炭代替木材、电力代替煤炭，乃至今天追求更加洁净的能源，都是社会系统因应环境问题的选择，这种选择带来了生产生活的巨大变革。在另一方面，如果我们选择了观察分析静态事实的角度，我们的视野就会受到限制，对于环境问题、环境治理以及环境与社会关系演变方向的分析判断，可能就会失当。比如说，如果忽略我国大气污染及其治理的过程和绩效，我们很可能就会因为当前大家关注的雾霾问题而对环境政策和发展道路作出有失偏颇的评价。如果忽略环境问题发展演变的历史，我们对工业社会以来的环境问题的判断也有可能失准。实际上，每个时代，社会发展的不同阶段，都有其所面临的环境问题，也都有相应的防范和应对环境风险的社会安排，环境问题自身不是什么"新鲜事"。所以，我很强调将历史的视角带回社会学研究，包括带回环境社会学研究中。我们需要重视环境史的整理和分析，对环境史的认识越清晰，我们的研究就越科学。在这方面，我非常钦佩日本学者舩桥晴俊的努力，最初他组织编写了日本的环境年鉴，后来又扩展到世界其他国家，以编年史的方式记录了工业化以来各国环境事件、环境政策、环境研究等等，呈现出一幅环境与社会互动的动态长卷，这项工作对于环境社会学学科建设和科学研究工作是相当有意义的。

再次是要区别统计的事实与感知的事实。任何学科的研究都需要呈现资料，资料和呈现方式的选择对于研究结果有很大影响。环境社会学研究可资利用的资料有很多，一方面有大量的各种来源的统计资料，另一方面也有反映社会主体认知和感受的描述性资料，这些资料代表着不同方面的社会事实。当我们需要描述环境状况时，我们很自然地会想到去引用一些权威的统计报告，比如说中国环境统计年报、中国环境状况公报、世界银行报告等等，我们会选择一些空气污染、水污染、固废污染、环境治理投入等等指标，报告环境质量状况和改善环境的努力程度。但是这些统计数据所呈现的事实，与日常生活中人们所感知的事实是不同层面的，两者之间甚至是不一致的。统计指标所揭示的环境问题也许很严重，但是并不为公众所感知，而统计数据认为不是很严重的问题，甚至是在不断改善的问题，公众主观感知到的却可能是非常严重的。比如说，关于雾霾问题，应该说统计数据可以揭示出长时段上空气质量向好的趋势，但是公众主观感觉却是空气质量严重恶化。又比如，统计数据呈现出了全球气候变化的长期趋势及其严重性，但是老实说，中国目前有多少公众认为气候变化是一个严重问题呢？考虑到人们直接感知到的事实对其态度、行为和价值观念有着更为直接的影响，环境社会学者似乎更应注重这种事实的发掘、分析和呈现，也就是更加注重以人为中心，关注人们日常生活的感受，而不能只是简单地依据统计的事实去进行分析。特别是在环境风险分析中，公众感知的事实需要予以特别重视，而不能偏信专家统计出的事实。比如，某地建设一个重化工企业，专家使用各种数据证明企业对周边环境无害，还会带来收入、就业、财政收入的增加，但是老百姓就是认为企业会造成污染。我们就不能轻易忽视或者否定老百姓的意见，说他们无理取闹、没有知识，这样简单处理往往就会加剧社会冲突。现在一些地方的群体性突发事件中就存在这方面的问题。我们既要重视统计的事实，也需要尊重并分析公众感知的事实，找寻更加科学合理的沟通办法和解决问题的方式。

最后就是我们需要区别客观的事实与建构的事实。从一个极端的立场讲，所有的事实都是经由一定的社会过程、由相关主体参与建构的，科学发现也不例外。但是，事实又确有客观的一面，可以为人们所直接感知。比如，水被污染了，空气质量不好，到处都是垃圾，等等，这是客观的事实。但是，水是如何被污染的，空气质量是如何变差的，往往就需要专业知识进行分析。作为环境社会学者，对于此等详细事实的揭示难以做出太多的贡献。不过，究竟哪个环境问题变得重要，哪个环境问题进入了政策议程，环境问题对谁有影响、有什么样的影响，环境治理的成效如何，对诸如此类的议题进行分析，环境社会学可以做出应有的贡献，因为这里面涉及多主体的社会互动过程，而关于社会结构与社会过程的分析则是社会学的长处。从事环境社会学研究，固然要认真对待客观存在的环境事实和社会事实，但是也要充分重视环境事实、社会事实的建构过程。以一种建构的视角解析事实呈现的过程，揭示事实的性质，并不一定就是解构，就是否认事实的客观性，实际上也有利于强化某种事实的存在和传播。比如，当我们了解清楚远在南极的臭氧层空洞是如何引起关注的，我们就可以强化和利用某些建构技术，使得那些超出人们日常感知的而又客观存在的环境问题，能够进入公众视野，引起公众关注，并进而促进问题的防范和解决。

三 把握环境社会学理论建构的一种趋向

清晰地认知环境社会学的研究对象固然很重要，但是要深化环境社会学研究需要重视理论建构，而理论建构需要结合社会系统的运动变化不断扩展社会学的想象力，这就是我接下来要讲的第二个话题：把握环境社会学理论建构的一种趋向。

我们可以环境问题的社会原因分析为例。关于环境问题产生的社会原因有很多理论分析的视角，我在这里试图梳理出一种发展脉络，当然也还存在着其他的分析进路。有些学者从社会主体的角度来看，认为国家、企业家和大家（公众）是导致环境衰退的三个重要主体。就"国家"而言，像政治经济学派的学者就认为资本主义国家和资本家的合谋，加剧了环境破坏。有些针对发展中国家的研究也表明，发展中国家大规模的政府开发导致了环境破坏，还有人认为国家对于社会反应滞后，没有有效地推动制度变革，这也是导致环境问题日益恶化的一个原因。就"企业家"而言，因为大量的污染是从企业出来的，所以企业家自然是重要的责任主体，而关于企业行为的研究就是环境社会学的一个重点。就"大家"而言，主要涉及公众责任。如果每个人都能自觉约束自身行为并积极推动环境保护，那么这个社会肯定是一个环境友好的社会。如果大家都认为自己没有责任，都是别人的责任，那这个社会只能是互害性的、对环境不友好的社会。限于时间，我在这里主要以环境社会学围绕企业行为而开展的理论研究为例，揭示其中存在的一种扩展社会学想象力的路径。

毫无疑问，企业活动与环境污染密切相关，企业产品类型、技术水平、管理方式及其背后的环境意识等等决定了企业的污染水平，这种污染水平是可以客观监测的。当我们监测到企业污染，不管是污水、废气还是垃圾，我们首先想到的是这个企业真不像话，它怎么会污染环境呢，管理企业的企业家真是没有良心，不讲道德。这样一种看法是从道德层面质问或者批评企业家。在理论上甚至可以指出企业奉行的是企业中心主义或者人类中心主义，相应的解决之道也就是要求企业养成生态中心主义价值观，恪守环境道德，像台湾地区学者所说的那样，要在传统的"五伦"之外强化人与环境的伦理关系。这种看法固然有其合理性，但是如果仅仅停留于此，就体现不出社会学的视角。

社会学的视角是什么？当然有很多种视角。我看社会学最基本的一个视角，就是把人、把企业都放在一个社会环境当中去看待，每个人、每个企业都是在现实的社会条件下生存和发展的，个人行为、企业行为，都是与社会环境互动的行为。由此角度来看，企业排污问题就是企业在与社会环境互动中的一种理性行为，这样一种解释也叫作理性选择解释。企业排污不排污，不是一个伦理道德问题，而是在与社会环境互动的过程中遵循着利益最大化原则。当企业家发现排污获得的收益要高于不排污，那肯定就去排污了。其实，理性选择理论受到经济学的很大影响。经济学把企业排污行为概括为"内部成本外部化"：本来企业生产过程中产生的污染是要自己消化的，消化就要计入成本，成本提升，它的利润就下降了，竞争力也会下降，所以企业就将污染外排，由社会来承担成本，企业追求自身利益的最大化。相应地，这样一种理论视角所看到的解决企业污染问题的方案就是加强对企业行为的制度约束，促使其把环境成本内部化，比如说排污收费等经济制度以及关停并转罚等行政处罚制度等。但是，在实践当中这些制度的有效性往往不足，现在还在探索污染的第三方治理等新的制度安排，国务院、北京市都颁布了相关文件。

顺着理性选择的思路，我们还可以接着发挥一下社会学的想象力。我们分析企业行为，是否假定了企业是孤立的或者独立的行动者？事实上，事情并非如此简单。企业往往是与其他主体密切关联的。这种关联是影响企业行为的重要因素，甚至是更深层的因素。环境社会学中的政治经济学理论，就对此进行了更深入的分析。这种理论认为，企业不只是一个独立的面对市场的，努力把自己的成本最小化、利润最大化的行动主体，企业与政府之间存在着某种合谋，企业行动是一种联合行动。尤其是在资本主义制度下，政治家需要选票，需要选票就承诺就业，承诺经济增长，而承诺经济增长你靠谁，就要靠大量的企业家去投资、去创新，所以说，政府要去鼓励企业发展，这样企业的污染行为在一定程度上就会被政府所容忍乃至包庇。只有在污染很严重的时候，影响到了老百姓的投票，政府才会选择对企业行为进行适当的约束。史奈伯格是西方环境社会学研究中政治经济学理论的代表人物，其理论的核心就是阐释权力与资本、政府与企业的合谋，这种合谋使得政府与企业的利益不断达到新的平衡，而解决污染问题只是随机的，根本不可能彻底解决。他所使用的"苦役踏车"概念，揭示的正是资本主义条件下持续地、周期性地创造稀缺和不断扩大生产的内在机制，这样一种不断扩大的生产必然需要不断扩大的消费，大量生产、大量消费、大量污染，也就成为资本主义条件下环境问题的基本逻辑。虽然史奈伯格的理论主要针对西方资本主义国家中的企业行为，但是该派的学者也曾尝试运用政治经济学视角分析发展中国家企业与政府、经济与政治的关系。国内一些学者的研究实际上也采用了这种视角，或者说与之不谋而合。比如，智明教授也曾在文章中讨论了基层政府作为经济人的谋利取向，而南京大学张玉林教授在讨论中国农村环境破坏的时候，直接就用了"政经一体化"的概念，指出一些基层政府的行为类似企业，甚至是一些企业的出资人、保护者，生产总值的增加对于政府而言是利益最大化的，可以增加财政收入、创造就业和个人升迁机会等，所以政府与企业密切合作，权力和资本紧密勾连，抑制了公众的声音，牺牲了不能言说的环境。

从分析层次上看，政治经济学视角明显更加深入，其结论对于现实具有很强的批判性。但是，理论研究并不能就此终结。如果说把企业放进社会中研究体现了社会学的基本视角，那么，我们还应该看到企业所在的"社会"是不断变化发展的，相应地，企业也不断调整自己以适应社会，无论主动还是被动，不管愿意还是不愿意，这是所谓"大势所趋"。在这个意义上讲，西方环境社会学中的生态现代化理论就正好揭示了这一点，或者说是在考虑到这一点的基础上提出来的，进一步拓展了社会学的想象力。

生态现代化理论最初的提出者在德国，后来以荷兰环境社会学家阿瑟·摩尔为代表的一批学者，对此理论发扬光大，并不断地在全球范围内推介传播，产生了非常广泛的影响。作为一名社会学者，他的博士论文却是关于一个企业的。他所研究的化工行业，一般被认为是现代工业的一个代表，而且是环境污染大户的代表。但是，摩尔在其所研究的化工企业观察到，企业自身正在"绿化"，从技术开发、程序改进、规章制度建设乃至经营理念等，都能看出企业在生产的过程中努力减少排放，保护环境，使自己变成一个干净、绿色的化工企业。摩尔认为，这样的企业行为具有标志性的意义，其他企业也可以发生类似的变化，然后整个行业都可以发生变化，并且可以带动一个地区、一个国家乃至全球发生变化。摩尔据此提出，近代以来的现代化进程是可以自我调整的，未来的环境改革充满希望，工业化和环境保护可以兼容，经济增长和环境保护可以双赢，没有必要反对现代化，没有必要呼吁"去工业化"，这大概就是生态现代化理论的核心观点。

回过头来看，生态现代化理论为什么会观察到社会环境中的企业行为发生如此巨变呢？这就是前面讲到的"大势所趋"：在大的社会转型进程中，企业不这样做都不行了。为什么？摩尔指出了5个主要方面的社会趋势：第一是科学技术自身以及人们对待科学技术的态度已经发生变化。原来很多人认为现代技术是破坏环境的，尤其是大规模复杂技术，所以在20世纪70年代曾经流行过"小的是美好的"，小型、简单的适用性技术被看作一种可以替代现代技术的选择。这本质上是一种"去现代化"和反对技术进步的主张。但是，

20 世纪 80 年代以后，随着科学技术的进一步发展，它的两面性越来越突出，大家认识到技术不只是环境破坏的力量，也可以是环境保护的重要力量，尤其是像信息技术这样的先进技术，对于经济增长和环境保护都具有重要意义。大家越来越赞成充分发挥这类技术在环境保护中的作用，同时促进经济持续增长。第二就是人们越来越意识到市场机制和经济主体在环境保护中的作用。市场已经不只是破坏环境的力量，简单的行政管制并不一定真正发挥作用，而完善的市场机制和环境正在成为促进环境保护的重要力量。尤其是在大量生产之后，市场环境发生重大变化，原来是卖方市场，现在是买方市场。买方市场以后，消费者的消费偏好就会对生产有很大影响。特别是，当人们从小就学到要环保、要绿色，那他不买那些不环保的东西，不买那些不绿色的东西，就会发出强劲的市场信号，迫使你供给侧进行改革。第三就是民族国家的地位与角色发生了变化。所谓"经济靠市场、环保靠政府"已经行不通了，国家并不是像想象中的那样有力、有效，单纯指望国家依靠行政手段解决环境问题是不现实的，国家也有难以承受之重。环境治理需要由国家独治转向多主体参与的社会共治，其中公众和企业都是重要的治理主体，这样企业也就被赋予了更多的社会期待。第四就是公众社会运动的性质、地位和作用方式都发生了变化。原来公众抗争不仅具有所谓的道德制高点，而且被认为是环境保护的重要力量，很多的社会运动总是与政府、企业处于对立状态，跑这个企业堵门，跑那个政府门前抗议。实践表明，仅仅堵门、抗议是没有用的，关键要找到出路。公众需要合作，广泛的合作，包括与政府和企业的合作，这样就给予了企业更多的激励和支持。第五，也是最后一点，摩尔指出，形势比人强，世道大变了，人们的意识形态也变了。在经济发展到一定阶段，环境保护的意义已经被越来越多的人所承认，甚至已经成为一种基本的价值观。那种完全忽视环境，或者将经济利益与环境利益从根本上对立起来的做法，已经不再被认为是正当合理的了。国家不敢，政客不敢，企业家也都不敢这样，如果这样，或者丢掉选票，或者丢掉钞票，是犯傻的行为。问题的关键在于，各个社会主体都想探求一条出路，让大家钱照赚、财照发，还又能保护环境。总之，如此多方面的社会巨变，意味着企业所面对并生存于其中的整个社会环境发生了很大的变化。在这样一个变化的环境中，企业只有找准自己的角色定位，调整自己的行为，才能适应和发展。而解释企业和社会这样一种变化的趋势，就催生了生态现代化理论。

大家想一想，顺着这样的线索，到了生态现代化理论这一步，我们还有没有继续发挥社会学的想象力，进行新的理论建构的空间呢？答案自然是肯定的，想象力无穷，理论探索也不会止尽。实际上，我本人针对中国环境状况的持续恶化，曾经提出一个"社会转型论"，也可以说是对特定时空中社会环境变化的一种描述和解释，旨在探寻这样一种社会转型过程如何引发了包括企业、政府和公众等社会主体的行为与价值观变化，而这些变化又如何影响了中国社会与环境之间的互动。可以说，社会环境的变化是有时空特点的。摩尔讲生态现代化是基于西方发达国家社会转型的实践，严格来讲，是基于西欧发达国家社会转型的实践。这样，聚焦于一个发展中大国的现代化转型，也就是中国社会转型，一定会有新的理论发现。我提出的观点只是一个尝试，主要考察的是中国社会结构、社会体制和价值观念转型与不断恶化的环境状况之间的互动关系及其未来出路。我采取了一种辩证的立场，即指出中国社会的特殊转型进程确实加大了环境压力，甚至导致了环境衰退，但是这样一种社会转型过程也孕育了缓解环境问题的机制和方向，一个政府、市场和公众等多个主体合作共治环境的局面正在浮现、形成乃至定型，并由此开辟出中国环境治理的特色之路。

把社会转型的时空维度考虑进来，我们还可以看到生态现代化理论的不足。我和我的团队曾经对生态现代化理论做了一些研究，出版了专门著作。生态现代化理论的实践依据主要是在德国、荷兰，放大一点，是在西欧，即使再放大一些，也主要是在西欧北美。很明显，这些地区只是世界的一部分，当然是发达的一部分，它们是现代化的先行者。基于这种地区实践而提出的理论是否具有全球普适性呢，或者说可以解释和预测全球社会与环境变化的趋势？我看这里有着很广阔的思考空间。一方面，各个地区发展阶段不同，发展模式不同，社会经济体制与文化传统不同，人口与环境基础也有差别，是否可能出现生态现代化，或者将以何种形式实现生态现代化，这些都还需要深入研究；另一方面，当今世界全球化进程在深入推进，全球社会已经形成，全球社会密切联系、彼此依存，但并不是均衡发展的。西欧北美的生态现代化并不意味着全球性的生态现代化。甚至，西欧北美的生态现代化是以世界上其他地区的现代化和非现代化为基础和前提的。比如说，在加拿大，纸浆生产减少了，慢慢地不毁坏森林了，但是在印度尼西亚、巴西这些热带雨林地区的森林砍伐却越来越多，大量的纸浆厂转移到那里去了。包括美国，在金融危机时发现，自己的金融经济、虚拟经济和实体经济是脱节的，它的大量的企业和制造业都外移到其他国家和地区了。现在美国要重新复兴制造业，当然这种制造不可能是简单地回归到原来的传统产业。这样说就是西方发达国家先发展了，进入了所谓生态现代化的阶段，但是其基本的生活需求和价值观都没变化，把污染产业外移到全球其他地方，而全球其他地方的环境恶化支撑了它们这些国家的环境改善，或者说生态现代化。这些现象是互相关联、互为一体的。现在人们经常讲后工业化、后工业社会，我个人认为对这些概念的使用始终是要谨慎的，需要考虑到是对谁而言。对于西方发达国家和地区而言，可能是后工业化了、后现代了，但是在全球社会中，工业化还是进行时，中国目前是最大的工业化进程中的国家。等到哪天中国工业化完成了，世界上其他地方又必然出现新型的工业化中心，比如像印度、南非之类的国家。因为人类社会进入现代以来，其基本的工业需要在那里，建筑、交通、能源、日常生活等等，都需要依赖工业体系来满足，没有这个工业体系是不行的。那么，这个工业体系不在中国，就可能是在东南亚；不在东南亚，就可能在澳洲；不在澳洲就可能在南美、非洲……总之，这个世界是需要工业生产中心的。所以，我认为，工业化进程一开始，就是全球性的。在全球范围上讲，工业化也许长期不会结束，至少在目前，它还是在扩散阶段。

当我们把时空因素考虑进来时，我们发现生态现代化理论还有不断改进的空间。我曾经提出了一种发展的方向，那就是：随着全球性生态环境危机的日益演化，世界各国各地区都开始认真对待环境问题，并谋求经济增长与环境保护的双赢。在此意义上可以说世界上越来越多的国家和地区在探索生态现代化的实践。但是，各国各地区所采取的模式可能是各不相同、各具特色的，不一定都是沿袭西方的模式与道路。这样，生态现代化的西欧经验就会遇到挑战和质询，而生态现代化理论也就必然迈向全球共构阶段。

事实上，我们在考虑时空因素时，已经关联到一个全球社会的概念。全球社会的浮现也可以成为我们拓展企业行为分析的新空间。当今时代的企业，不是孤立的企业，不是特定环境中的企业，而是居于全球网络中的企业。全球化的社会环境正在对企业行为产生越来越大的影响。当然，不同企业卷入全球化进程的程度有所差异，但是已经有越来越多的企业是跨国企业。我们现在研究任何一个地区、一个行业、一个企业，乃至研究公众价值观与行为，都应该考虑到其与全球社会的可能联系，脑子当中一定要有一个全球的想象，一定要有全球联系、全球网络、全球社会的概念，要在这些概念中去分析问题。在这样一种视野中分析，相信会有一些更深层次的发现，甚至可以揭示全球化进程对于各社会主体，包括对于企业的复杂影响，以及其对于全球生态环境变迁的复杂影响。在此方向上，世界体系理论是一个可资借鉴的理论资源，当然也是可能的理论创新方向。

我在这部分所强调的核心意思是，环境社会学者在面对社会现象时，需要重视理论建构，而理论建构需要有不断扩展的想象力，需要有清晰的反思意识，需要弄清楚别人是在什么层次上提出的理论问题，需要识别和把握自己理论分析的层次，然后建构自己的理论。我在这里主要是以有关企业环境行为的理论发展为例，做出一种角度的梳理。我相信在分析国家、大众等主体的行为时，也会有可以不断扩展的许多方面。

四 直面环境社会学研究的"价值"问题

最后我再讲讲对于环境社会学研究中"价值"问题的认识。社会科学工作者，乃至所有科学工作者，都回避不了价值选择问题。秉持何种价值取向，不仅关涉研究主题的确定、研究材料的选择，而且影响到研究结论。作为科学工作者，不可能回避价值倾向，所以最好的方式是申明价值主张。我以为环境社会学研究中牵涉的主要价值取向包括以下五个方面的选择和主张。

第一，对待环境与社会关系的演化是悲观取向还是乐观取向？

在环境社会学研究中，对于环境与社会关系的前景持悲观取向还是乐观取向，这是一个最基本的问题。我经常会被人问道，你怎么看待环境与社会演化的未来？这个问题在 20 世纪 70 年代就提出来了。像罗马俱乐部的报告强调的是"增长的极限"，认为当下的工业社会按照现行的增长方式、增长速度，很快会走向它的极点，未来的社会将会崩溃，回到原点。而与之相对的另外一种观点强调"没有极限的增长"，认为所谓"极限"只是人自身的极限，环境自身不可能存在极限。在环境社会学的诸种理论中，譬如说人类生态学理论、政治经济学理论，包括风险社会理论，大体上都体现了一种相对悲观的价值取向，而生态现代化理论则明显强调了一种乐观取向。

对于环境与社会关系的未来，我想首先是不要一概而论，而是具体问题具体分析。实际上，整体性的环境威胁可能有其客观存在的一面，但是多少有着建构的成分。日常生活中所经验的环境常常是局部的、具体的。在这种经验当中，确实有些地方的环境与社会关系高度紧张，前景不容乐观。但是，也有一些地方环境与社会关系具有可调节性，未来前景是看好的，甚至现在就已经是很和谐共生的了。我最近走访了一些地方，包括福建长汀、浙江安吉，我的观察让我觉得有些改变还是有可能的。前几年我也一直在讲，生态文明建设在整体上讲非常难，而且注定是一个全球性的过程。仅仅中国建设生态文明而别的国家不建，即使我们建起来也持续不了。但是，你要看到在局部地区，生态文明建设确实是有可能先行的。所以，我主张要具体问题具体分析。其次，如果必须做出选择，我还是希望采取乐观主义的态度，因为乐观意味着希望，意味着采取具体行动是有意义的，甚至意味着人的存在是有意义的。大家都知道，人的生命是有限的，生下来注定将来是要死亡的。但是，小孩出生时，你去恭喜人家，说些恭喜祝贺的话，主人会高高兴兴。而你要悲观地说"这孩子迟早是要死的"，会让主人愤怒，大家也都不高兴。我们这个社会也是这样，你天天说它有危机，没有前途，一片黑暗，其实大家也不乐意听到这种声音。所以，为什么生态现代化理论出来以后，政府喜欢，企业家喜欢，老百姓也喜欢，就是因为它给人一线曙光，指出我们的发展没错，我们的现代化还可以往前发展，充满希望，生态理性是可以培育并融合到经济社会发展当中。它指出这条路径的可能性和现实性，比简单的悲观无为就要好得多。当然，也有一些理论不认为自己是悲观的，反而认为自己是激进的，是主张彻底变革的。比如说，政治经济学理论就对资本主义体制提出尖锐的批判，主张彻底变革资本主义体制，认为小打小闹是解决不了问题的。我倒认为这种主张有可能导致事实上的悲观和无奈，甚至为放弃局部的、渐进的努力找到了借口。我总觉得，希望无所谓有，无所谓无，只要付诸努力，希望就是有的。比起简单的悲观，我更强调积极的乐观，行动中的乐观，建设性的批判。

未来取决于当下的行动。

第二，如何看待经济发展与环境保护的关系？

这是一个非常现实的问题，也是非常棘手的问题。我们经常会被问到经济发展优先，还是环境保护优先？对于这样的问题，我觉得不能简单设问、笼统而论。在最为基础、最为本质的意义上，如果必须做出回答，我还是倾向于认为经济发展优先于环境保护，因为经济活动事关人们的生计，生计难以维持的情况下，如何进行环境保护？中国作为一个发展中国家，在发展实践中经常会遭遇到要温饱还是要环保的问题。有时，蓝天白云固然好，但是为了蓝天白云要牺牲生产、牺牲就业、牺牲收入，最终是牺牲最基本的生活，这样也是难以行得通的。当然，可持续的生计要以可持续的环境为基础，在一些特定的时空条件下，没有适当的环境基础，生计系统就要崩溃，这个时候环境保护还是具有优先位置的，为了可持续的生计必须保证环境是可持续的。进一步看，从经济发展与环境保护互动的长期历史看，每一种经济发展类型都会造成相应的环境破坏，但是同时也发展出了相应的保护环境的社会安排。在游牧时代，没有牧草了，人们就会迁到新的有牧草的地方去，或者轮牧；在农耕时代，发现土地退化了，就要实行轮耕或者休耕。在能源方面，当木材资源短缺了，煤炭就被用作替代能源，而在发现煤炭污染严重时，就导致了电气等新型能源的开发和使用。现在的问题是，我们一只脚迈进了工业经济时代，我们另外一只脚还没有进来，我们还没有发展出完善的保护环境的制度安排。这不是要工业经济还是要环境保护的问题，而是要两只脚平衡配套的问题。经济发展与环境保护是相辅相成的，经济活动破坏了环境，也为保护环境创造了新的机会和资源；反过来，环境保护也会倒逼经济体系转型升级，实现经济发展方式的转变，这也是有经验可循的。所以不能简单地把经济发展与环境保护看作对立的关系，是非此即彼的关系。在这方面，也需要具体问题具体分析。中国古人讲，鱼和熊掌不可兼得，但我们真是希望有兼得的方案。作为环境社会学研究者而言，我们确实希望能够探索到具体时空条件下经济发展与环境保护能够实现双赢的路径，我们需要坚持为此而努力。一些研究表明，这种努力在实践上也是有可能的。我给大家看一组数据，参见图1。这个图反映的是中美人均 GDP 和二氧化硫排放总量的变化趋势。从图中可以看出，美国大概是在 1973 年人均 GDP 6461.74 美元的时候，二氧化硫的排放达到了 2880.7 万吨，这是他的高点，然后就下来了。中国达到高点的时候是 2006 年，人均 GDP 2069.34 美元，二氧化硫的排放达到 2588.8 万吨，然后也在往下降。两相比较很有意思，就是说后发展的国家通过技术的进步或者利用后发优势可以提前实现环境污染这样一个库兹涅茨曲线顶点的到来。从一个方面来讲，也就是只要我们措施得当，我们在发展过程中是可以缓和环境压力的。

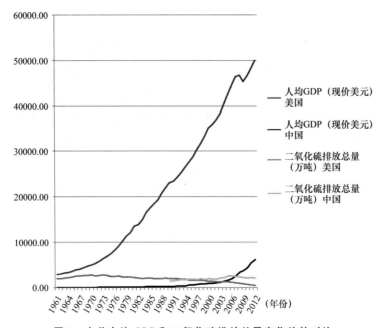

图1　中美人均 GDP 和二氧化硫排放总量变化趋势对比

第三，如何看待保护环境和社会公平之间的关系？

这个问题实际上涉及效率取向还是公平取向的选择，或者说是关注整体还是关注不同群体的选择，这些选择往往都是很难做出的。举个最简单的例子，全球气候变化议题。现在全球各国都在关注全球气候变化议题，反复地沟通、博弈以谋求应对之道。全球气候变化之所以受关注，因为它不光是关系到我们地球上 70 多亿人的整体安全，甚至包括地球上所有动物、植物的安全也受到影响，最终有可能关系到整个星球的安全问题。所以要求大家要行动起来，团结一致，采取积极有效的措施应对气候变化，稳定气候变化的趋势。确实，面对这样的整体威胁，世界各国、各个社会和所有人，都有责任做出努力。但是，在这种努力的过程中，公平问题也是不容忽视的。比如说，发达国家在发展过程中的历史排放占据了太多的环境空间，现在却要以环境空间所剩无几为由来限制发展中国家的发展，迫使发展中国家承担与其自身权利不相称的义务，这样是否不公平呢？基于不公平的合作是否有可能呢？即使可能，是否可持续呢？我不认为不公平的合作可以持续，所以，没有公平也就不能实现环境保护的目标，最终也就没有效率。其实，在国内层面也一样。整体而言，我国发展进程中面临的环境危机十分严峻，对全体国民都构成了威胁，但是不同地区、不同群体从这种恶化环境的过程中的"获益"是有差别的，其受环境恶化的具体影响也是有差别的，其所能承担的环境保护能力也是有差异的，因此，在应对中国环境问题时，我们需要关注社会不同群体、不同地区乃至代际的公平问题。当然，在开发利用环境方面，也是要重视社会公平的。比如说要治理京津冀地区的空气污染，一方面需要强调协同一致，通力合作；另一方面，也要考虑社会公平。要知道，北京人收入高，开着汽车，住着好房子，简单地要求周边的人做出牺牲以保证北京的空气质量，这也是有失公平的，周边很多老百姓也许还在等着开工挣钱盖房娶媳妇过小日子呢。所以说，现在京津冀协同发展，不只是为了解决环境问题这样一个目标，而是基于共享发展成果的全面协同合作。作为环境社会学者，我们固然关注环境问题的解决，固然关心社会整体的安全，但是我们的学科视角要求我们更多地关注环境问题产生、影响和解决过程中的社会公平问题，从分析的视角去看待不同族群的地位、利益与文化差异，特别是要关注环境不公平与社会不公平的叠加给弱势人群所造成的严重损害。这样一种价值取向，与自然科学的研究取向是有很大差异的，也是我们环境社会学者应当自觉的。

第四，在对与环境相关的重要社会主体进行分析时，是否应当避免脸谱化的倾向？

通常在分析环境问题的社会原因、社会影响和社会反应时，一些人都会关注到政府、市场、公民社会等重要主体，而且受一些西方学者的影响，常常对每个主体的作用有着刻板印象，习惯于脸谱化的分析。比如说对公民社会的过分美化以及强调公民社会与市场、国家之间的对立；比如说过分美化或者丑化市场的作用，宣扬市场万能论或者说市场失灵论；比如说过分期待或者过分看低国家的作用，宣扬削弱民族国家或者是强化国家的管制。我觉得这样一些简单化的、脸谱化的分析是不恰当的，甚至是错误的。在这一方面，我们同样要具体问题具体分析，要看到各主体"变脸"的一面，要注意考察各主体作用的动态变化，要结合具体的社会情境考察各主体的角色与作用。

事实上，人在变，社会也在变。不同社会发展阶段、不同社会体制背景以及不同的历史文化传统，都会塑造不同的国家、市场、公民社会以及它们之间的关系，我们不能对其有刻板、抽象的理解和期待。中国历史上的国家形态与现在的国家形态有很大差异，中国国家形态与西方发达国家的也有着差异，中国改革开放前后，国家的作用也有不同，特别是国家对于环境保护的态度有很大转变。在 20 世纪 70 年代以前，我们的国家不承认有环境问题，当时认为环境问题都是资本主义的毛病，而现在我们的国家首先提出了建设生态文明，你能说这个国家的作用没有变化吗？市场也一样，也在发生变化，从区域性的地方性的市场变成全国性市场、全球市场，从在资源配置中起补充作用甚至边缘作用的市场变成起决定作用的市场，从一个没有很好规制的市场变成一个日益完善的市场，从卖方市场变成买方市场，其社会作用和对环境的影响也有很大不同。公民社会呢，也是不断发展变化的，早期的行业协会、地下帮会，与现代意义上的社团是有差别的，现代的所谓"社团革命"在不同国家和地区的表现、影响也大有不同，其在不同国家环境保护中的作用也千差万别。所以，我们要历史地、具体地考察所谓国家、市场和公民社会。

进一步看，在现代社会运行过程中，国家、市场和公民社会之间的角色也存在着反串现象。比如说，现在经常讲社会治理，传统上，所谓社会治理就是国家在治理社会，但是现在市场、公民社会都参与社会治理，而且发挥着重要的作用，"国家"的很多事要靠非国家的角色来帮着办。同样，市场的运行也越来越不是完全自发自律的，很多时候，公民社会和国家也反串着市场的角色，发挥着参与经济事务、促进经济增长的作用，"市场"的很多事情要靠非市场的角色帮着办。而公民社会参与国家治理和市场活动的现象也并不鲜见，国家、市场有时也反串着公民社会的角色。所以，在此意义上讲，国家也好，市场也好，公民社会也好，其边界往往不是那么清晰了，似乎是越来越表现出你中有我、我中有你。因此，简单化地孤立分析各个主体，可能是脱离实际的。

仅就各个主体对于环境的影响而言，其实都不是单方面的。在很多时候，它们都有着双重面孔，无论国家、市场还是公民社会，都是如此。你说市场是破坏环境的力量吗？其实，市场机制也可以用于促进环境保护，目前的很多环境经济政策都是基于此设计执行的。你说国家是环境保护者，要强化国家的绝对权威和管制作用吗？

且不说专制型"环境国家"可能会造成其他方面的社会损失，仅就环境保护而言，已经有不少研究表明国家有组织的开发活动是破坏环境的重要因素。你说公民社会是环境的卫士吗？在一些时候，不成熟的所谓公民社会实际上是牟取私利的、妨碍环境保护和社会整体利益的。我们要特别注意辩证地分析各个主体的角色表现。

特别是，在全球化时代，各个国家和地区的国家、市场、公民社会之间的关系，都在经历着深刻变化，超越民族国家的市场、全球社会的兴起，使得各重要主体之间的关系更加复杂化，我们需要深入研究这种新变化，尤其要关注全球化背景下民族国家在环境保护中的作用。有些人大讲全球化、全球治理，主张削弱民族国家的作用。尤其是从20世纪90年代以来，美国学者萨拉蒙指出20世纪的社团革命，具有跟19世纪民族国家诞生同样重要的意义，公民社会将在社会治理中发挥重要作用。弱化民族国家以及国家治理作用的声音主要来自西方，国内也有一些呼应者，"人权高于主权"的口号则是这种声音的一个体现。如果我们亦步亦趋地照搬这种观点，不仅违背我们的国家利益，违背广大人民的利益，而且脱离中国的环境治理实践。自近代以来，我们的民族国家建设没有经历多少时间，国家建设的任务实际上还没有完成，海峡两岸至今尚未实现统一就是其中的一个缺憾。可以说，我们现在处在加强国家建设和调整国家角色的双重进程中，我们不能简单地讲弱化国家的作用。实践表明，在当今全球化时代，我们的国家仍是环境治理的重要的、有效的主体。

第五，如何对待理论导向的研究和政策导向的研究？

环境社会学是一门学科，很明显，开展环境社会学研究需要重视理论导向的学术研究。我在一开始就讲到了，目前环境社会学的基础理论研究非常薄弱，难以支撑这门学科的持续发展，对建设中国特色的环境社会学也不利，所以我们学术共同体需要共同努力，加强这方面的研究，打好学科发展的基础。但是，理论研究不能脱离实践，需要有指向实践的关怀。完全脱离实践的所谓"纯粹学问"，是否存在也许可以质疑，但是我觉得不应提倡。我想，大家对环境社会学感兴趣，并不仅仅是一种知识的兴趣，而是也有着对环境问题的担忧和促进环境治理的关怀。实际上，实践可以激发理论的灵感，实践也是检验、创新理论的基础。政治经济学理论也好，生态现代化理论也好，都是对于经验的一种概括。中国环境衰退、环境治理的经验，为环境社会学的理论概括和建设提供了丰富的土壤，非常具有发掘提炼的价值。不过，国内外的一些学者往往只是把中国经验作为验证或者否定西方理论的依据。这样也可以说是迟发展的学科在发展过程中必然经历的阶段，但是我们需要尽快努力超越这个阶段，这就需要研究者的理论自觉。

最近一段时间，我到福建长汀、浙江安吉和河北定州等地调研，既了解到一些非常具理论价值的最佳实践（best practice），也看到了经济发展过程中环境状况的继续恶化。比如说，长汀这个地方是几十年的水土流失，曾经基本上都看不到树木了，山上光秃秃的。但是，在当地政府主导的一系列与生态修复有关的社会改革下，长汀最近一二十年变化非常大，生态环境明显改善。安吉这个地方呢，我看到他们不仅把生态保护得很好，而且实现了"绿水青山就是金山银山"，经济社会发展很好，人与自然很和谐，给我印象十分深刻。如果说长汀是一个不太发达地区改善生态成功的案例，那么安吉实际上走过了先工业污染后环境治理的道路，在治理污染的过程中获得了新生。这两个地区的案例，其出现本身对于环境治理和生态文明建设就具有重要的理论意义，意味着区域性生态文明建设取得成功是有可能的。而深入研究下去，揭示这种成功背后的社会机理和学理，辨别其特殊性和一般性，就可以进行很好的理论建构，促进环境社会学的知识积累，并给其他地区的实践以启示和指导。河北定州则是又一种类型的地区，这是仍处于快速工业化过程中的地区，但同时又面临着环境政策日益严格的约束，也处在推进生态文明建设的压力之下。深入研究这种类型的实践，对于检验生态现代化理论，或者提出新的理论构想，应该是具有重要意义的。

培育理论自觉、注重理论研究，把理论与实践结合起来，这是我所主张的。与此同时，我并不反对政策导向的研究，甚至主张要大力加强这方面的研究，提升研究水平。不过，有一些倾向是值得注意的。例如，一是学术性不足，政策研究变成一般性的观点表达，甚至是个人价值观的宣泄，这样对于实际政策的设计和改进是没有多大好处的，甚至是有害的。二是简单地，甚至一味地批评中国环境政策，始终以批判者自居，不能科学评估中国环境政策的效果，看不到中国环境治理的成绩，这样是缺乏建设性的，也缺乏基本的历史的视角。历史地看，中国环境政策在不断发展完善，环境治理的效果也是明显存在的。设想一下，如果说我们从 20 世纪 70 年代到现在都没有通过环境政策实施环境治理的话，我们现在所面对的环境问题会是一个什么状况，我想毫无疑问应该是更为糟糕。如果横向比较的话，我们国家的环境治理绩效并不比其他一些发展中国家差。三是在政策研究中简单地借鉴移植的现象比较多。实际上，公共政策所针对的问题，以及公共政策所存在的社会发展阶段、体制制度环境和历史文化传统，都是有差异的。因此，简单的公共政策移植往往会出现水土不服的问题。我们进行政策导向的研究，必须立足于我们的实际情况。四是参与性的、行动导向的政策研究还有很大不足。我们一些政策研究往往是自说自话，研究者本身参与环境保护的经验很少，与实际工作部门的有效沟通也不足，对于政策倡议也很少有试验的经验支撑。这样，政策建议的指向性、操作性往往都不足。所以说，我们要注意避免政策导向的研究中的种种不良倾向，特别是要端正研究者的观念和态度，使政策研究和设计更加完善，不断提升政策研究水平。

在环境社会学研究过程中牵涉研究者价值倾向的方面还有很多，我这里主要指出了五个方面。我想每个研究者都不可能是价值无涉的，我们对自己开展研究的立场、观点和方法要有清醒的自觉，这样既是促进学术研究的需要，也是保证研究者之间理性对话的需要。

因为没有专门为这次报告做很系统的准备，我就结合自己的研究实践，围绕环境社会学研究当中如何认识研究对象、如何开展理论建构、坚持一些什么样的价值主张等三个问题，谈一些粗浅的个人认识与体会，敬请大家批评指正。我想，如果我们就这些方面的问题能有更多的共识，那么，我们也许会更好更快地推动中国环境社会学的发展。

评议与提问环节

包智明教授：

谢谢洪教授精彩的讲座。今天讲的环境社会学研究中的三个问题，就是事实、理论以及价值问题，都是我们做环境社会学不可回避的问题，也是长期困扰我们这些做环境社会学的学者、学生的问题。今天，洪大用教授通过自身的一些研究经验，给大家阐述了他自己对这三个重要议题的一些看法。我确实也对这些问题有所考虑，而且我们确实在长期，说起来也是 20 多年介入环境社会学研究，这几个问题一直都是回避不了的，但也是很长时间有意逃避的。

首先第一个就是关于"事实"的问题，环境问题是一个客观的存在还是一种建构的。当然，很长一段时间内，也是和我的学习经历有关，受日本的一些影响，日本的环境社会学都是在研究环境问题的过程中发展起来的，那么他们这样的环境问题已经严重到大家公认它是一个实体的存在，所以在这样一个大家都受到污染的影响，各种健康问题都产生以后，社会学介入这个领域，所以这个阶段环境问题不存在是一个客观事实还是媒体建构的，它就是作为一个客观的实体存在，所以我和邓拉普是一样的，确实是坚持实体论，相信环境问题是存在的。但是进入 21 世纪以后，我在研究沙漠化、荒漠化的过程中，突然发现在内蒙古这个地方为了解决沙漠化的问题采取了"生态移民"的措施，是一个地方政府的政策手段。国家层面上在进入21世纪以后各种各样的工程就覆盖了这个地区，"京津风沙源"治理工程、退耕还林（草）工程等等，这些生态工程已经在我所研究的这个地区实施。我是在那个地方出生的人，我知道20世纪八九十年代那样的问题就很严重了，这个问题那时候都是大家能感知的很严重的沙漠化的问题，但是为什么进入21世纪以后，才有媒体关注，政府也是在这个地方实施各种工程？这里头就有一个问题，就是有些问题存在不一定被大家关注，政府也不一定重视并采取措施解决这个问题，那么这里头就跟建构有关系，我用的话语叫"问题化"。首先有一些类似的问题存在，然后大家去感知，媒体去宣传，然后政府去采取措施解决，经由这样一个过程的"问题"，一部分是客观事实，但另一部分是媒体建构的，把它描绘成一个不解决就会关联到国家安全、绿色奥运等，把它提升到一个国家层面去看待，这个时候的"问题"跟它本身客观存在的那个问题就不一样了。确实是可能真实客观存在一些问题，但是它确实有一部分是媒体建构的成分。所以，在这样一个客观的事实和建构的事实之间，刚才给我一个很深的印象是，洪老师说我们社会学家去探讨这个环境问题建构的过程可能更有优势，确实我们在研究生态移民的时候也是有这样的。生态恶化了，到底恶化到什么程度，我们作为一个社会科学家没法去衡量，只能听自然科学家的。同样，我们生态移民以后生态恢复了，恢复到什么程度，是不是真正用他的指标来说，我们给他一个客观的测量，这个也是我们做不到的。我们只是利用自然科学家的发现或者自然科学家没有发现的，为老百姓所感知的现象，比如草都长出来了，以这样一个感性的东西来去研究这个问题。所以研究这个东西是不是准确，我们真是没有把握。我们在生态移民研究刚开始的时候，还关注这方面的内容，但是后来呢，越来越觉得，确实像洪教授刚才说的，很多东西我们的判断是不靠谱的，所以最后我后面的很多研究就是关注生态移民过程。这个生态移民是个政策，政策出台、实施到最后的结果之间关联到很多社会的主体，企业、老百姓、政府（中央和地方）每个主体的诉求是不一样的，想法不一样，最后各种博弈的结果变成那样的一个状态，对这种状态的分析恰恰是我们社会学研究的一个优势所在。所以，我主要的精力，包括在《中国社会科学》发表的文章，是主要把生态移民作为一个社会过程进行研究。怎么样去研究我们环境社会学所面对的事实，确实也有各种各样的策略。我们不一定非要相信邓拉普，也不一定只关注建构这一部分，如果完全没有一个客观的东西，那这个东西的建构也就无从谈起了，因为有客观的存在我们才有建构的条件。所以，如何把握客观存在与社会建构的事实，怎样去开展研究，确实是我们环境社会学需要进一步探讨的问题。

第二个就是有关理论，这个确实也关联到我们一般社会学的研究，尤其在环境社会学当中，这个问题更加突出。比如说，在环境社会学研究中，洪教授经常用问卷调查数据做研究，这就是我们的定量研究。但是，很多环境社会学研究还不仅仅是量化分析的问题，很多环境事件的发生、污染事件的发生，都是一个很特别的、很局部的一个事件。那么，我们可能做的是一个案例研究，是个案研究，这个时候我们怎样把个案的东西转换成一般化的知识，也就是经验的东西跟抽象的知识、理论连接的问题，在这方面环境社会学确实面临了很多挑战。日本的环境社会学家在这一点上做了很多工作，但是国内介绍得很少。我也确实是想要介绍，但是写了一篇文章后就没有精力了。其实，日本的很多环境社会学理论，比如最著名的环境社会学创始人饭岛伸子提出的"受害结构论"，就是在一个水俣病的案例研究中提炼出来的，而且一旦抽象出这么一个理论以后，它就带有很大的普遍性，因为其他的污染事件中也都能反映出这样一个构造和结构来。今天，洪教授通过一个企业污染的例子，讲到怎样把这样一个经验事实转换成一般化的知识和理论，这样非常有启发。

　　第三个洪教授说的这个价值问题，我个人也确实很有感触。其实在我看来，就是一个环境社会学家进行研究的立场和态度问题，或者社会责任问题。我们社会学的前辈之一，韦伯所说的价值中立，在社会学界还是很有影响的。但是日本的环境社会学会在建立的时候，在他们的宗旨当中写了一句话，现在不提了，早期经常提，就是"我们要不同于以往的社会学其他的分支学科，我们建立一个叫行动的社会学分支"，言外之意就是我们的研究对社会是要做贡献的，我们不仅仅是个学术研究，我们这个研究要转化成社会成果。实际上这是他们的一个理念，但后来为什么提得少了？确实在日本这个社会，高校、社会和政府对学者的期待不是那么高，不像我们，尤其是这些年的"智库"热，各个高校都存在一个如何把自己的研究成果转换成对政府的政策有一个直接作用的风气，日本没有，所以它们有这样的理念和目标，但实际上这方面确实还不是太明显，所以最近的一些学者不怎么去强调这些了。

　　我个人觉得，确实很难面对这个问题。比如说生态移民问题，它是政府的一个政策，其实很多的研究，比如我的同行就是生态移民研究专家，尤其早期的研究有强烈的价值取向，为政府去说话，说是这个多么好，能解决什么问题，我们应该怎么样推动。但是，我有强烈的价值中立倾向，这个是政府的政策，其实很想解决问题，但是我在研究的时候，我不去考虑将来生态移民会怎么样。我要研究的这个时间点上政策执行已经成为一个事实了，已经是一个经验事实了，已经有很多故事了。我们关注这些故事里头到底反映了什么学术的议题，比如这里头为什么刚开始有生态的目标，后来就没有了，而且不提了，这是一个事实，并不是说谁不让提了，或者我们要去通过研究把这生态的东西和保护生态的口号再喊出来，我们没有这方面的责任。所以我当时的研究确实有这样一个价值中立的倾向。其实，我的研究也看得很清楚，这是一个很失败的政策，我在学术论文之外私下谈的时候，就说这个政策早晚是个失败，实际上就是胡闹，就是当地政府官员为了体现政绩用国家的生态治理的钱弄出这么一个工程、政策来，为自己受益。但是，我不是从这个角度去用一些价值取向，去发表一些言论，而是把它作为一个已经发生的经验事实来做研究。我早期带研究生的时候，学生写学位论文总是在最后要写一个对策建议，我在很长时间里要求不要写，删掉，我的学生的毕业论文里不能出现这个，而且我也会在讲课的时候、在读书会上强调这个问题。我们是个学者，不要去管那些事。我们的研究，如果政府哪个部门看了之后觉得有用，它可以借鉴，把它转化成政策，但是我们没有这个义务。但是，这些年来，也是跟国家大形势有关，确实是也与我们学者的生存紧密相连，我们申请课题的时候也不能不说点这样的话，比如说现实意义，要解决一些问题。所以面对各种各样的压力，我多少也发生了一些变化。我们学者费了那么大的劲，确实做出一个成果来，确实发现了一些学术议题以外的对社会能做出贡献的东西，但是你不去说，不去反映，那你作为一个学者的社会责任在哪里？这一点我最近这几年确实在反思，但是我没有付出行动。洪教授因为他自身的这个位置，他有一些咨询委员的身份，他做的这方面工作确实非常不错，也值得我们这些死守学术的，但实际上又不是完全做学术的人去学习。

　　提问 1：

　　我给本科生还有研究生都开了环境社会学这门课程，在我们课程上您的大名多次出现，包教授我们能经常见到，见到您是比较不容易。我们其实也带着研究生非常认真地研读了您从最早期到现在发表的文章。是这样的，洪教授您刚才说包教授是环境社会学国外理论的引进者，其实您也是一位引进者，就从您最初的关于美国环境社会学理论的介绍，到后来对生态现代化理论的引进和批评，还有包括 NEP 量表的应用等，做了非常多的工作，我们也跟学生做了一些介绍。我们学生去做研究的时候，也使用过这些理论和量表，但是中间会发现一些问题。比如说 NEP 量表，您说 2003 年那个全国调查只调查了城镇居民，农村没有调查。2010年在城乡都做了调查。但是，NEP量表有的问题可能离老百姓的生活有点远，比如说全球环境问题，热带雨林问题，这个您要是问一些城镇居民，他可能会比较了解，但是问农村居民，他可能就不是特别关心。所以，我想问的问题就是：我们把西方的理论引进过来，它在中国的适用性，您觉得它是一个什么样的情况？另外就是说，我们引进西方的理论，在中国做实证研究或者是理论探索，也是想在中国有一个理论创新，那在中国环境社会学界这种理论发展的前景是怎么样的？

洪大用教授：

关于您的问题，我从两个方面进行回应吧。一个是关于NEP量表，另一个是关于理论创新。

刚才我在如何理解环境社会学所关注的社会事实方面讲了很多。邓拉普他们更加强调围绕环境问题本身开展研究，我更多地强调关注环境问题的社会原因、社会影响和社会反应，这些是社会事实，跟我们的主流社会学所讲的社会事实有高度的一致性。如果是在这个意义上讲，测量公众对环境问题的认知，自然就是测量一种很重要的社会事实，包括其存在的范围、程度、影响。为了测量公众对环境问题的认知，有很多种测量工具。因为环境本身有抽象的，也有具体的，比如说北京的雾霾就是具体的，我们曾经做过一次问卷调查，测量老百姓对于雾霾的心理反应。邓拉普开发的NEP量表，测量的则是公众对于一般性环境状况以及社会与环境关系的认知，这里面包括几个方面：对人类中心主义是怎么看的？对生态平衡是怎么看的？对环境危机是怎么看的？对经济增长的极限是怎么看的？对人类的特殊性，也就是人类是不是可以克服自己面对的危机又是怎么看的？这个量表主要测量的是对这五个方面的一般性看法，实际包含了十五个项目。这个量表在美国做过检验的。就相关文献来看，从其内部一致性程度、建构效度和预测效度以及从实践检验出来的变化趋势来看，量表是可以接受的。而且这个量表是各种量表中最有影响的，很多文章都在使用它。所以我在 2000 年引进了这个量表，在 2003 年用于问卷调查，后来在 2010 年和 2013 年的中国综合社会调查中都用了。基于中国调查的数据，我和我的同事已经从多个角度对量表的适用性进行了分析和评估，并且提出了中国版的环境关心测量量表，这些成果发表于《社会》《社会科学辑刊》《社会学研究》等学术杂志上，大家可以参阅。

对于中国公众环境关心的测量，当然要考虑城市和农村的差异，但是我们的研究表明，NEP 量表是有其效度的，改造以后更好，我们提出的中国版量表包含了十项，其在面对城乡居民测量对一般性的环境和社会之间关系的看法时是有效度的，历时性的数据表明可以测出变化的趋势，数据分析表明也可以对公众环境行为做出一些预测。当然，我们的研究也发现城乡居民之间存在着差异。确实，农村人心目中的"环境"跟城里人心目中的"环境"有不一样，所以也有人建议使用不同的测量工具，这样当然可以探索，也有人在做，但是却失去了城乡比较的可能。当你要做城乡比较时，最好还是使用一致的量表。

第二个就是关于理论创新问题。现在环境社会学的主要理论，有说十几种的，有说九种的，其实最主要的、最具环境社会学色彩的，一是人类生态学理论，讲的是人类与环境关系的一般性理论，就是人口、组织、技术、环境之间的一般关系模型，这是最基本的理论；二是政治经济学理论，讲的是资本和权力，国家、企业与环境之间关系的一种理论；三是社会公正理论，或者叫环境公正理论，主要讲的是环境风险的公正分配问题；四是建构主义理论，主要讲的是环境因素怎样渗透到社会的过程当中，怎样通过解析这个社会过程来看环境现象；五是生态现代化理论，主要讲的是现代化的生态转向及其逻辑。我觉得这些理论是比较有价值的。当然，有人把风险社会理论、世界体系理论也算上，这些也可以从不同的角度分析环境问题，比如说风险理论关注现代性自身的发展及其对环境的危害，世界体系理论考察了不平等的世界体系对于全球环境的影响。

在中国的发展过程中，其实已经具备了理论创新的重要土壤，我们的实践超前于我们的理论建构，也就是对于快速发展的实践来说，我们还没有非常科学的理论进行阐释。因为我们现在发展的技术经济基础，以及我们所处的发展阶段、所创造的发展模式、所面对的国际环境和国内环境，这些都跟当初西方国家的不一样，我们应该蕴藏着丰富的理论创新资源。有些现存的环境社会学理论可能是有意义的，比如环境公正理论，虽然在中国没有黑人、白人之类的种族问题，但是我们有城市和农村关系的问题，有不同社会阶层关系的问题，还有地区、代际关系的问题，这里面就有大量的理论借鉴和创新的空间，你不能简单地去拿西方基于种族不平等的环境公正理论来分析中国问题。

更进一步讲，我们的发展现在必须要走出一条路，这条路就是经济和环境要适度平衡、能够实现双赢之路，是绿色发展之路。这条路要走不出来，我们的经济难以持续，我们的环境基础支撑不了这样一种经济发展，那就是灾难性的。但是，只要走出来了，肯定就是中国特色的，我们需要着眼于中国实际去探寻、创造这样一条道路，这是迫切需要理论创新的。首先是要求研究者转换思维方式，面对我们实际的问题。我觉得现在学界似乎有一个不太好的倾向，我们身处快速变化的实践中，但是我们把握变化的方向往往更多的是参照国外理论的话语、知识，我们对自身变化的内在规律往往了解并不多，甚至我们对实际的政策发展也不是很熟悉。比如说，很多研究者并没有到实际部门工作过，也不了解政策制定的过程和内容，而是基于某种想象或者价值主张，基于国外的一些理论知识和所谓经验，对我们不断变化的实践盲目进行批评，指手画脚，这样其实是不合适的，没有建设性。我认为我们的实践有其内在的规律，这种实践中蕴含着值得总结的中国经验，肯定是有理论创新的巨大空间。现在就是看谁能够更加接到地气，更加把握我们实践变化的规律性，谁就能够走在理论创新的前沿。这也不光是环境社会学的问题，是整个社会科学的问题。我们回望 200 年前，从导致欧洲现代社会科学发展的大背景来看，当时学者们提出来的问题，与我们当下实践中面临的问题，看起来是一样的，实际上是不一样的，甚至有本质的不同。现代西方社会科学是基于西方文化背景下的工业化、城市化、现代化转型而提出研究问题，跟我们现在要提的问题是有差别的，而且我们提问的方式也有差别，得出的结论可能有很大不同。在此意义上，整个社会科学的理论创新都需要有理论自觉和思维转换。

包智明教授：

我补充一下。中国环境社会学的经验研究积累不够，在环境社会学理论方面要有创新，一定要有一些环境社会学的经验研究作为支撑。日本为什么有自己的理论提出来？就是因为从 20 世纪 50 年代开始，社会学家就介入环境问题研究，虽然没有用环境社会学这个学科名称。到了 70 年代末 80 年代初的时候，已经积累了很多的成果，包括饭岛伸子，从 60 年代就一直开始持续不断地研究环境问题。后来才有爆发，有各种各样理论的产生。日本的环境社会学理论与刚才洪教授说的几种大理论不一样的是，是中层以下的取向，就是在经验研究基础上提出的。所以，这一点上和刚才提到的，探讨宏观的环境与社会关系的大理论是很不一样的。那么，中国在理论上创新，可能首先也是在经验层次的研究，就是在经验研究基础上，然后在中层提出一些中国特色的理论观点来，类似日本的这条路，但不一定去模仿它。我们要有一个长期的积累，就可能会有各种各样的基于经验的理论观点，然后逐渐变成一个领域的中层理论。我是很有信心的，现在我们经验研究越来越多，就像刚才洪教授给大家展示的。但是，毕竟我们社会学家介入环境问题的经验研究的历史还比较短，所以一下子出来一个适用范围很广的、大家公认的好理论，还是需要点时间。

提问2:

非常感谢洪教授给我们做了这么完整的讲座,我觉得是受益匪浅。其实我刚才听您讲我们要尽量避免脸谱化的分析,我自己也非常赞同。因为不光是在环境社会学,在中国的很多社会学的研究领域里面,我们都非常依赖于一个国家与社会的二元对立这样一个分析框架,但实际上可能这些框架不一定是跟我们的现实吻合的,或者说是匹配的,那其实我们,包括和包教授还有陈老师做课题调研的时候,比如说在新疆伊犁,我们就发现其实可能不是一个国家跟社会二元对立的问题,而是一个政府不同部门之间关系的问题。比如说,以生产总值为导向的政绩指标是不是能转换成一个多元的指标,甚至是以生态为非常重要的指标,可能这些东西更重要。或者说环保部门在整个政府体系里面它的权力和权威怎么样,这个很重要。因为刚才听您讲的时候,您提到说,您在两个调查点上有一个非常长期的观察,那么我的问题就是:根据您还有您的团队的观察,在这两个调查点上能不能有一些可能比较有中国特色的或者这个地方特色的,我们在解决污染问题或者说是在推动环境保护的时候,我们其实有一些非常特殊的地方,甚至可能是一些经验,我们其实是关注不够,或者是了解不够,您能不能把这两个点上的一些总体情况给我们有一个呈现?谢谢洪教授。

洪大用教授:

这个就说来话长了,我简单回应一下。第一,我对福建长汀县和浙江安吉县的调查没有长期跟踪,是从去年开始有意识地做一些调研,有计划做跟踪研究;第二,如果说有可以分享的地方呢,我觉得就是这两个地方给我们一个启示:政府、市场和社区是在合作,发展出了一条有效的合作路径,这是他们解决环境问题的一个最重要的基础,当然这也还有待于继续观察。通常我们讲,单纯靠政府,政府的政策如果没有跟基层社区结合起来的话,从外部输入的政策往往是不可持续的。比如说,河北定县就有这样的情况。从李景汉先生开展定县调查那个年代开始，定县搞了很多乡村建设试验，包括一些当代学者开展的试验活动，但还是没有落地生根，试验结束也就结束了。但是，在长汀、安吉，政策与百姓生活结合很紧密。比如说在长汀，长汀最重要的就是把生态保护跟老百姓的生计转型结合起来。老百姓开门七件事，"柴米油盐酱醋茶"呀，总要生活吧。你让他不上山砍柴，那他烧什么呢？所以就要解决他们的替代能源问题。如果老百姓不去砍柴的话，政府就补贴燃煤，甚至在一定程度上就直接发给燃煤了，这样煤就成了替代能源。后来发现燃煤也不行，有污染，所以又改成电，补贴电。当然发电也还是会有污染，但是排放集中了嘛，在一个地方可控一点。所以，当地从替代能源入手推动生计方式转变，初步是成功的。当然，生计更重要的方面是收入，靠山吃山，靠水吃水，你总得让老百姓在山上或者通过其他途径能够找到收入来源吧？如果解决不了这个问题，政策也不可能持续。而长汀通过林业改革和发展第二、第三产业等，逐步做到了生态美、百姓富。还有，长汀对老百姓行为的监督不是仅仅靠外部、靠上面，更多的是靠老百姓之间的以传统习惯、舆论等方式进行的监督。我小时候在乡村生活的经历告诉我，在乡村熟人社会当中，你要是做了什么不好的事情，受到了处分，那些名誉上的损失比利益上的损失更大，比如说你会觉得被特殊对待了，不被群体接受了，这是很难受的。长汀把乡规民约、生计方式转型作为解决问题的突破点，很好地把国家的力量、市场的力量、乡村社区自治的文化传统力量等等结合起来，这是有意义的。在安吉那边，也有类似的做法。安吉给我印象最深的就是农村生活垃圾的分类，看上去是落实了的。实际上，当地的垃圾分类和生态保护工作，据说政府并没有投入多少资金，更多的是激发农民和社区自身的积极性、创造性。当地农民为发展旅游而开发的"农家乐"是很成功的，后来不光当地农民有"农家乐"，还有外国人专门跑那去利用那边的生态环境搞一些"洋家乐"。当地环保实践中，政府更多的作用是在那审时度势，规划指导，明确新的发展方向，创造新的发展空间，顺应社会大势，为老百姓开辟新的生财之道。机制合理了，环境优化了，社会主体也就活泛了，展现出其创造性。比如说，政府引导在道路两边造林，实际上政府没拿多少钱出来，它引进了社会资本，推动林权改革，路边造林谁投资谁受益。所以说，包括道路两旁的植树造林，包括其他森林毛竹的养护，安吉大量引用的是市场机制，是社会资本和老百姓自己投资的结合。在安吉那边，同样也有乡规民约，发挥着很重要的作用。那里的农民外出打工很少，村庄空心化不明显，集体意识很强。村干部都很年轻，看上去很能干，也有学历。很多村子建有村史馆或博物馆，强化集体记忆和荣誉感。有些村子把整个家族的演变历史作为家族文化利用得很充分，在促进村庄治理和环境保护方面发挥着重要作用。其中也有市场机制的运用。比如说，你家门口垃圾没有回收的话，你的信誉积分就下降，信誉积分下降在浙江那个地方是很可怕的一件事，意味着你融资的能力下降，你在银行贷款受限制，在向朋友借钱时受限制。那个地方人多少都要做点生意的，都是要投资的，融资能力下降的影响就很大、很直接了，所以人们就愿意把这方面的信誉做好。我觉得，那里是把现代的契约精神跟传统上的自治习惯结合起来，这也很有意义。长汀、安吉这两个地方的共同启示是：各主要社会主体之间非冲突的、有效的合作是有可能的。我想深入分析这种可能性存在的机理，不仅可以批评"脸谱化"分析，而且可能催生新的理论。

提问3：

洪教授您好。在这个讲座一开始您提到关于现在环境社会学研究的分类，有理论研究，还有经验研究，刚刚包教授在评议当中也提到个案研究以及这种研究的侧重点，那么我想问一下：定量研究在环境社会学研究当中有什么局限性？

洪大用教授：

这个问题也可以问给整个社会学界，在社会学界定量研究具有一定的支配性。按照我的理解，定量研究是一种资料呈现和说理的方式，比较简洁明了，有利于对复杂社会现象做简化处理，以让别人更容易理解，这种简化处理建立在忽略很多变量和无法量化的社会因素的基础上。应该说，定量研究具有其优势，有非常重要的价值，不能轻易否定。但是，定量研究是有局限的，不光是在社会学研究方面有局限，在所有社会科学研究中都有局限，最为基本的就是因为社会科学不可能量化全部的社会因素，很多价值观、行为背后的东西是需要去描述、解释的。回到现代社会学的形成时期，理解社会学、批判社会学和实证社会学应是并立的，不像现在，似乎只有实证社会学才算是正规的社会学。

我个人的观点是，定量研究和定性研究各有所长，事实上是相互补充的，不能偏废是最好，过分偏重哪一方都可能会有问题。应该说，目前中国社会学研究当中，规范的、高水平的定量研究不是很多，在定量研究文献数量增长的情况下，这种判断很重要，我们还是需要继续倡导高水平的定量研究，这样既有利于探索一些关键变量之间的关系，促进理论建构，也有助于学者之间在共同规范和知识基础上进行对话。对于中国环境社会学领域的研究而言，整个定量研究的数量就很少，目前还不是过度批评其局限的时候，还需要大力提倡。但是，我们研究者头脑要清楚，不能走极端、绝对化，要对定量研究的内在局限保持警惕。因为定量研究需要指标化和测量，而指标化和测量对很多社会现象来说都是难以精确的。如果我们要针对环境问题引起的社会反应开展研究，包括环境政策、环境抗争之类的研究，既要注意运用定量的方法，更要注重定性的方法。比如说，要解释清楚环境抗争当中的资源动员过程、抗争背后的价值主张以及行动者在抗争过程中的关系建构等等，恐怕深入的案例研究和描述分析是更为重要的。总之，定量有定量的局限，定性有定性的局限，关键看针对什么议题、怎样加以运用。

提问4：

我的问题针对第三个方面：价值问题，就是关于环境社会学的研究成果，最后的应用或者实际的应用，大约是什么样子？有没有案例可以说明？

洪大用教授：

我在这里说的价值问题还不简单是研究成果有用和没用的问题，实际上是我们的一个理论立场问题。在一定意义上，我赞同包教授的观点，研究者的成果他只是说了而已，至于用和不用不是我们直接的事，我们通常也没法做到这样的事。应该说，相对于环境经济学、环境法学、环境工程学来讲，环境社会学现在基本上没有对现实的环境政策发生有效的、大的影响。在西方呢，NEP 量表对政策评估，或者说是政府工作部门对环境教育进行评估时有一些应用，在我们台湾地区的环保部门，也有拿这个量表作为公众环境素质测评的一种指标。当然，一些学校做环境教育的时候也会拿这个量表来用。

不过，在理论上，环境社会学的研究成果应该说对环境政策的完善以及发展战略的选择还是有一定影响的。作为知识共同体的一部分，环境社会学知识也成为实际工作借鉴和参考的重要内容，不管是西方的生态现代化，还是我们的生态文明建设，都体现了社会学的思维或者贡献。比如说生态现代化理论，对于西方国家，尤其是像西欧、北美的布莱尔、克林顿政府时期，也是第三条道路的重要内容，就是我不是左也不是右，是中间道路。对于中国来讲，我们现在一个核心的追求是经济发展和环境保护的双赢，实现绿色发展，建设生态文明，特别是把生态文明建设融入经济建设、政治建设、文化建设、社会建设各方面和全过程，这也充分体现了社会学的综合性整体性思维。着眼未来，我觉得还有一些很重要的具体领域，环境社会学的研究成果可以直接做出贡献：一个是环境的社会影响评估。这块呢，政府之前做的评估通常不是社会学家参与的，基本上是环境科学专家，或者是一些行政部门的领导做这些事。随着评估越来越强调专业化、科学化，环境社会学者，包括其他学科的社会学者都可以更多地参与。第二个，现在国家环保部门已经有两个制度，一是环境信息公开办法，二是公众参与环境保护办法。这两个制度的实践对于社会学者来讲，不仅有很多的关注和研究空间，而且研究成果有很大的直接转化可能。现在反倒是环境经济学和环境科学的一些学者在做。这方面，政府有关部门也问过我很多次，包括参加会议和政策咨询。比如说，公众参与，现在有了初步的制度安排，但大家知道制度实践永远是在变动不居的，是动态的，并不是说写成白纸黑字就是一个实际发挥作用的制度。公众参与环境保护到底怎么参与，有很多细节、技术性问题，需要社会学者去提供洞见。在这方面，作为一个学术社区，我们环境社会学的贡献还不是很充分，甚至很多人都没去关心这个办法。我觉得，如果研究做得很好的话，还是会发挥实际的作用，不一定是你本人一定要去付诸实践啊，实际上是有转化机制的。就像郑杭生先生，当年提出"社会良性运行和协调发展""社会转型""中国特色社会学"等概念，这些概念都逐渐从学术话语变成大众语言，然后又成为政策语言，对中国整个经济社会发展政策应该是有很大影响的，包括和谐社会、社会建设这些政策主张和实际工作的开展。很多东西，慢慢成为一种共同知识之后，就可以成为政策制定的资源和背景，我们还是应该努力去推进。毕竟，环境社会学的研究不是为了研究而研究。

提问 5：

您刚才说，在整体上来讲您可能觉得中国环境问题或者环境问题的解决会比较悲观，但是您说具体问题具体分析，有的时候您也是比较乐观的。您刚刚说到这个情况，跟您的说法相对照了。张玉林教授是比较悲观的，他最近好像发表了一篇文章就是跟雾霾有关的，可能很多人也都看到。文章中说日本的环境社会学家曾经问他：

"我觉得中国人有点奇怪，我们日本人看到这个环境问题的时候会有一种紧迫感，怎么感觉中国人没有那种紧迫感"，然后张玉林老师有很多反思。我想问的是：我们在实际调查的时候也发现，公众是有对环境问题关心的，政府、企业也是有的，但是在环境问题的解决方面，其实这三者，您刚刚也讲到，政府、市场和公众或者社区之间的合作，可能这种合作是一个非常重要的解决环境问题的机制。根据您现在的初步判断，您觉得在什么样的情况之下，三者之间可能有合作？

洪大用教授：

这个问题也是要具体问题具体分析。实际上局部地区的合作是发生了的，有效的。我在实地调研中看到了这种合作。在整个国家层面上，这样的合作趋势也日益明显。关键是，合作达成的机制是什么？什么样的机制具有普适性？我想，肯定是老百姓得有收入，政府得有财政收入，企业也要有利润，在这三个基础上去找合作的空间。在很大程度上，只有三方都能得到最低限度的满足，合作才有可能。政府要是没有财政收入，企业没有利润，老百姓没有收入了，三方当中的任何一方损害太大，那么合作可能都是不可持续的。总之，合作是在"共赢"基础上的一种博弈和挣扎。这种情形全国一致地实现可能有困难，但是考虑到时间和空间维度，局部是可以先行先试的。

（追问）：所以可能还是经济发展与环境保护之间的一个平衡问题。

所以，我们需要更多强调技术、组织和制度的创新。实现共赢的合作，必须引入新要素，技术、组织和制度的创新，要更加注重环境利用效率，更加公平公正地分配发展成果，更加有效地促进公众参与，培育全体国民爱乡爱土、守土有责的意识。如果大家没有积极主动地参与，就是充当看客，抱着一种观望心态，事不关己高高挂起，就是事情关己也只想着赚钱跑路，把中国环境搞坏了，自己受益了，揣着钱跑到国外好环境中享受了，这是非常不负责任的心态与行为。我们需要培育具有公共精神和责任的国民，需要有更加全面合理的制度设计和更加有效的制度实践。

包智明教授：

这里头有一个很大的问题，这三者一个是政府 GDP，一个是企业追求的利润，一个是老百姓的生存，这些都是和环境保护反向的，大家在反向上都是追求利益的博弈关系，环境在这里缺位。虽然这三者怎么去双赢、三赢，但是更重要的是怎么样去约束这三者。仅仅围绕纯粹的经济利益来博弈，还是大家要有一些环保意识？然后呢，这个东西你光口头上说不行，怎么样去按照刚才洪教授说的进行制度建设，在制度上怎样去约束，把这个做好了，无论是老百姓、政府还是企业都要遵循制度，去约束自己的纯粹的经济利益追求行为，那才可能在一定程度上解决环境问题，达到环保的目标。仅仅靠他们之间围绕经济利益博弈，最后的结果就是生态移民的结果，就是生态消失了，谁都不干生态保护。

洪大用教授：

我觉得，中国环境保护是一个渐进的过程，难以盲目乐观，急躁冒进，最好是一种不断改进的状况。你现在承诺五年或者十年就达到某种人所共求的理想目标，其实是不现实的。实践是一个非常长期的过程，但是确实需要当下着手的持续不断的努力。这样就关系到每个主体每个方面：研究者要好好研究，公众要积极理性参与，企业要自律，政府要坚持，这些都需要耐心。希望一夜之间把环境变好，除非是为了赚掌声，别的没有任何意义。就像北京的雾霾，已经成为生活的常态之一，只会是逐步减少，但不能要求明天就没有雾霾了。

包智明教授：

从西方的案例来看，比如生态现代化，一个工厂自己做好了，可以驱动生态友好的进程。但是在中国场景下，发挥主要作用的可能不是企业，可能政府才是切入口。因为作为企业，是追求利润的，这是一个它的本性，这不可改变。老百姓也要生存，生存问题解决不了，他不可能去考虑生态问题。在中国这样的环境意识、知识水平条件下，可能首先要打破的是地方政府 GDP 竞赛的局面，要求政府更有环保意识，更加注重建立制度、规定，然后才是怎么样去约束企业和老百姓的行为，达到环保的目的，这样可能是一个出路。

洪大用教授：

我同意要优先重视政府的作用，我在一些文章中已经阐述了，这可能也是中国特色之一，实践中也越来越是如此。

第十讲

科学理性：思维逻辑进展及其论争

张　静[*]

（一）

为什么要讲这个题目呢？

所有的同学在进入大学乃至研究生阶段的时候，都面临着一个巨大的挑战，应对这个挑战，我们的中学教育并没有教给你们，甚至我们的大学本科教育也没有教给你们，这就是：如何来做一项研究？

这并不容易，因为，研究思维与一般思维有非常大的差别。报纸上发表一篇报道，发表一种意见，写一篇博客，提出见解，都含有一些结论。但是，这样一些阐述意见的思维逻辑，跟研究型的思维逻辑不同，很多貌似研究的论文，事实上不是一个研究，原因在思维逻辑方面，从思维逻辑的不同里可以看出，作者是否有良好的专业训练。所以，今天的主题，有关一个研究者应该怎样思考问题，有关大家如何进行研究论文的写作。同学要写学位论文或者课程作

---

[*]　主讲人为北京大学社会学系主任、教授，主持人为包智明教授（中央民族大学世界民族学人类学研究中心主任）。讲座时间为 2016 年 3 月 14 日 19：00—21：00。该讲座为系列讲座第五十一讲，由刘炳林、王勇利录音整理，由王晴锋校对。

业论文，这些论文需要练习研究工作的思维方法，这是今天这个讲座的一个主要目的。希望能帮到大家。

今天讲座的阅读建议有四个：李约瑟的《中国科学技术史》；哈耶克的《科学的反革命、理性滥用的研究》；索卡尔，还包括其他一些哲学或文化研究者的论文集，叫《"索卡尔事件"与科学大战——后现代视野中的科学与人文的冲突》；最后一个是一部电影，叫《十二怒汉》，公映于1957年。今天论题的内容主要是基于这些文献展开。

（二）

我们的起始问题是什么呢？

是这样一个问题：人们为什么会相信一种观点是正确的？我们经常面对知识的海洋，有很多号称"知识"的东西，但问题是：为什么我们相信那个观点是对的，而这个观点是错的呢？人们根据什么产生确信，这是我们的起始问题。

举个例子。有很多的人听到科学家说的东西都相信，普通人说的东西就不相信，为什么会这样？比如几个月前，联合国卫生组织发布了一个研究结论：如果一个人多吃肉食，特别是熏肠、加工类的肉食、香肠类的东西，那么患癌症概率就会大幅度地提高。这个结论基于长期跟踪的一系列研究得出。研究者常年记录一些人的生活方式，记录他们平时吃什么，生什么病，然后统计他们吃的肉食内容和比例，发现一个显著性相关关系：多肉食者和癌症发病患者。很多人相信这个结论，因为它是科学家通过研究得出来的。有个花边消息，可以消除大家的紧张，广东那边的一所大学发布通告，说学校食堂里的香肠应该算作素菜，为什么叫"素菜"？因为在这些香肠里，真肉很少，可能是淀粉，没有什么肉。

另一个案例与几年前回到中国的一位科学技术工作者有关，叫陈晓宁事件。媒体是这样报道的："美国洛杉矶赛达西纳医学中心分子遗传实验室的副主任、美籍华人科学家陈晓宁，携带着她研究多年的科学成果，'人类基因克隆库''人类基因探针库'和'小鼠基因克隆以及探针库'回到北京。她将这三大基因库带回国，并且把它们永久留在中国，进行科学实验和相关的临床诊断，陈晓宁这一壮举将掀开中国生物研究和产业开发的新一页。据介绍，1988年出国留学的陈晓宁，如今已经是世界生物科学界顶尖级人物，三大基因库目前在世界上独一无二，它的价值无法估量。"中科院专门为她建立了一个国家级的实验室，任命她为实验室的主任。因为陈晓宁是女性，媒体给她一个称呼，叫"基因皇后"。

这件事发生不久，就有80多位在国外生物科学界工作的中国专家，发表了一份联合署名的公开信。信中提到，这类基因库的建造和使用，在西方已经是常规技术，在世界各国的分子实验室里广泛应用。研究者可以从两种渠道获得基因库或者探针库：第一种是通过市场购买，第二种就是通过专业注册。如果是一个研究机构，它可以通过注册协会会员的方式取得许可，无偿获得这个基因库，只要目的不是商业而是研究。商业性的目的，比如生物制药方面的公司，需要通过市场购买拿到，研究性目的基本是免费就可以拿到。因此，不能说得到这个东西是独一无二的，别人是无法获得的，这样的说法隐瞒了基因库的获得渠道，是不诚实的。第二，公开信里说，陈晓宁的简历里列举的职称和荣誉大部分不具学术意义，比如，她只有硕士学历，在美国留学包括工作的十几年内，只在等级不高的期刊上发表过四篇第一作者的论文，而且其中的三篇是1—3页的小论文。如果在国际市场评估，这不能叫作有独立从事研究的能力，这个情况证明不了她的这种能力，这样的人来领导一个国家级的实验室、一个重要的科研基地是不合适的，因为这项工作需要受过正规训练的人，在学界受到承认的人，这是第二点。第三点，她的先生在北京有一个公司——博宁生物制药的公司，不排除这个研究有可能和生物制药有关系。如果在国外这么做，通常要经过非常复杂的程序，有严格的立法来控制这些事，而目前中国的科研管理相对宽松，在这方面的立法相对还是比较初步的，如果把在美国无条件或者也不允许做的实验拿到中国来做，从中获取商业利益，是值得中国政府密切关注的。

这里，我们的目的不是陈述陈晓宁事件的原委，而是对比这封信和传媒报道，哪个更使人确信？显然是公开信而非传媒报道。为什么如此？需要注意这两种表达结论的方法，表现出非常不同的陈述逻辑。

一种是宣传逻辑。目的是为了宣传，为了引起关注，所以需要信息膨胀扩大，把——"基因皇后"，带回来了"价值无量"的东西——这个结论给你。另一种，公开信也有结论，但重点是它罗列了其结论来自哪些根据。

用研究语言看，这事关产出结论的逻辑。

公开信得出结论的方法，是提出证据来说明结论，不是直接把结论——比如"她不合格""她没有资格承担国家级的科学实验室主任的重要职位""她说了谎"等——直接告诉你就完了，而是提供一些证据。

这两种陈述方式最关键的差别，在于证据和理由在得出结论方面的地位。一种是得出结论必须有据，必须得有理由，通过理由来得出结论，而且这个理由公示出来，读的人看了之后，自己也能得出这个结论。另一种是不太关心理由和根据，不一定要说明这些理由，也不一定要提供根据，而是直接把观点、结论说出来，让看的人接受。没有信息，没有那些根据，看的人无从判断这个结论是对的还是错的，是真的还是假的，所以确信度低。

我举这个例子主要是想说明，确实存在着非常重要的差别。不管是文科还是理科，如果你用提供根据的方式来阐述你的观点和结论，是会受到重视的，否则就不会使学者认真对待。我面试博士生的时候问过，"请你反驳一个你不同意的观点"，如果是具备研究思维的人，他的反驳必定会指向对方的根据，而不是直接说"这个结论是胡说八道""这个结论是错的""这个结论是我不能同意的"，他不会这样说，因为这样说是没用的，必须要指向对方的根据，即使他的那个结论能够成立的那些根据，只有扳倒了那些根据，结论才会倒下去。如果双方都是有观点没有根据，那怎么反驳呢？这样的讨论往往就变成了我骂你的结论，因为我不同意，你骂我的结论，因为你也不同意，但咱们谁都不关心对方那个结论建立起来的根据，也不关心自己的结论建立起来的根据，咱们不展示这些，也不阐述这些根据，这是不是非常重要的一种不同呢？相信大家已经明白这里面的重要差别。

今天的讲座希望引起思考，通过这个问题的讨论，反思一系列和探索知识相关的问题：知识寻求和科学范式有什么样的关系？知识和真理、规律有什么样的关系？知识和控制、改造世界有什么样的关系？知识与权威、获得一种地位和影响力有什么样的关系？知识与科学体制有什么样的关系？它把研究人往哪方面激励？知识的目的论理是什么？知识有什么样的限度？今天的讲题我们会涉及这样一些问题，不一定都有答案，我希望提出有关的问题来促进大家的思考。

（三）

我们先回顾一下历史。

研究是探索知识的活动，是一项智力活动，涉及人们如何认识世界。认识活动必须区分主体和客体。比如对我来说，我是一个研究者，叫主体，客体就是我认识的对象，如果我研究你们，在座的所有人相对于我就是客体，是我认识的对象。除了人，认识对象也可以是具体的物质，比如天体、水流、气象、物流等等。主体如何能够真实认识客体，成为认识过程的中心问题。

　　关于认识的真实性，有两个范式对现代科学理性发生过重大影响。一个范式由亚里士多德（BC384—BC322）提出，亚里士多德范式的要点，是他认为主体和客体存在着一致性，主体不应该也不可能改变客体，主体认识就像一个镜子一样，它的眼睛、思考、观察的感官就像一个镜子，把这个客体照出来、反映出来。换句话说，人们是可以清楚认识客体的，不会改变这个客体，因为主体的角色是一个真实反映现实的镜子。他说，人们能够感知到什么，与外界有什么没有多大差别，这是亚里士多德范式。这个范式明确提出了主体和客体的区分，这是认识活动必备的两个东西，主体没有参加到客体中，也没有改变客体，而是认识一个外在于主体的东西。

　　第二个范式来自笛卡尔（1596—1650）。笛卡尔范式提出了和亚里士多德范式不同的认识，认为主体和客体之间存在着差别，不一定是一致的。比如，我们现在把筷子插到一个装了水的瓶子里面，没插进去之前我们都看到这个筷子是直的，但是插进去隔着瓶子观察，筷子就是弯的，在水外面的部分和水里面的部分会有一个角度差，哪个是真实的呢？笛卡尔说，人的主观感官，也就是主体，完全可能歪曲事实，完全可能错误地理解或反映事实。这倒不是因为这个事实要故意欺骗我们，而是人的感官和认识存在着局限性，事实会在各种不同的条件之下发生变化，不能确信感官察觉到的事物就是它原来的样子。不能确信就需要怀疑，只有不断地怀疑才能更接近真理。

　　这与刚才的亚里士多德模式就很不一样，因为亚里士多德说认识跟实际情况是一致的，没有差别，那就不用怀疑，但是笛卡尔说不怀疑不行，而且只有怀疑才能导致认识更接近客观事实。这两个范式有所不同，都对后来的科学理性进展发生了重大的影响，后来的进展其实在某种程度上吸收了两个模式的观点。

（四）

对研究工作产生巨大影响的，是近代出现的科学理性思维，一般认为，它代表着人类认识方式的巨大改变。

如果我们要总结它的一些基本原则的话，可以发现，第一点就是证明，必须要展示事实证据，才能成为确信的理由。通过事实走向结论，你必须要展示出事实，而不是直说结论，这种思维会反问：只说一些 statement 但是没有任何根据，你的这些 statement 是从哪里来的？所以研究工作必须要有两个东西：结论及寻找支撑结论的根据。第二点是逻辑，必须要合乎历史、合乎经验、合乎常识、合乎时间、合乎条件等顺序，如果和这些不符，那可能不合逻辑。第三点是方法，你不是怀疑吗？怀疑就做实验，来创造类似的一个过程让事实再现，同时把这个实验公开让大家都看到，如果你不相信你也可以做同样的事。所以科学的实验，不仅探寻结果，也在显现根据过程，证明这些证据是存在的。第四点是目标，科学理性的信仰者都认为，自己的认识是为了了解规律和原理。第五点是效用，他们相信认识的有用性，因为认识到了原理，就可以根据原理来创造产品，创造了产品人们就可以享用它，这就是创造人类社会文明，人类生活会因为认识的深入而趋于完善。

比如，人类最早认识到"轮子"的作用，这是从事机械制造、飞机、汽车的必备东西；然后人类又认识到了电的原理，于是用它来推动轮子运转，代替了人力。机器就比手工要快得多，我们现在看到的汽车、飞机等东西和最初的轮子原理、电的原理有关系，这些原理是人类认识到的，认识到了以后会制造出来产品，创造社会文明，使每个人都可以享用这一认识的效用。

（五）

这样一种思维方式的确立不是很容易的，需要经过说服甚至斗争才有可能。到目前为止，刚才所说的那些基本原则，其实只在科学界和少许社会科学界存在，还不是所有人都承认和效法的。实际情况是，科学理性思维不断地和其他思维方式产生冲突，这个说服的过程非常漫长。

《十二怒汉》电影就展示了说服的过程，我们可以看到理性思维的发展。在这部电影中，有十二个人是陪审团的成员，在他们之间发生说服的故事。在美国法庭审判过程中，有一个建制叫"陪审团"，它从没有犯罪记录的好公民当中邀请一些普通人，组成一个案件的陪审团，他们的任务是坐在法庭里面听各方的律师辩论，听他们提出来的各种论据，听他们找到的证人的证词。之后，这十二个人就回到一个房间，周边没有其他人，没有当事人，也没有律师和法官。十二个陪审团成员需要根据他们听到的证词等信息，讨论出一个结论：当事人有罪还是没罪。陪审团只做有罪还是无罪判断，判定有罪之后的量刑是法官的事情。

电影里面有人起诉一个男孩杀了他的父亲。一些证人到法庭上来作证，有的说听见了，有的说看见了这个男孩杀人。十二个陪审团成员听完了以后回去讨论男孩有罪还是无罪。第一轮投票只有一个人怀疑这些证词，另外的十一个人认为男孩有罪。这里面有警察、推销员、邮电局工作人员、商人、公务员等各种各样的人。他们工作很忙，不希望长时间的讨论，都想赶快地做定论，好结束这件事回去工作，认为不需要花太多时间来讨论，就可定他有罪。他们说，已经有证人提供证词了，难道我们还不相信这些证词？

陪审团中的怀疑者是一个工程师，电影中叫戴维，他锲而不舍，用各种各样的方法进行实验，再现证人所述的过程，提出证词的疑点。比如，其中一个证人的证词是这样的，他是住在这个男孩楼下的一个老伯伯，他说睡觉的时候被楼上的声音惊醒了，听到争吵说，"我要杀了你"。他跑到了门口，门口有个楼梯，看到这个男孩从楼上跑下来，夺门而出。工程师戴维调查了这个公寓现场，把公寓的户型图画了出来，展示给大家看。他提出这样的质疑，说证人在他说的这么短时间里根本无法跑到门口，原因是这个老伯一条腿有问题，根本跑不起来。戴维模拟了这个现场，以老伯走路的速度大概需要 41 秒才能走到门口，但他说用了 15 秒，而且事情发生的时候，门口正好经过一辆电车，在鹅卵石的路上经过，噪音非常大，是噪音把他吵醒了，还是楼上的动静把他吵醒了，这点不明确，如何确信？

　　第二个证人是一个女性，她住在案发住宅的对面楼里面，正对着窗户。这个女性在法庭上给出证词说，她看到命案发生的经过，透过窗户看到了对面有人拿起了刀子，对着另外一个人，她确信说拿刀子的人就是这个男孩。但是，戴维发现，这名证人的鼻梁上有很深的印记，这表明她是长期戴眼镜的人，非常深的印记还表明她的近视程度可能比较深。结果一去调查果然如此，她有深度近视，而且不大可能戴着眼镜睡觉。她需要先摸索到自己的眼镜戴上，再到窗户才能看清对面的情况。更重要的是，刚才已经说了，这个时候刚好有辆电车经过，这就可能挡住她的视线，如果要清楚看到对面窗户里的那个杀人犯是谁，必须要透过四层窗户，自己的窗户，电车两边的窗户，还有对面的窗户，而且这辆车还是移动的，移动就意味着窗户画面应该是断续的。所以，戴维怀疑这么一种情况，可以让深度近视的证人看清楚案犯是谁。他说，自己并不是在否定，说这个男孩肯定不是杀人犯，而是怀疑，如果这些情况没有搞清楚，我们很难断定杀人者是不是这个男孩。

　　经过他的实验展示和论证，陪审团的投票出现了戏剧性的改变，第一次，是 11∶1，只有一个人怀疑，第二次是 9∶3，第三次是 8∶4，第四次是 6:6，第五次是 3:9，第六次是 1:11。最后多数人都同意，证据不足，很难定罪，还需要调查。

（六）

应该注意的是，为什么多数陪审团员开始的观点（认为这个男孩有罪），到最后被说服了，发生了改变？为什么他们相信戴维说得合理？

因为戴维提供根据、阐述理由的方法和内容：实验并再现事实。这是一种新式思维，和大家的固有习惯不同。比如，其中一个陪审团成员认为这个男孩有罪，这个陪审团成员是富人区长大的，说这事不用讨论，我太了解那些穷人的孩子了，他们可能会为很少的钱就举刀杀人，完全有可能，因为经常在穷人区发现这种事，所以他说这个没有什么好怀疑的，我太相信了。还有一位陪审团成员，他自己与父亲关系非常糟糕，也说这个案子是肯定成立的，连我都想杀了我的父亲，因为他太可恨了，我相信有很多人有我这样的想法，他们被坏父亲欺负，当然想杀了他，这不奇怪，等等。

但是，这些说法最后都没有戴维那样的力量，说服他人取得确信，唯独戴维的理由取得了多数人的确信，是因为这些理由跟戴维的理由及其产出方法不一样：一种是根据情感、意见、意识形态、个人经验，甚至个人地位——比如说非常有钱的人看不起穷人，觉得那些穷人就是经常干这些坏事的人，不用怀疑，他们一定是爱杀人——得出结论，属于主观根据；另一种指向证词真实性，然后来模拟那些证词所说的可不可能实现。这两种阐述结论的方法，很明显，后一种取到了更多人的认同，因为展示证据，所以更有说服力。

依据情感、意识形态、个人经验提供判断，常见而且普遍。它们是社会生活的产物，是人类的自我局限之一。

我在前几年写过一篇文章，讨论了三个刑事案例，都是杀人案。

一个发生在20世纪60年代，"文化大革命"早期，一个是发生在20世纪80年代中期，还有一个发生在2000年前后，每一个案例差不多都隔了十多年期限。你可以看出人们判断的根据发生了变化。普通人怎么样看罪犯，是不是有罪，认为有罪或者无罪的理由是什么，是我关注的焦点。我发现在这三个案例中，社会舆论论证的方式发生了变化。比如说，早期60年代那个"文化大革命"初期案例，被杀者是一个参加过朝鲜战争的战士，他的身份成为论证是否有罪的根据，人们认为他是一个战士、同志、好人、无产阶级，因此杀他的人就有罪。另一点论证，那个时候大家都很穷，但经常能看到他从兜里掏出五块钱的大票，说明他很有钱，不正常，一定是个坏人。还有就是，有人揭发他投机倒把，那个时候不让倒卖商品，但他经常干不正当不合法的事情，还经常说制度的坏话，等等。通过这样的证据定性他是一个坏人，反革命分子。他是一个反革命，被杀者的是革命者，所以他是有罪的。这是该案例的舆论论证，当时根据意识形态立场得出结论很正常，人们展示的理由和今天有很大不同。

而工程师戴维给出理由的方法，区别于个人的情感、意见、立场、欲望、意识形态和身份，他说服了大多数人，因为那些情感、意见、立场、欲望、意识形态、身份，在每一个人都不一样，属于无法超越于个人经验的内容。这说明人类确实有一种能力，就是能够超越自己的经验，推演事实，获得确信。这是一种思维方式的斗争，戴维用很长时间去说服另外11个人的过程，就是"斗争"的过程，说服别人，其实他是在和通过情感、意见、欲望、意识形态以及身份得出结论的这种思维方式作斗争。

（七）

现在进入另一个文献，讨论李约瑟难题。它和理性思维方式有关系。刚才我们说过，理性思维方式希望超越个人情感、意识形态、意见、阶级身份，那么它是否超越于道德？

李约瑟在他的《中国科学技术史》（十五卷本）里面，对中国古代的科学技术发明有很高的评价，因为历史上，有很多科学技术发明是在中国发生的，大家都知道，比如四大发明，这在全世界都是承认的。但李约瑟提出的问题发人深省，他说，既然中国古代有那么多科学技术发明，走在世界前列，可为什么进入近代，工业化开始出现，中国人在技术发明方面反而落后了呢？怎么解释这个现象呢？他虽然没有系统回答，但是可以从字里行间看出他有一些看法，这个看法与思维方式有关。

他认为，中国人的思维方式有一个特点，就是较少的分析性，较多地进行道德判断，或者是道德动机的推断，他说这个问题可能构成发明障碍。研究性的问题是中立的，中立于个人的情感、经验、意识形态、地位、权力等，甚至中立于道德问题，如果不是这样，会影响知识的推进。因为批评不是对事实的分析，评论对方的研究，会有人指出来说你的动机不纯，不符合道德。这样的批评会阻止知识的探索，而不是推进它。

不是没有人做这样的评论。比如，大家知道经济学界有一个科斯定理，它是关于交易成本的研究。案例是有户人家的牛到对面家的地里吃草，对方起诉，说你们家的牛损害了我家地里的苗。这事到法庭上，一般都会认为，你的牛跑到别人家的地里，对人家的苗产生了损害，应当赔偿，因为错在你而不是他。但是科斯通过这个案例，提出社会交易成本问题。可能自己家地里的草不够吃，所以牛开始往别处走，这就说明牛群的数量正在扩张。如果市场需要更多牛肉或者牛奶，在这种情况下，限制养牛，可能减少牛肉和牛奶的提供，影响市场需求的满足，或者价格提高，交易成本提高。也许另一个损失较低的选择是，把那块地卖给养牛人，种地者迁移别处。

这样一种分析的关注点是降低整体的交易成本，而不是当事人的道德。在一般的道德评价里，会认为这种想法是错的，因为本来已经伤害别人了，还把别人赶走，这应该有悖于道德评价。但是对于社会整体的制度安排呢？哪一种安排使社会广泛受益？交易成本更低？根据李约瑟的说法，如果任分析停留在道德目的上，无助于发明更新。分析性思维则避免了这一障碍，因为它不是道德分析，或者说，它和道德分析分开了。

中立于道德不是不道德，科学理性把科学研究本身，跟别人怎么利用科学研究去做他们想做的事情分开，就像爱因斯坦发现了能量定律，后来美国政府利用这个原理制造出原子弹，爱因斯坦知道后非常生气，他给时任美国总统写信说：有人运用我发现的科学原理生产了一个东西，这个东西可以使有些人失去生命，这绝不是我的研究本意。

（八）

第二个文献来自哈耶克。

科学理性会不会膨胀，以致损害社会研究呢？哈耶克认为会。他的一本书叫《科学的反革命：理性滥用之研究》讨论了这个问题。他对工程师思维扩张至社会研究领域的现象，提出激烈批评。他说"工程师的思维"是一种自信膨胀的产物，认为自己可以改变一切，相信自己发现的真理，可以规划和改进社会样态，相信这么做，是在实现真理，或者是实现科学原理，但这些做法其实是在损害人类社会。从思维的角度来说，这一自信的膨胀有这样一些特点，认为理性可以支配自然生发和演进的社会进程和社会关系，认为对于规律的认识，可以控制一切。"工程师思维"认为，有什么不对了，咱们修理修理就可以改变它，但其实这是一种狂妄，正在破坏自然生发和演进的社会秩序。

因为自然界和人类社会，作为研究的对象，是完全不同的两类客体。自然界是没有主观性的，但是人类有，自然界没有多重、多元的反应性行为，但是人类有。对于自然界，通过人类的认识是可以发现一些原理，但是人类发现的所有原理，都只在一定的时空条件下成立，条件会变化。更重要的差别是信息，自然界的信息捕捉依赖工具发展，但不是说完全得不到。这个跟人类的情况就不一样，每一个人都是一个行动主体，每一个人都处理大量信息，决定着自己的行为。千千万万个决定依赖信息，但信息无法统一支配和掌握，而是分散在不同利益和目的的行动者身上，没有办法通过一个组织来掌握，也无法精确运算。因此，在缺乏全面信息的情况之下，如何才能设计一个所有人的行动方案？如何设计一个社会改造方案呢？在哈耶克看来，这是几乎不可能的事。人类是一个自然生发的社会，信息是分散的，他们通过互相协调和合作，形成行动系统，没有一个组织可以全面的掌握这些信息，代替他们决定。所以，对理性的滥用，是一种超越了人类自己能力的狂妄野心所致。

哈耶克的著作提出了理性膨胀的危险：它会破坏人类社会自然生发的秩序。

（九）

第三个文献关于索卡尔事件。

索卡尔是一位物理学教授，在纽约大学工作。他做了这样一件事，给《社会文本》（Social Force）杂志投了一篇稿子。《社会文本》的作者群广泛，在文化、哲学、后现代研究方面非常著名，20世纪90年代，《社会文本》是文化研究学者最向往的一个杂志，在文化界享有非常高的声誉。比如，美联社说，这是一个非常受人尊敬的社会科学杂志；盖勒特的《新闻早报》说，这是一份非常有影响的学术杂志，有很多学界先锋阅读；《纽约时报》说，这是一个善于在文化论战中创造趋势的杂志；《波士顿太阳报》说，这个杂志是批判研究的代言人；《华盛顿邮报》说，这是一份有关后现代问题的社会科学研究杂志。总之，它的声誉非常高。

索卡尔作为物理学家，选择这个人文杂志发表文章是有原因的。这个杂志一般都是人文学者在上面发论文，比较先锋，给很多后现代学者提供了论场。后现代理论的一个特点是"解构"，在他们看来，现代化以来形成的思维方式都需要解构，原先认为是事实的东西，其实不过是人类的主观构造。比如，男女的社会角色差别，不是天然的事实，而是习得的结果。女性比较胆怯、顺从，男性比较主动、积极，这样一些角色方面的特征，是社会建构的产物。否则他在这个社会上没法生存，因为别人对他的期待是这样。

但自然科学家相信，研究结论必须基于那些可见的事实，不能是一个想象、解构的结果，简单说，不能通过发挥想象力建构得出一个结论，自然科学界是不接受这样产出结论的。所以《社会文本》很少有自然科学家发表论文。但是，索卡尔把《跨越界限：通往量子力学重力理论的转换诠释学》稿子投到这里以后，《社会文本》编辑部认为，它非常有价值，论文研究天文物理的现象，而且用建构论来说明这个现象。索卡尔的结论是，物理学界的很多事实也是建构而成的，这个结论非常符合杂志的立场。

稿子一发表，索卡尔就在另外一本科学杂志发了一篇文章，《曝光：一个物理学家的文化研究实验》。他说自己原来那篇文章完全是胡说八道，因为所有的自然科学研究者，包括物理学大一的学生都明白，我那篇文章里没有任何事实，完全是胡造瞎扯。为什么要这么做呢？他说，我要模仿《社会文本》杂志的风格，写出一篇他们喜欢的文章，我把物理学中的术语和后现代术语糅在一起，肆意捏造词句，模仿后现代逻辑，创造了一篇物理学研究的文章。在文章结尾，我直接迎合这些人的意识形态取向，我宣称量子物理学的发现，完全支持关于科学真理是社会建构的观点，支持关于科学真理可以由多元文化取向来解释的观点。此外，为了检验杂志编辑的审稿责任心，我还在行文中插入了一些凭常识就能看出来的低级谬误，想看看这些编辑会不会放行，果然他们放行了。

这意味着什么呢？他说，意味着这个杂志是完全不顾事实的，它注重的是意识形态观点，符合这个观点的就发，我就是为了揭露这一点。我那篇文章是一个毫无学术内涵的作文，目的在于揭露，把不是基于事实而是基于意识形态的荒唐学术揭露出来。《社会文本》杂志的编辑们，以意识形态话语和政治竞争来代替学术，我只要迎合它的意识形态，这些文章就能发表，尽管毫无事实根据。只有用这些错误的方法，才能揭示出那种脱离事实本身的想象，他们是最荒唐的错误，只求助于权威而不是求助于事实，他们肆意地攻击科学方法，我必须回应这一挑战，捍卫科学。

这个事件不是一个普通的科学笑料，它说明了人类在认识世界的时候，不断进行思维方式的争辩，它有关如何认识，认识应该基于什么样的争议。这个案例表明了一个极度夸张的事实，即有的时候，人类的想象力可能超越事实的本身来构造知识。但如果脱离了事实，它们还是不是真的？如果暂时没有事实论据，你能推翻它吗？想象在知识产出中的作用究竟是什么？"索卡尔事件"讨论的是这样一些问题。对于索卡尔来说，后现代讨论是一种意识形态争论，是穿着学术外衣的假学术研究，不是为了知识，其实是在争夺话语权，所以是一个意识形态的斗争。

（十）

这些讨论，触及了不少有关知识产出的关键问题。

比如，科学活动的目的伦理问题，科学活动是不是在竞争一种社会地位？它是为了获得权力地位和影响力吗？在自然科学领域，比如我们刚才提到的爱因斯坦，他的发现最终导致了原子弹的出现，有原子弹的国家可能取得支配性，并且控制其他力量。科学研究是为了经济收益吗？比如知识产权问题，知识产权都要有注册商标，第一发明人有受益权。发明人可能获得不菲的经济收益，但反过来，获得经济收益是不是科学研究的主要目的呢？还是说，它只是一个意外的结果，想要收益跟科学研究本身没有关系？……这些都是问题，如果说研究没有收益，有无贡献大家都一样，那怎么去激励科学研究产生更多的发明呢？如果越懒越有好处，什么也不做，大家的收入、地位与影响力一样，那凭什么要那么努力地干活呢？但是如果追求经济收益，用经济收益去激励科学家，会不会违背科学活动的目的伦理？

还有就是科学体制问题，因为科学体制对于研究者行为有激励方向。比如，有一种科学体制就是，如果你做好了你就在行政上升职，最后就脱离科学研究本身了，你的科学研究中断了。这是一种方向的激励。还有一种就是如果你做好了，一直在这个方向上做，表彰一个科学家最好的方法，不是在行政上给他提职，这是另外一种激励。所以，科学体制对科学家行为有各种潜在激励，激励不是指给钱，也不是指一种有意识的目标，而是说科学体制的设置，会让一些行为发展起来，一些行为消失，它会把研究者引向某个方向去。

所以有人批评中国的科学体制，说中国的科学体制妨碍了个人的科学发明，文科、理科都存在这种情况。但是不同意的人又指出屠呦呦的青蒿素研究，她在 20 世纪 60—80 年代的研究成果，去年获得了诺贝尔奖，现在已经八十多岁了。如果说，中国的科学体制不具有激励性，马上就有人指出，胰岛素和青蒿素的两项发明怎么得出来的？但如果说，科学体制的激励性不错，那为什么中国的科学技术发明要低于发达国家？原因是什么？这确确实实都是一些值得探索的问题，应该说，还没有完全得到解答。

总结一下，近代科学理性在科学领域渐渐成了一个支配性的主流，很多人非常相信它，因为它主张基于证据和事实，运用受到承认的方法提供结论。这逐渐取得更多人的相信，甚至发展为科学主义意识形态。

但是它对思维的影响还是有限。很多其他阐述结论的思维方法与它有所不同，而这些不同可以区分出受过严格训练的专业人士和非专业人士的差别。这是一个比较弱的说法。更强的说法就是，它们不仅有差别，还经常处在激烈的冲突对立当中，这种对立，在自然科学界和社会科学界都可以看到。比如在社会科学界，有不少人写文章得出结论，用结论告诉你，让你接受，但是基本上不关心结论是怎么产出的，不关心证据。也有很多人批评他人结论的时候只指向结论，而不是指向他们的证据，也不关心自己怎样给出证据。

我举这些例子是想说明，确实存在很不同的思维方式，一种是从事实出发，一种是从个人意见、经验、意识形态和道德观念出发，这些东西和专业研究形成了冲突，表面上看不出来，但实际上还是有冲突。有时候你和别人辩论，发现没有辩论到点上，其实原因是思维方式完全不一样。这些问题复杂，因此我在开始的时候就说，我没有给出结论，而是希望大家来思考、探讨，特别是来区分，什么是可以让更多人相信、有说服力的研究工作。

这是我今天讲座的主要内容，剩下的时间来回应大家的问题。

提问环节

包智明教授：

谢谢张教授今天的讲座！张教授用几个非常生动的故事给我们讲了科学理性一些相关的议题，也包括与科学活动、科学知识生产相关的一些议题。我们在学习方法的时候有一句话，大家可能记得非常牢，就是"科学有两大支柱，一个是逻辑，另一个是观察；或者说一个是理论，一个是经验"，也就是说得出的观点和结论要言之成理、符合逻辑，但是言之成理、符合逻辑的观点并不是科学知识，这样的观点必须得到经验事实的验证，但是另一方面来说，经验本身不是科学知识，必须超出这个经验然后上升为理论观点，这才是知识。所以，在做科学研究的时候，逻辑与观察或者说理论与经验是缺一不可的。今天张教授的讲座也关联到这样一些议题，探讨了怎么样让大家相信自己的观点，让大家相信你这是一个科学观点和结论，用一些故事告诉了大家怎样排除个人的感情、意识形态，怎么样超越道德的束缚，做到价值中立等。

提问 1：

我想问一下张教授，我比较感兴趣的是您说的三个刑事案例，您只讲了其中一个，20 世纪 60 年代普通人如何看待案件的。我想听一下后两个，谢谢。

张静教授：

这篇文章最早发表在梁治平主编的《洪范评论》杂志上，也可以在我的一本论文集，《社会冲突的结构性来源》（2012）中找到。文章讨论三个刑事案例。最主要是想了解这么一个问题：社会中有一些民间的公正观，每个社会都存在这个东西，在英文里叫 Civil Justice。这种东西提供一种判断标准，从老百姓对一件事情的评判中，可以看到 Civil Justice 里面的一些原则，就是他用什么样的标准去衡量一件事，用什么样的标准去判断一个行为的对错。我们可以通过观察人们如何去评判案件，来看 Civil Justice 里面的标准有没有发生变化。

这三个案例当中，差不多每一个都相隔了十年，我发现，人们的评判标准发生了比较大的变化。第一个案例前面已经说过。群众认为这个人是罪犯，理由是他是一个反革命，他杀的那个人是一个革命者，他经常说体制的坏话，他还投机倒把做些体制不允许的事，他特别有钱等等。群众给出这样一些理由来判断这个人是不是一个罪犯，首先是在政治上定性，然后根据这个定性得出他有罪。看得出来，特别重要的是政治立场标准，还有他平时的言论表现，而较少直接涉及他的杀人证据，这是 60 年代的案例。

　　20世纪80年代案例发生在新疆生产建设兵团，有一个女性团员，当时被很多人议论有作风问题，她试图请组织调查来证明自己的清白，但当时的领导都相信她有这个问题，没有认真对待她的要求。最后矛盾就升级了，她觉得自己得不到清白，有一天就提着枪把三个领导给杀了。杀人者叫蒋爱珍，开始也是被定性为反革命案件，抓起来准备起诉，但之后全国各地的群众、律师主动调查这个事件，向高级人民法院写信。通过这些信件，你可以看得出来他们的评价标准，从中来反映社会的公正观念。人们说，她为什么会走到这一步，是因为那个地方采取了很多侮辱她的行为，比如说让她游街、小孩子向她扔破鞋等等，她要求调查事实真相也没有人回应，这才导致这个情况发生。还有人说她是一个好青年，积极申请入团，很喜欢帮助其他人，她在监狱里帮助其他的犯人，等等。虽然这个行动（杀人）是错的，但是她本身不是一个坏人，群众的标准是她平时的政治表现：是一个好人，一个有道德的人。

　　2000年前后发生的第三个案例，是河北的一位农民工叫王斌余，他的私人老板欠薪，过年的时候他去要钱，要了很多次都不给，并且还骂他、轰他走，最后言语不和发生冲突，他拿着刀把老板家里好几个人砍伤了，最后他被抓了。有很多人在网络上评论这件事，参加讨论的除了群众，还包括一些法学界的律师及法律问题研究者。议论最多的，就是这个人被不公正地对待，这并不是说他杀人是对的，而是说他之所以走到这一地步，是由于他所代表的这类人、这个阶层一直被不公正对待，他付出劳动之后本应得到回报，但没有得到工资。你会看到，讨论中使用阶级的标准，是不是被公平对待的标准成为主流。最后问题讨论到这儿去了。

　　所以，你会发现，跟60年代的价值标准不一样，那个时候主要是政治标准，与80年代的蒋爱珍案也不太一样，那是道德、好人的标准，王案则没有人说这个人是一个好人还是坏人，只是说他是一个守法的人，没有违法，最后走到这一步是被逼的。你会发现三个不同时期的群众反映，可以显示出这样一些信息，就是，社会的 Civil Justice 里面的标准，发生了一些非常有趣的变化，这些变化可以反映社会（理据）的变迁。我那篇文章主要是在讨论这些。通过这三个杀人案的评论，可以看到社会公正观里的一些原则变化，至少是这些原则的排序和重要性位置发生的变化。

补充提问 1：

个别案例的代表性怎样呢？

我们的资料不是案例，而是人们对案例的看法。每一个个案都有很多人参与讨论，不是只有一个人或者两个人在讨论，引用的是大多数人讨论使用的那些原则。

与此有关，文科的材料通常来自案例，是案例研究，你怎么样能知道它具有代表性的呢？我觉得这取决于是否是一个系统性的观察。我们为什么要选这个案例而不选别的案例，是因为这个案例具有一种典型性，它代表了社会上的一些情况，具有一般性，那些在社会里广泛存在的东西。如果你的提问目标在此，你的案例就会脱离开讲具体故事，一个文学性或者报道，进入研究领域，因为你要谈论和回答的问题不同，是一般性的问题。比如有两个人，同时下去做研究，去搜集材料案例，但是两个人写的文章完全不一样，这个差别取决于两个人的提问水平，而不取决于案例本身，取决于两个人从案例里发现了什么，看到了什么，这是理论水平导致的，理论才给你灵感。一个具体的案例，怎么样能使它具有代表性，取决于对这个案例问出什么样的问题，这个问题是不是系统性的，一般性的。

提问 2：

张教授，刚才听您讲科学理性这个东西，我问个简单的问题，您觉得人文学科和社会科学是一回事还是两回事，有什么区别？

张静教授：

在我看来，人文学科和社会科学两者不太一样。如果非常精准的来讲，这两者的区别，我觉得也非常难讲。但是通常，比如说在大学里面，中文、历史、考古、哲学这些学科叫作人文学科，政治学、经济学、社会学这些学科叫作社会科学，这个分类在国外也是如此，这个分类本身就表明了它们之间的一些差别。社会科学需要按照国际学界统一的规则来进行研究，比如说不能没有论文的回顾和评估，不能不管前人怎么说，自己想怎么说就怎么说，这是社会科学要坚持的东西。你必须要提出你的根据、证据，来阐述你的观点。人文学科的目标在增进理解和多样性，主要是对人们生活的样态做出一个描述或者探索，社会科学的最高理想是产出一个因果关系原理，简单说就是一个对现象的解释，但是人文学科就不一定要这么做。

提问 3：

教授您好！我提的问题是针对您刚才所讲的"索卡尔事件"，我们怎么区分想象力跟建构呢？怎么样来区分这两者的界限？

张静教授：

建构肯定需要想象力，没有想象力是没法建构的。但是这个问题的本质是，如果没有事实的时候，这个建构或者想象是不是可靠。如果你问的是建构和想象力之间的关系，那毫无疑问是有关系的，因为没有想象力是没有办法建构的。

提问 3（补问）：

如果证据多年之后才能被发现，那我们现在就断定它是建构的，是不是比较武断？

张静教授：

如果按照严格的社会科学或者自然科学，未经证实的关系是一种假设，它们把经过证实的假设（结论）和未经证实的假设很严格地分开。

提问 3（补问）：

这个跟学科性质有关吗？文科还是理科？

张静教授：

社会科学也是这样要求的，如果你没有证实这样一种关系，你就只能说它是一种假设的关系，还不能说它是一个结论。比如说一个起诉，在还没有任何证据，通过法庭的审判展示这些证据证明他有罪之前，你只能说他是一个嫌疑犯，但不能说他是一个罪犯，你正在怀疑他可能是犯罪了，但还不能说他就是犯罪了。怀疑本身不能构成证明，因为怀疑还不足以构成结论。

提问 4：

科学进步会产生道德困境问题，比如克隆技术，这个问题怎么平衡？需要怎样平衡？由谁来平衡？

张静教授：

这是一个大问题，现在有很多自然科学的发展都遇到了道德问题。比如说试管婴儿，还比如说可以通过人为的方法，干扰婴儿的性别，如果我们想要男孩多，我们就可以在胚胎阶段让很多女婴死掉，这些是不是违反道德，确实遇到了很多这样的问题。这是一方面。

另一方面，很多道德是在变化的，这个时候是道德问题，不等于未来是道德问题，过去不是道德问题，也不等于现在不是道德问题。比如说第一次、第二次世界大战的时候，把敌军都消灭了那就是英雄，现在如果打仗消灭了生命是不道德的，道德的做法不应该在生命上把他们消灭，而是摧毁他们打击别人的能力，比如把弹药库、船等交通工具给打掉，但不应该主要消灭人命，尽管是敌军。所以，现在战争的道德观已经与第一次、第二次世界大战有所不同。

这个问题确实非常值得探讨。比如生孩子的问题，过去在中国生孩子是有利的，是有利于自己的家庭的，所以老人都鼓励生孩子，但是现在生孩子变成利他的，对自己不见得是有利的，因为环境变了，孩子也不能给你养老，养老已经变得不是家庭的责任，所以生孩子利己的这个性质，逐渐变成利他的性质，这就是为什么越来越多的人不愿意生孩子。因为他付出得太多，影响自己的工作、生活，又还不能依靠他们养老，依靠不上他们，为什么人们还要这么做？之所以现在被逼婚、催婚这么多，就是因为老一代的道德和青年一代的道德差别越来越大，我觉得这本身就可以反映社会道德在变化。我想说明的是，道德其实在不断变化，所以，所谓平衡可能是暂时的。

提问5：

恰好沿着前一个问题，我再把问题弄复杂一点，我们都知道在道德领域实际上也不止一个道德观点，比如说效用主义、义务论等。刚才老师讲道德，似乎是把它固定为一种道德，似乎科学面对的仅仅是一种，可不可以反过来思考，把科学当作一个外衣，背后实际上是两种道德观的碰撞，比如说是效用主义和义务论的碰撞。举个例子，爱因斯坦的能量定律被人制作原子弹，如果从义务论的角度来看的话，爱因斯坦没有这个目的，他的目的不是用这个东西去摧毁人类，损害人类，所以在义务论的角度上可能没有道德性的。但是从效用主义看来，需要这个原子弹以防止更大规模的战争，赶快结束这场战争，如果从效用主义或者功利主义的观点来看的话，似乎投原子弹又有了道德性。所以它实际上应该还是一种道德领域的选择问题，所以刚才老师讲的是：科学应该中立于道德，我在想是不是应该反过来说，道德应该反过来寻求一种中立，道德不应该在科学面前做出任何判断。在这个意义上来说，不应该仅仅从科学中立于道德，应该先从道德中立于科学，就是先不对科学的发展进行过多的干预。

张静教授：

这两句话的意思不是一样吗？科学中立于道德或者道德中立于科学，换句话说就是它们两个之间应该有一定的界限，不是说不相互影响。

有一个问题我刚才没有来得及强调，我不是指的只有一种道德，之所以有人认为科学应该不同于道德，或者应该中立于道德，原因之一就是道德是多元的，而且每个人都有自己的道德标准，当然社会也有一些比较主流的、非主流的，但不管怎么说，道德不是一种。你刚才说的从功利的角度来说，制造原子弹是对的，因为制造了原子弹能制止战争。但是从不给人类带来损害的角度来说，又是错的，那么哪个道德是更重要的道德呢？主张科学应该中立于道德，这是一个比较专业的说法，其实是说它不同于道德，就是不能把科学问题看成道德问题。